本书为浙江省哲学社会科学规划"高校思想政治工作"专项课题（20GXSZ20YB）、宁波市教育科学规划课题"'以文化人'视角下高校慈善助学育人机制的研究"（2019YZD026）阶段性研究成果

Transforming students
with "philanthropy"
and educating students
with "financial aid"

The practice of
philanthropy education
in higher vocational
colleges

以"慈"化人、以"助"育人

高职院校慈善助学育人工作实践

张定华 —————— 著

ZHEJIANG UNIVERSITY PRESS
浙江大学出版社

图书在版编目（CIP）数据

以"慈"化人、以"助"育人：高职院校慈善助学
育人工作实践 / 张定华著. -- 杭州：浙江大学出版社，
2022.8
ISBN 978-7-308-22592-2

Ⅰ.①以… Ⅱ.①张… Ⅲ.①高等职业教育－特困生
－学生工作－研究－中国 Ⅳ.① G718.5

中国版本图书馆 CIP 数据核字（2022）第 077755 号

以"慈"化人　以"助"育人
——高职院校慈善助学育人工作实践

张定华　著

策划编辑	吴伟伟
责任编辑	马一萍
责任校对	陈逸行
封面设计	米　兰
出版发行	浙江大学出版社
	（杭州市天目山路 148 号　邮政编码 310007）
	（网址：http://www.zjupress.com）
排　　版	杭州浙信文化传播有限公司
印　　刷	广东虎彩云印刷有限公司绍兴分公司
开　　本	710mm×1000mm　1/16
印　　张	15.5
字　　数	234 千
版 印 次	2022 年 8 月第 1 版　2022 年 8 月第 1 次印刷
书　　号	ISBN 978-7-308-22592-2
定　　价	68 元

浙江大学出版社市场运营中心电话（0571）88925591；http://zjdxcbs.tmall.com

前　言

让慈善成为一种生活方式，涵育青年学生的慈善意识。

大学生是文化的重要传播者。作为未来社会的中坚力量，他们对文化保持着高度的敏锐感，在优秀文化宝库中，他们从不同的文化元素中汲取文化自信，积极参与社会热点问题和焦点事件的讨论、学习，投身于异彩纷呈的文化建设。习近平总书记提出："文化滋养心灵，文化涵育德行，文化引领风尚。要注重文化浸润、感染、熏陶，既要重视显性教育，也要重视潜移默化的隐形教育，实现入芝兰之室久而自芳的效果。"① 慈善文化进高校，旨在探索高校慈善教育的内容、方法和途径，以培养青年大学生的慈善意识和社会责任感，在大学校园中弘扬中国特色社会主义慈善文化。

让贫穷成为一种精神力量，激发寒窗学子的自强精神。

教育公平是社会公平的重要基础。随着我国学生资助政策的不断完善，立体化、全覆盖的资助体系免除了贫困家庭的后顾之忧，党和政府兑现了"不让一个学生因家庭经济困难而失学"的庄严承诺，实现了教育机会的公平化，奠定了有效阻断家庭经济困难代际传递的基础，让每一个学生享有与祖国和时代一起成长和进步的机会。资助育人，旨在探索经济资

---

① 习近平首次点评"95后"大学生［N］. 人民日报，2017-01-03（2）.

助与精神资助的内容、方法和途径,以培养青年学生自立自强、诚实守信、知恩感恩、勇于担当的良好品质,满足学生成长成才的发展需求,让每一个家庭经济困难的学生同样享有人生出彩的机会,享有梦想成真的平台。

落其实者思其树,饮其流者怀其源。宁波职业技术学院2007年创建了自募自助的慈善助学基金——思源基金,在校园里营造了"人人献爱心,慈善成习惯"的文化氛围,形成了"捐资—解困—育人—扶志—成才—回馈"的资助育人模式。学校坚持以立德树人为根本任务,大胆地进行理念思路、内容形式和方式方法的探索和创新,扎实有效地推进了校园慈善文化建设和资助育人机制建设,在全省乃至全国都产生了重大的影响。宁波职业技术学院通过思源基金、爱心超市、班级冠名基金、爱心积分等丰富的活动载体和手段,构建了全员育人、全过程育人和全方位育人的格局,不但展示了学院浓厚的文化底蕴,呈现出学校的文化自信和教育表达,更使学生在潜移默化中接受优秀传统文化的陶冶,把慈善意识扎根到每个学生的心田,逐渐内化为他们的自觉行动。

以文化人、以文育人,在青年学生中播下一颗慈善的种子,将社会主义核心价值观落细、落小、落实,使之成为学生的一种爱心表达、一种社会责任,让青年学生渐渐地成为传播慈善文化的生力军和引领者,为困难群体注入源源不断的希望,让慈善理念成为青年的精神亮色。

目　录

第一章　慈善文化的内涵与发展路径

党的十八大标志着脱贫攻坚战全面打响。慈善组织成为政府不可或缺的得力助手，在政府引领全社会共同参与精准扶贫与脱贫攻坚工作中完成了历史使命。

2020 年年初，新冠肺炎疫情暴发。慈善力量在"疫情寒潮"中汇聚起一股股爱心暖流，充分展现了灾难背后蕴藏的中国力量。

2021 年 7 月，河南遭遇极端强降雨，党和政府迅速组织救灾队伍，社会各界纷纷伸出援手，凝聚成巨大的物质力量和精神力量。

......

慈善是人类大爱的彰显，它伴随着人类的出现而产生。在人类社会发展进程中，无论是扶危济困、敬老爱幼，还是于天灾人祸中施以援助，慈善事业都以其强大的凝聚力和号召力，彰显着震撼人心的巨大力量。慈善是中华民族世代相承的传统美德。然而，我国的社会保障体系尚不完善，发展慈善事业、传承慈善文化的任务十分艰巨。增强慈善文化建设的使命感和责任感，培育社会慈善意识，激发慈善公益行为，有利于弘扬社会主义核心价值观，有利于推进慈善事业健康发展，更有利于助力全面建成社会主义现代化强国。

第一节　慈善文化的内涵、特征及功能

慈善文化作为中华传统文化的瑰宝，经过长期的积淀、演进，形成了以崇尚正义、厚德载物、仁爱友善等为核心的道德规范体系。面对新时代出现的新情况和新问题，现代慈善文化面临着如何传承与创新的问题，需要提出新理念、新思路，为慈善事业发展营造更广泛、更深厚、更具活力

的文化氛围。

一、慈善文化的内涵

（一）慈善、慈善事业、慈善文化

1. 慈善

慈善是伴随人类文明一直存在的古老传统美德。在我国历史文化古籍中，慈和善是两个单独的词，"慈"的含义是慈爱，是长辈对晚辈、强者对弱者的友爱和帮助。"善"的含义是善良，是对他人的关怀和善行。概括地说，慈善就是怀着仁爱之心付诸乐善好施的行动，是个人的优良道德品质，也是人与人之间的和谐互动。在西方，慈善一词有两种表达，分别是"charity"和"philanthropy"。前者源于拉丁文，本意为"上帝之爱"，有明显的宗教色彩，偏向于对穷人或遭受困难的人的施舍、捐助和救济；后者本意为"全人类的爱"，有博爱的意思，也有提高福利保障和生活水平的意思，更符合现代慈善理念。[①]

2016 年 3 月出台的《中华人民共和国慈善法》（以下简称《慈善法》）将慈善定义为现代意义上的"大慈善"，不局限于传统慈善的扶贫、济困、救灾，还将文化卫生事业与社会服务、生态环境保护以及其他符合规定的公益活动纳入其中，从人与人的互动发展到人与社会、人与自然的良性交互活动。慈善不再只是针对贫困、灾难和只解决眼前的需求与问题，而是更高级别的寻求提高人的生活质量的方式表现。"大慈善"超越了传统慈善，包含的内容越来越丰富，涉及的领域越来越广泛，是传统慈善向现代慈善转变的标志。这将赋予社会组织更大的成长空间，激发慈善组织释放更多活力，也为中国现代慈善事业开辟了广阔的发展空间。

2. 慈善组织

慈善组织是以面向社会开展慈善活动为宗旨，依法成立的各种非营利

---

① 王文涛. "慈善"语源考［J］. 中国人民大学学报，2014（1）：28－33.

组织。慈善组织以社会团体、基金会、社会服务机构等为常见的组织形式，是慈善捐赠者与受助者的中间媒介，这是现代慈善的标志。慈善组织与慈善行为不可分割的关系，是现代慈善事业与传统慈善最大的区别。慈善组织是从事资金募捐、发起和落地慈善项目服务的主要载体，是现代慈善事业发展的重要组织基础，也是慈善文化建设的核心力量。[①] 慈善组织在整合慈善资源、提供慈善服务、传播慈善文化、激发慈善热情等方面得天独厚的优势，使其在服务经济社会发展和慈善事业发展中发挥着独特而重要的作用。如果没有慈善组织，许多的慈善资源和慈善活动根本不可能实现。慈善组织有规模、有特色地发展，是慈善事业繁荣发展的标志。

3.慈善事业

慈善是伴随着人类的出现产生的，而慈善事业不是一直都存在的，它是慈善组织发展到一定程度而形成的一种具有一定目标、有组织性、关系到社会发展的事业。我国著名的社会保障专家郑功成认为，慈善事业立足社会捐献，是一种混合型社会分配方式，是一种有利于社会与人群的公益事业，它不仅是中国基本经济制度的有机内容，也是中国社会保障制度、社会治理制度的重要组成部分。[②] 经济学家厉以宁将慈善事业看作是社会资源的第三次分配的观点，被广泛接受。

慈善事业是汇聚社会爱心、参与社会救助的伟大事业，是一种独特的财富转移方式。慈善事业既可以是个体或社会组织的慈善行为，也可以是政府为了提高社会福利水平而提供资助的一种活动。可见，慈善事业是社会兜底保障制度和救助制度的重要途径，是多层次社会保障体系的必要补充，是社会资源实现第三次分配的方式。

4.慈善文化

慈善是人际关系中具有施惠性、历史性的观念和行为，而人类在长期

①　邵培樟. 慈善事业发展机制研究［M］. 北京：中国政法大学出版社，2018.

②　郑功成. 中国慈善事业发展：成效、问题与制度完善［J］. 中共中央党校（国家行政学院）学报，2020（6）：52—61.

慈善实践和慈善事业发展过程中形成的对慈善观念的普遍认同与价值规则的总和，就是慈善文化。慈善文化不仅是我国传统文化的重要组成部分，也是社会主义先进文化的有机组成部分。古往今来，我国一直倡导乐善好施、扶贫济困，人要拥有仁爱之心，在自己的生活质量得到改善和提高的同时善待社会上一些生活困难或需要帮助的人们，在自己能力所及的范围内表达善意，为他人提供帮助。慈善文化内涵丰富，其核心是利他主义价值观，其基本内容是博爱、给予、利他、济世。慈善文化的精髓在于个人对正义、公平和集体福祉负有不可推卸的责任。

就慈善文化与慈善事业的关系而言，两者相互促进、相互依存、不可分割。慈善事业发生在前，又通过慈善文化的积累和沉淀得以保留下来。可以说，慈善文化是慈善事业生命力的延续，是慈善事业发展的灵魂和内在动力。慈善事业是慈善文化的传播载体，通过慈善文化的反映，从而形成传统。① 慈善事业作为一项群众性的实践活动，是慈善文化的文化认知起到了关键作用。因此，培育慈善文化，应从文化层面推进慈善事业，在高度分工的社会共同体中让个体认识到慈善是一种社会责任，是一项有益于社会与人群的社会公益事业；让慈善成为一种生活方式，潜移默化地引导人们改变自己的观念和行为方式，把爱心善行落实到日常生活中，筑牢发展慈善事业的思想根基，才能形成慈善事业持续不断发展的动力。在历史流变的过程中，具有鲜明的民族与时代特征的慈善文化对慈善事业的影响深远而广泛。慈善事业的发展离不开慈善文化的精神支撑，更与慈善文化的传承、创新、创造紧密相连。② 传统慈善文化在保护性地继承优良传统的过程中，又创新性地推动慈善文化适应时代转型、再造，从而推动慈善事业可持续地运行，健康有序、创造性地发展。

---

① 周秋光. 慈善义演文献史料的价值[J]. 寻根，2021（1）：124—127.

② 周秋光，王猛. 当代中国慈善发展转型中的抉择[J]. 上海财经大学学报（哲学社会科学版），2015（1）：78—87.

（二）慈善文化的内涵

慈善是一种基于利他主义价值观而表现出来的文明形态。慈善文化在本源上属于文化的范畴，自当遵循文化的原则。文化有广义文化和狭义文化之分，广义的文化是指人类活动创造的一切成果，包括物质文化、精神文化和制度文化，等同于社会现象；而狭义的文化则重在指人类的精神现象和精神成果。

对于广义的慈善文化，学界由于视角、范围不同，主要表述有物质的、制度的、行为的三个层次，也有分为器物的、制度的、精神的和行为的四个层次。笔者把广义的慈善文化分为四个层次。

第一层次是慈善观念。慈善观念也就是狭义的慈善文化，即在慈善行为中逐渐形成的需要共同遵循的慈善理念、慈善动机、慈善意识等，是慈善事业的精神支撑。慈善观念属于社会意识范畴，是基于以人文关怀、社会责任为核心的道德观念和价值体系。慈善观念是慈善文化的软实力，是慈善的灵魂，是支配慈善主体慈善行为的动力源。慈善文化要求以平等、尊重的立场去帮助受助者，使慈善真正成为人们自发、自觉的道德追求。

第二层次是慈善制度。慈善制度是用组织和制度的形式确立一定的行为规范，是慈善活动参与主体所共同遵守的制度规范。慈善制度既包括整体推进慈善事业发展的政策法规、加强慈善组织管理的规章制度，也包括社会上约定俗成的关于慈善的成文或不成文规定，如慈善法规、慈善组织管理体制、慈善基金、税收优惠政策等。[①]

第三层次是慈善行为。慈善行为是个体或群体通过合法组织，自愿无偿为他人捐献财物、付出时间的社会行为，是慈善文化的具体落实。慈善行为是在慈善观念的引导下进行的利他行为，是实现慈善观念的最终结果。

第四层次是慈善载体。慈善载体是慈善文化的外显部分，通常是慈善组织所借助的各种慈善宣传口号、宣传标志、慈善物品、慈善媒体等物质形态，如慈善基金会、腾讯公益99、水滴筹、扶贫网、宁波善园等慈善网站、

---

① 李萍. 建设中国特色慈善文化研究［D］. 上海：华东理工大学，2011.

App 和公众号平台。通过各种慈善载体的展现，将深厚的慈善文化渗透其中，对传播慈善理念、普及慈善意识具有重要意义。

慈善文化的四个层次相互作用，并与社会、政治、经济、法治等基本环境要素相互依存，逐渐形成一种机制，不断积淀、传承。

（三）慈善文化的基本理念

慈善文化承载着一个国家的社会担当和历史责任，维系着一个社会的价值认同和人间道义。在中国特色社会主义理论体系的主导下，慈善文化随着社会的发展不断地创新演进、转型升级，逐渐形成了贯通古今、融汇中西的适合我国国情的现代慈善文化理念。①

1. 以人为本的价值观

马克思主义认为，需要是理解人的活动和人类历史的逻辑起点之一，这充分肯定了人的需要的合理性。慈善的根本目的是满足人的生存和发展的需要，所体现的正是人与人之间相互尊重、关爱和帮助。因此，慈善倡导"人"自身的发展，倡导人人参与、共同建设，不仅是个体实现人生价值的过程，也是实现人的全面发展的需要。一切慈善依靠人，人是做慈善的根本动力，一切慈善为了人，人也是做慈善的根本目的，两者的有机统一就构成了慈善以人为本的价值观。② 现代慈善强调人与人之间互爱、互尊、互助，充分调动社会各方面的力量实现人的全面发展。以人为本的慈善价值观，贴近民生关切，彰显人文关怀，超越了西方以向上帝"赎罪"为本的"博爱"慈善价值观，也超越了我国传统以道德升华为本的"仁爱"慈善价值观。只有确立以人为本的慈善价值观，才能构建既符合我国经济发展又适应社会主流价值观跨越式发展且更具有鲜明时代特征的现代慈善文化。

2. 共享发展理念

共享发展是中国特色社会主义的本质要求，是创新、协调、绿色、开

---

① 武菊芳，薛涛. 关于我国慈善文化建设的多维思考[J]. 河北师范大学学报（哲学社会科学版），2011（1）：122—125.

② 武菊芳，薛涛. 关于我国慈善文化建设的多维思考[J]. 河北师范大学学报（哲学社会科学版），2011（1）：122—125.

放发展理念的最终目标。共享是社会稳定、和谐的基石，走向共享是人类文明发展的必然选择，慈善是走向共享、实现共享的重要途径。共享发展是经济社会发展的根本性问题，是坚持以人民为中心思想的体现。慈善事业与共享发展在目标上是一致的，都是坚持人民主体地位，都要求增进人民福祉，为人民谋福利，朝着共同富裕的方向努力。共享发展的理念，注重解决的是社会公平正义问题。《慈善法》第一章第一条就明确提出"促进社会进步，共享发展成果"。慈善的核心价值就是共享，它诞生于人们对共享精神的追求，发展壮大于人们的共享行动。共享的发展理念，注重调节居民收入分配格局，缩小贫富差距，防止两极分化。在国民收入的分配中，慈善体现的正是道德力量之下的第三次分配的"共享"，是以人为本推进社会资源、财富资源、生产资料的协调和再分配，促进全民共享发展成果，实现共享的重要方式和终极价值。

3. 健康理性的财富观

一个文明的社会需要一种健康、理性的财富观。慈善是一种有益于人和社会的民间公益行为。投入慈善事业，是健康理性财富观的重要表现形式。财富是人类劳动的结晶，是一种物化了的社会关系，其本质属性就是社会性。[①] 拥有必要的财富不仅可以为个人生活提供基本的保障，也是慈善赖以存在的重要前提。财富是一把"双刃剑"，可以帮助升华人的灵魂，也可能导致人道德的失范，甚至灵魂的堕落。财富能为个人提供更多选择，是人在某些方面实现自我价值和理想的手段与途径。卡内基在他的经营和捐赠过程中形成了独到的财富观念：富人的财富并不属于他们自己，富人只是穷人的代理者和信托人，富人的义务是用有效的方式管理、使用财富资源，为公众谋求最大利益。财富只有用来帮助需要帮助的人，与他们分享，才能真正体现其价值。中国传统慈善理念局限于血缘、族缘、乡缘和地缘的人际关系，往往根据财富施予对象与自己的亲疏远近决定施予财物的多寡。在现代，财富分享不仅成为社会发展

---

① 　郭祖炎. 慈善何以可能[J]. 伦理学研究，2015（2）：114—117.

的重要标志，也成为了社会主义共同富裕实现程度的标志。因此，我们要大力弘扬"爱无差等""共享财富"等先进的慈善文化理念，培育理性、文明、健康的财富观①，使人们在超越传统慈善观束缚的前提下，不为金钱所奴役，积极为社会与他人做贡献。

4.勇于担当的社会责任感

慈善是以捐赠为基础的社会公共事业，是公民出于履行社会责任的意识而进行的自愿互助行为，是非法律规定的公民义务。慈善虽然体现了社会善意，但不单纯是个人善心的表达，也体现了一种勇于担当的社会责任。普通公民是慈善活动的基础力量，捐赠情况也取决于个人对慈善的认同度。慈善源自个人自由意志，因此，要大力发展平民慈善，让每位公民根据自己的经济实力在慈善活动中尽一份应尽的责任。企业作为社会细胞，在追求经济利益最大化的同时，也要牢记社会是企业利益的源泉，超越把利润作为唯一目标的传统理念，履行更多帮扶弱势群体的社会责任，增强社会影响力。

5.平等自主的权利意识

现代慈善倡导平等自主的权利意识，其含义包括两方面内容。一是捐助人要平等对待弱势群体，尊重受助者的道德权利。传统慈善是发自人性的自然情感，传递的是"怜悯""施舍"的情感，缺少社会责任意识，不是理性的社会行为。现代慈善的要义是尊重，其核心是无条件利他主义价值观，倡导捐助人用平等的理念和同理心去资助受助人②。不是捐助人对受助者的高高在上，不是出于同情弱者的被动帮助，而是心怀尊重，感同身受地主动关心。二是慈善组织要尊重捐助人的权利和目的。捐助人具有捐赠意图的实现权、监督权等权利，慈善组织应当遵照捐助人的意图，保证捐助人自由行使权利，按照合理的方式来使用其捐赠。现代慈善理念认

---

① 邹庆华，邱洪斌.论当代慈善文化的价值认同［J］.黑龙江社会科学，2017（4）：91－94.

② 邹庆华，邱洪斌.论当代慈善文化的价值认同［J］.黑龙江社会科学，2017（4）：91－94.

为慈善是一种公共行为，捐赠应以慈善组织为中介，通过合法的手段救助社会弱势群体，使捐助与受助分离，避免双方接触造成的人格不平等，确保慈善活动建立在捐助人和受助人人格平等的基础之上。慈善捐助人的权利属于私权利，慈善行为体现的是财产拥有者对合法财产所进行的安排，社会应当为慈善主体行使权利创造有利条件。慈善组织应当尊重捐助人的意愿和喜好，透明、规范、有效地对待每一笔捐赠。如果不能如此，将会对捐助人造成伤害。公民行使权利是推进慈善文化发展的动力，可以让慈善捐赠真正做到物尽其用。维护慈善捐助人的权利，不仅可以使慈善捐助人放心地捐赠，也能提高人们的慈善参与热情和信心，还能吸引更多人投入慈善事业，为慈善文化注入不竭动力。①

二、慈善文化的特征

慈善文化反映着一个国家和民族的社会责任，发挥着衡量国家文明程度和民族气度的作用。随着社会的不断发展，慈善文化也在潜移默化中不断地演进。

（一）主观的自愿性

自愿是指行为人在主观上完全独立自主实施慈善行为，不是任何强迫、命令和要求的结果。自愿性主要体现在社会公众出于同情和关爱，在自发自愿的基础上把可支配财产捐赠给他人。我们倡导以自愿性为前提的慈善行为，它是基于个人内心良知和道德信念的一种自由意志的主张，不具有强制性，不受法律与制度的约束，不受社会舆论或政府压力的胁迫。②慈善捐赠行为是可以主观选择的，社会中的每一个个体有权选择是否参与。离开了自愿性的前提，慈善就背离了本质，失去了其存在的价值基础。

---

① 郭祖炎. 建立在责任及权利基础上的中国慈善文化[J]. 人民论坛，2013（11）：181－183.

② 尚德. 试论慈善事业的现代化特征及发展路径[J]. 山西高等学校社会科学学报，2019（5）：30－35.

一些强制性的慈善任务或慈善摊派现象，不仅与慈善本意相去甚远，还会造成行为人的反感，使他们产生抵触情绪。

（二）行为的实践性

马克思说："思想根本不能实现什么东西，为了实现思想，就要有使用实践力量的人。"[①] 慈善文化具有很强的实用性，是人们认同慈善价值而践行的行为自觉。慈善不仅是认同和理念，更需要实践，强调思想、动机与行为的一致性。[②] 慈善如果只停留在文化认同、道德自觉上，不付诸慈善行为，就成为"空中楼阁"，必将丧失活力。因此，慈善文化不仅要让慈善理念走进日常生活，更要付诸实际行动，才能把道德自觉转化为慈善的外化表现，如各种形式的捐赠等慈善行为。我国慈善文化的建设，要把慈善转化为个人内心的信念，让主体产生自觉的慈善实践，在慈善实践中开始道德积累，进一步强化慈善信念。

（三）**主体的大众性**

在现代，慈善是一种社会风尚。社会成员对慈善参与的程度，是衡量社会文明程度的重要标志。[③] 慈善是一项社会公众事业，它不仅仅是富人们的责任，更需要普通民众的参与。公民的慈善行为充分体现了其在公共生活中的主体地位。随着慈善的发展，慈善参与形式更加多样化，社会成员既可以通过捐赠财物，也可以通过各种微公益、志愿服务和奉献来表达。只有更多的人参与到慈善事业中来，才能够促进社会进步，慈善事业也才能健康持续发展。慈善文化的广泛性在于参与主体、存在形式和传播的广泛性。众人拾柴火焰高，慈善文化除了政府主导的救助、社会主导的慈善组织活动外，也可以是民众自发的慈善行动。全体社会成员的广泛参与，不仅是慈善事业良性发展的群众和经济基础，而且能够起到提升社会道德、促进社会和谐、营造全民向善氛围的作用。

---

① 马克思恩格斯全集（第二卷）[M]. 北京：人民出版社，1957.

② 潘乾. 传统慈善文化的教育实践逻辑[J]. 东北师范大学学报（哲学社会科学版），2018（3）：43—48.

③ 白光昭. 正确认识公益慈善[J]. 山东工商学院学报，2021（1）：1—6.

（四）鲜明的时代性

慈善文化在不同的历史时期有不同的内涵和表现，其本质就是立足时代背景，满足时代的需要。因此，慈善文化具有鲜明的时代性。不同的时代背景下，慈善活动的主体、内容和表现形式也会随着社会政治、经济等方面的变化而变化。我国古代最早的慈善活动主要为官方的荒政救灾，后来随着社会经济水平发展，民间的慈善活动形式越来越多样，如放粮施粥、恤老慈幼、施医给药等，义庄、居养院、安济坊等各种慈善机构和民间慈善组织更是大量涌现。而到了近代，在严重民族危机的刺激下，出现了慈善学校、习艺所等慈善形式，还出现了以工代赈的方式，以调动被救助者的积极性。在近现代，随着西方慈善文化的广泛传播，我国慈善文化也开始融入新兴或者舶来的慈善文化，在传承优秀传统慈善文化的同时，融合吸收了西方的慈善文化。新时代，慈善活动领域日益广泛，内容更加丰富，民众参与更加积极，逐渐成为解决全社会以及全人类共同问题的重要途径。现代慈善的对象则更为广泛，既包括传统的社会生活领域，又扩展到经济、教育、科技、文化、卫生、体育、生态环境等各领域。慈善事业不仅是社会建设短板的重要补充，也是造福全人类、让全体民众受益的大事业。

三、慈善文化的意义

一种文化之所以存在，就在于它对社会或是它所存在的领域有一定的促进作用，其作用就是它存在的价值体现与定位。慈善文化具有鲜明的社会感染力和引导力，传播慈善文化、弘扬慈善社会价值的意义主要体现在以下三个方面。

（一）普及慈善理念，促进慈善事业

随着我国市场经济的深入发展，民间财富积累增长，法律法规不断健全，慈善事业得到了迅速的发展。但慈善文化是慈善事业的思想道德基础，慈善事业的发展要高度重视慈善文化建设，提高慈善意识，唤醒慈善

的道德自觉，积极培育和弘扬慈善文化。① 立足我国基本国情和历史文化背景构建现代慈善理念，发挥慈善文化对慈善事业的精神动力和智力支持作用，才能使慈善事业与慈善文化发展实现新的飞跃。强化文化意识能使我们成为文化的主人，而不是受它的被动约束。

现阶段，我国的主要矛盾已经转化为人民日益增长的美好生活需要和不平衡不充分的发展之间的矛盾。慈善关注社会弱势群体，在社会成员之间架起沟通、交流的桥梁，有利于营造助人为乐的社会环境，拉近人与人之间的距离，精心营造全社会支持慈善事业的良好氛围。在全社会范围内增强公民慈善意识，大力倡导传播慈善光荣的理念，弘扬扶贫济困、无私可敬的慈善精神，这是慈善事业凝心聚力的基础性工作。

普及慈善理念，让慈善成为一种生活习惯，成为一种时代潮流，不仅可以使慈善文化成为慈善事业取之不尽的价值资源，也可以推动慈善公益事业迈向一个新的高度。

（二）倡导人文关怀，促进精神文明

慈善是以人的价值和尊严为前提，建立在尊重人的人本价值之上，其目的在于满足人的需求，促进其发展。慈善是一个重要的公共事务，浓郁的人文关怀氛围是慈善事业发展的社会基础，而这种氛围的形成，需要慈善文化的承载和激励。慈善文化以人为本，关注人的生产生活状况和人的全面发展，展现了中华民族最优秀的文化传统和时代精神，在推动精神文明建设、促进民族团结和社会稳定和谐等方面发挥着独特的作用。社会主义先进文化是社会文明发展的引航标、发动机，对提振民族自豪感、弘扬民族精神、形成民族凝聚力和向心力有着极大促进和激励作用。② 慈善文化的"利他"和社会主义核心价值观的"友善"一脉相承，两者相互融合、相互促进，为现代慈善文化提供了更广阔的发展空间。慈善文化在人们的心中内化为乐善好施、和衷共济的理念，在社会实践中通过人际互动和互

---

① 凌征福. 共建共治共享理念下中国慈善事业发展研究［D］. 赣州：赣南师范大学，2019.

② 杜妍英. 我国慈善文化建设研究［D］. 石家庄：河北师范大学，2015.

助增进情感，为践行社会主义核心价值观打下了坚实的群众基础，提供了一条明确的发展道路。慈善事业是光荣而崇高的事业。我们应大力弘扬慈善精神，鼓励和引导普通民众助人为乐，营造以人为本的社会环境，助力推动精神文明建设迈向更高的境界。

（三）调整社会关系，促进社会和谐

慈善事业通过人们的自发意识组织调动社会资源，调节社会贫富差距，调整社会关系，对缓和社会矛盾、维护社会稳定有着重要作用。慈善事业提倡人与人之间的互相帮助，慈善行为离不开个人的爱心，离不开社会的认同和高度责任感。慈善是公民通过自觉自愿的行为方式来实施个人的慈善意愿。个体的自发行为与政府的行政化行为在动机、目标和方式等方面都有所不同。与此同时，受助者在接受慈善捐赠或者被照顾的时候对于政府和慈善组织的态度也各不相同。慈善组织救助是社会公众相互包容、相互关爱，在规定政策以外的善意选择。相比之下，慈善组织对社会生活的触及更深入、更精细，可使受惠对象得到更加多元、形式更加多样、服务更加精准的帮助。而且，民间自愿的相互救助更容易激发助人的内生动力，更容易打动人心，更加有利于调和化解社会矛盾。同时，慈善事业可以对社会收入不均起到调节作用，一定程度上能够缓和社会矛盾，促进社会公平，是构建和谐社会的内在要求。慈善救助不仅调整了纵向阶层关系，而且调整了横向主体之间的关系，例如捐助人与慈善组织、慈善组织与企业之间等各类平等社会主体之间的关系。慈善文化在社会发展中能调节社会个体之间的关系，消除社会不同阶层之间的隔阂，强化"人人可慈善，人人能慈善"的良好意愿，对克服日益严重的社会疏离问题起到推动作用，能更有力地推动构建社会主义和谐社会。

第二节　我国慈善文化的思想资源

古代抑或当代，纵使有时空和地域的差别、民族和文化的差异，人类都有着慈善的意识。慈善事业，是人类共同的崇高事业。悠久的慈善历史，尽管在表述上不尽相同，但都有着共通的价值基础和深厚的思想底蕴。在慈善思想的指引下，我国慈善事业发展越来越顺畅，慈善组织逐渐发展壮大，慈善文化不断丰富创新。

一、马克思、恩格斯的慈善思想

任何思想、理论的形成和发展都离不开其当时所处的社会经济发展水平、物质基础和文化环境。马克思、恩格斯的慈善思想就是在资本主义发展迅速、阶级斗争剧烈、社会局势动荡、文化氛围活跃的大环境下形成和发展的。只有结合特定时代背景，立足唯物史观的基本立场，科学解读马克思、恩格斯对慈善活动的论述，才能准确理解马克思、恩格斯慈善思想的真实意蕴。[①]

（一）批判资产阶级的虚伪慈善

马克思、恩格斯关于慈善的直接论述并不多，在著作文本中有不少是否定资产阶级慈善行为的论述，同时也对民主派小资产阶级等流派的伪慈善活动进行了否定和批判。资产阶级的慈善是假怜悯真压迫。资产阶级是有目的、自私自利的慈善，看似宣扬着"博爱""自由""人道"的口号，高举着"民主""平等"的旗帜，实则是维护资产阶级统治的精神武器，是为了追求资产阶级利益的完整，对无产阶级进行无情的压迫。资产阶级的慈善是假恩惠真剥削。他们大摆慈善家的姿态，对无产阶级"虚伪地施以小恩小惠"[②]，实则是变相地对工人进行剩余劳动的剥削。正如恩格斯所说，"慈善事业和济贫金实际上是毫无意义的"[③]。资产阶级的慈善是假施舍真投资。资本家以伪善的姿态来掩饰自己的真实目的，所进行的所有活动都是利益先行的。他们把慈善看作是施舍，把施舍看作买卖，以此赚取社会信誉，

---

① 张蓉. 马克思恩格斯慈善思想研究[D]. 太原：山西大学，2018.
② 马克思恩格斯文集（第一卷）[M]. 北京：人民出版社，2009.
③ 马克思恩格斯文集（第一卷）[M]. 北京：人民出版社，2009.

扩大资本积累，维护资产阶级的统治地位。

虽然马克思、恩格斯没有直接定义"什么是慈善"，但告诉了我们"什么不是慈善"。他们运用辩证唯物主义认识论的科学方法对资产阶级慈善的主体（贵族和资本家）、客体（无产阶级工人）、载体（慈善管理机构）进行分析，认定这些都是娱乐性、欺骗性和虚伪性的"绝非慈善行为"。慈善在资本主义社会中起到的作用是微乎其微的，所谓的慈善救助金更是杯水车薪，对工人阶级实际生活水平并没有产生实质性作用。马克思、恩格斯从"现实的人"出发，也就是从无产阶级的阶级利益和生活状况出发，论述了"绝非慈善的行为"，对资本主义慈善进行了深刻严厉地批判，揭示其罪恶，让人们看清了资本家的本质。

（二）肯定无产阶级的慈善互助

资产阶级进行虚伪的慈善活动无意改变无产阶级的处境，只是为了消除工人阶级的反抗意志，以使他们屈服于自己的统治，使得剥削压迫更为持久。[①] 生活在水深火热之中的工人阶级对贫困有着深刻的感受，他们富有同情心，会主动帮助那些境况更差的人。尽管他们被残酷剥削着，但淳朴仁慈的他们还会去体谅他人的难处，这种正直善良、心胸宽广的优秀品质，铸就了劳动人民之间的凝聚力。当经济危机来临，数以万计的劳动工人被迫失业之时，资本家伪善的慈善没起到任何效果，反而是劳动人民之间互相帮扶、友爱协作，共渡难关。不仅如此，工人劳动者们还设立了各种合作社、工会联盟、工人友谊会等互助式组织。

由此可知，马克思、恩格斯高度赞扬了无产阶级的正直善良。劳动人民真诚善意的慈善是出于本能；劳动人民之间出于人道主义的同情、关怀、互助互济、相互扶持走出现实困境的行为有利于社会发展；劳动人民间的慈善体现了互助互爱的社会性，能够提升社会道德，促进人的全面发展。

---

① 董青. 中国特色社会主义慈善事业发展问题研究[D]. 长春：长春理工大学，2018.

（三）深刻论述共产主义慈善

马克思、恩格斯批判了资本主义虚伪的慈善，认为这样的慈善的存在削弱了革命者的意志，分化了革命战斗力。与此同时，他们鼓励最具有革命意识的无产阶级进行慈善互助，他们认为只有实现人的全面发展，才能彻底终结人对人的压迫与剥削，才是实现共产主义的有效途径。他们宣扬的共产主义博爱思想是具有现实性的，是依托于实践并落脚于实践的博爱，是追求实际效果的真实的博爱。马克思、恩格斯对未来社会的财富分配进行了深刻阐述。一是肯定慈善在社会财富公平分配中的作用。资本主义社会财富分配极不平等。慈善具有合理分配社会财富、缩小贫富差距和稳定社会结构等职能，这是真正慈善的价值取向。二是合理设置慈善基金来分配社会财富。马克思、恩格斯指出，要设立慈善基金来分配财富。一方面设立对于弱势群体的保障性基金，用于应对不可抗力所导致的事故或自然灾害；另一方面是纳入社会总产品，进行社会财富的公平分配。三是关心科教文卫事业和基础设施建设。马克思、恩格斯心系大众，关注群众生活，认为健全教育设施和完善保健设施等能体现国家对全体社会成员的关注。马克思、恩格斯既关注慈善事业与民生问题，也试图将慈善事业渗透于社会发展的各个方面，不仅体现了他们对慈善理念的认同，也体现了他们对未来社会慈善事业发展的肯定[①]。

基于对人类社会发展方向的洞察，马克思、恩格斯着眼于实现全人类的解放，对全球性的反贫困问题、财富分配不平等问题等做出过科学性预见。马克思、恩格斯对慈善的论述深刻精辟，立足人的自由全面发展，具有高度实践性，对今天人类的慈善事业建设仍有重要的指导作用。

---

① 张蓉. 马克思恩格斯慈善思想研究［D］. 太原：山西大学，2018.

二、中华传统文化中的慈善思想

回溯历史，从原始社会的朴素福利观至今，慈善精神贯穿着中华文明史。中国传统文化其实是一种宣扬行善的文化，慈善文化的根早已深深地扎在中国文化的土壤里。中国是世界上最早倡导与举办慈善活动的国家。先秦时期中国的慈善思想就开始萌发，为我国传统慈善事业的发展起到了思想奠基的作用。西周时期设有地官司徒以掌管荒政、安抚民众。春秋战国时期实行救灾减害的平籴和通籴制度。历朝历代还设置居养院、安济坊、义庄、慈幼局、养济院等慈善机构，恤老慈幼、施医给药、放粮施粥、劝善修德、规诫杀戮等方面的慈善活动是我国传统慈善事业的滥觞。① 中国文化认为仁爱是人的天性，是一种内在的道德精神表现，并逐渐形成了以仁爱思想为核心的传统慈善思想体系。

其一，儒家的慈善思想。儒学讲求由仁而趋善，《论语》提出"仁者爱人"，《礼记·礼运篇》中有"老吾老以及人之老，幼吾幼以及人之幼"。儒家文化当中的仁爱思想，强调人们之间要互相关爱，即要"泛爱众而亲仁"，坚守"忠恕之道"，强调"己所不欲，勿施于人"，倡导社会公众做一个有仁心的人，为将儒家的慈善精神落实到具体行动中提供了可行的现实路径。此外，民本思想中"民为邦本"的观念，主张实施仁政，君要"惠民"，也成为历代王朝统治者实行惠民政策的思想渊源；大同思想则是"天下为公"，主张财富均分，人人和睦相处；义利观倡导重义轻利，不以利害义。儒家慈善思想就是以"仁爱"为中心，由民本思想、大同思想和义利观构筑的慈善思想体系。儒家慈善思想以实际行动表达了慈爱关怀之情，既形成了传统慈善思想的核心，又成为道德规范的基础，促进了中国传统慈善文化的形成和传播。儒家慈善思想是一种为人之德，也是一

---

① 董青. 中国特色社会主义慈善事业发展问题研究[D]. 长春：长春理工大学，2018.

种处事之方，经过长时间的积累，在我国得到了广泛的认可，逐渐成为我国传统慈善的伦理准则。

其二，佛教中的慈善思想。佛教于西汉末年传入中国，虽然是外来宗教，但得到历代皇帝的推崇，对我国传统的思想文化体系产生了深远的影响。[①] 慈悲观是佛教的基本理念，也是佛教教义的核心。《华严经》中的"不为自己求安乐，但愿众生得离苦"，显示了佛家主张以慈悲为怀，宣扬先行善后回报的慈善理念，通过财施、法施和无畏施救人于苦难之中，用人力、物力、财力等手段实实在在地帮助受苦之众脱离苦海，是民间互助行为的重要思想根源。[②] 一些佛教寺院积极开展扶贫济困、施医救弱等活动，社会上也出现了一些个人慈善行为，佛教慈善文化逐渐被推广普及。

其三，道家的慈善思想。道教是形成于春秋时期的中国本土宗教。道家的"天道承负"主张有天神"司命"，根据人们的行为表现来决定赏罚，宣扬人们要做善事，常积善德，少私寡欲，这些"善"的观念丰富了中国古代慈善思想。[③] 如《太上感应篇》就是道教进行劝善教育的善书，其内容是止恶修善，劝人遵守道德规范。

各流派虽然表述不同，但义理相近，其中皆蕴含着传统慈善思想的内涵，即福利为民、扶危济困等人道主义精神，这为传统慈善意识的形成和发展提供了宝贵的思想来源。

古代慈善事业水平低下，以物质支持为主要方式救助经济生活极端贫困者，只追求能够让人们在物质上获得基本满足，维持生命。但如此种种无不彰显着中华民族满怀友善与和睦的慈善文化。传统慈善文化作为一种特殊的思想体系和教育资源，为中国特色社会主义慈善理论的构建注入了核心灵魂。

---

① 陈文. 当代大学生公益精神培育研究[D]. 徐州：中国矿业大学，2020.

② 涂兆宇. 新时代中国特色社会主义慈善事业发展研究[D]. 长春：吉林大学，2020.

③ 陈文. 当代大学生公益精神培育研究[D]. 徐州：中国矿业大学，2020.

三、中国社会主义特色的慈善思想

从古代的"善举"到近现代的"慈善"，慈善已在中华历史长河中流淌了千年，慈善之根已深扎于中国传统文化土壤之中。1840年鸦片战争爆发以后，中国传统慈善模式受时代变局的影响，在救助主体、救助方式、救助观念上开始发生变化，逐渐形成了一种新的慈善概念，为中国慈善在当代的转型奠定了基础。

新中国成立以来，中国慈善的发展经历了一段曲折的历史时期。改革开放后，中国共产党结合中国具体国情和慈善发展状况，在借鉴传统慈善的基础上主动应变，逐步适应现代化社会建设需求发展慈善事业，形成了更深层次的慈善理论。

（一）改革开放前党的慈善思想

新中国成立初期，经历长期战乱的国家和民族，一穷二白，百废待兴，国家建设是第一要务。受当时中国的国情和马克思、恩格斯思想以及长期阶级斗争的影响，以毛泽东为代表的中国共产党人对资产阶级虚伪的慈善行为进行了深刻的批判。由于连年战争，国民经济濒临崩溃，加上自然灾害等因素的影响，当时人民生活困苦不堪。近代最主要的慈善活动形式是灾荒救济和失业救济，但各种民间慈善组织因西方帝国主义殖民侵略而遭受了沉重的打击，组织涣散，数量少，规模小，作用有限。后来随着整风运动、反右派以及"大跃进"的开始，"左"倾思想蔓延和阶级斗争严重扩大化，社会生活被贴上了各种政治标签。在这种形势下，慈善事业也难逃政治化、阶级化的历史命运。[①]

慈善只是一种社会改良的手段，而实现民族独立、人民解放才是真正的救济和社会福利，才能从根本上改变弱势群体穷困潦倒的生活现状。中国共产党在领导人民进行革命的过程中，反对资产阶级和地主阶级对人民

---

① 魏玮. 论新中国慈善事业的中断[J]. 改革与开放，2012（14）：93—95.

群众的压迫，深切关注人民群众的生产生活。毛泽东坚持一切为了群众，一切依靠群众，深入劳动人民生活，深谙劳动人民的疾苦，在抗战期间多次提到要救济灾荒，解除人民痛苦；在解放战争年代，他带领人民彻底推翻了压迫在人民身上的"三座大山"，实现了民族独立，实现了人民当家做主。1945年，毛泽东在《论联合政府》① 中提出了要"设立大量的救济基金"的政策，要广泛救济处于危难之中的人民群众，使人民群众平等地拥有各项权利，平等地参与社会生活。在新中国刚成立的一段时间里，我国组织生产自救，仿照苏联模式开展"福利救济事业"替代旧的"慈善活动"，设立内务部和专门的社会福利机构管理和发展社会福利事业，"用无产阶级的革命福利思想"引导新中国的扶贫事业，出发点和落脚点都是为了人民群众。1950年4月，中国人民救济总会应运而生，其整顿历史遗留的社会救济组织，收容弱势群体，救助灾区群众，重点开展失业救济和灾荒救济，在新中国社会保障事业中发挥了重要作用。② 在建设社会主义的道路上，以毛泽东为代表的中国共产党人坚持走群众路线，研究出了一系列的社会福利和社会保障的新方法，走出一条慈善福利国家化的道路，为我国慈善事业的发展奠定了思想基石。

（二）改革开放至21世纪初期党的慈善思想

1978年，改革开放的号角吹响了，社会经济的发展为慈善事业发展创造了宽松的环境。伴随着中国经济增长不断取得新的成绩，人们的慈善观也有了新的认识和发展。以邓小平为代表的党中央领导集体解放思想、实事求是，全党的思想逐步从僵化的思维模式中解放出来，慈善事业开始复苏。慈善相关组织及法律法规相继出台，政府支持、社会举办、公众参与的慈善事业发展格局初步形成，"春蕾计划""希望工程"等慈善文化品牌相继产生，1994年中华慈善总会成立了。随后，各地的民间慈善组织也相继成立。

---

① 毛泽东选集（第三卷）[M]. 北京：人民出版社，2008.

② 周冉冉. 从中国慈善走向慈善中国的70年[N]. 中国社会报，2019-09-27.

贫穷不是社会主义。邓小平认为社会主义的本质，是解放生产力，发展生产力，消灭剥削，消除两极分化，最终达到共同富裕。[①] 共同富裕理论鼓励先富的带动后富的，发挥先富地区的示范作用，再通过多种形式对贫困落后地区进行帮扶，最终实现共同富裕。[②] 以邓小平为代表的党中央将发展生产力放在重要地位，关注中国社会主义发展之路，关注人民群众的富裕之路，采取自愿的原则正确引导先富起来的人参与慈善事业，发展社会教育事业。政府将慈善事业的发展与市场经济相结合，通过税收约束、捐赠等方式鼓励社会成员积极参与帮扶救济事业。这一阶段，中国共产党对社会主义慈善思想有了进一步的科学理解，突破了传统慈善观念的桎梏，使慈善事业重新回归历史舞台，中国特色社会主义的慈善思想逐步成长。

进入 21 世纪后，改革开放进一步深化，计划经济向市场经济转轨，激烈的竞争激发了市场活力，但统包统配的就业制度被打破，下岗失业工人增加，失业养老问题严重，弱势群体扶助需求增加，慈善的作用开始显现，中国特色社会主义慈善事业有了发展空间。以江泽民为代表的中国共产党人加大对慈善的重视力度，国家逐渐放开一些社会事务，发挥民间力量的作用补充解决社会分配不够公平、不够合理的问题。2001 年，国家"十五"规划第一次提出了"发展慈善事业，加强对捐助资金使用的监管"。贫困是一个社会问题，但扶贫不是一项简单的慈善事业。对于贫困地区的脱贫，除了需要国家积极推广各种实用技术，加大脱贫投入，更要积极发动群众的力量共同帮济贫困地区，从总体上推动慈善事业发展，助力脱贫事业。此外，慈善事业同样要推动残疾人事业的发展，改变残疾人是"累赘"的传统观念，为残疾人在社会发展中贡献自己的力量奠定坚实的基础。自 1994 年成立第一个全国性的民间慈善组织——中华慈善总会以来，各地慈善总会纷纷成立，慈善活动也进入常态化，各种慈善项目陆续开展，其中既包括"希望工程""春蕾计划"等

---

① 邓小平文选（第三卷）[M]. 北京：人民出版社，1993.
② 邓小平文选（第三卷）[M]. 北京：人民出版社，1993.

助学活动，也包括"视觉第一中国行动""微笑列车"等中外合作项目，慈善事业的发展被推向新高潮。①1998年，随着《慈善》杂志的创办，各家报纸对慈善的宣传逐步增加，为弘扬中华民族扶贫济困、乐善好施的传统美德提供了载体。大家开始进一步了解慈善，认识到慈善事业的重要意义，慈善意识得到增强。

党对慈善事业的态度从肯定到鼓励再到全力支持，以胡锦涛为代表的中国共产党人将慈善作为关乎国计民生的事业纳入社会保障制度。胡锦涛在2008年年底召开的中华慈善大会上指出，慈善事业是一项崇高的事业，慈善不是一己之力的事，慈善事业应是全社会的共同事业，社会成员要共同践行慈善美德，参与慈善活动。北京奥运会、残奥会的召开，170万名志愿者累计服务时间超过2亿小时。重大事件的需求唤醒了全民慈善意识，引发了志愿者服务大热潮，激活了蓄力已久的慈善事业，丰富了慈善文艺演出和宣传推广活动的内容，慈善文化建设逐步迈向蓬勃发展阶段。同时，我国相继出台税收优惠等一系列政策法规，扩大了慈善活动的辐射力，提高了慈善捐赠的有效利用率，完善了慈善事业发展机制，规范了慈善事业发展环境。

（三）党的十八大以来中国共产党人的慈善观

党的十八大以来，以习近平同志为主要代表的中国共产党人为了满足人民日益增长的美好生活需要，促进社会公平正义，赋予了中国特色社会主义慈善事业新的使命，慈善思想的内涵也愈加丰富。

一是慈善事业得到高度重视与充分肯定。2007年习近平在担任浙江省委书记时就发表文章《在慈善中积累道德》，主张在慈善中积累道德，号召人们积极参与公益慈善事业。② 十九大报告提出的"兜底线、织密网、建机制的要求"，进一步拓展了民生保障的内涵，而慈善事业作为再分配的有益补充，是促进共同富裕的重要手段，与社会福利、社会救助等处于

---

① 胡婷. 建国以来中国共产党人的慈善观研究［D］. 太原：太原科技大学，2016.

② 习近平. 之江新语［M］. 杭州：浙江人民出版社，2007.

同等重要的位置，慈善事业的积极作用得到充分彰显。《中华人民共和国国民经济和社会发展第十四个五年规划和2035年远景目标纲要》提出了实现共同富裕的伟大目标，展现了建设社会主义现代化强国的美好愿景。对于慈善事业的努力方向、价值贡献与发展空间，党和国家在全面建设社会主义现代化国家新征程中赋予其新定位、新使命和新任务。

二是重视慈善事业的制度完善。现代慈善事业是一项社会公益事业，已从少数人的零星活动发展到大众的规模化活动。立足中国国情，基于中国特色社会主义实践需求与社会分工和社会结构变化的要求，党和政府认为中国发展慈善事业要创新体制机制，要在规范中发展，在发展中规范。习近平总书记鼓励和支持社会力量参与社会治理、公共服务，多次强调社会组织管理制度要继续深化改革，激发社会活力。①《慈善法》于2016年9月正式施行，这是中国慈善领域的基础性法律，表明党和国家对慈善事业的高度关注，对解决慈善问题、规范慈善行为具有突出意义，开启了中国的"善时代"。《慈善法》的制定是以习近平同志为核心的党中央关于慈善事业的顶层设计的体现，对慈善事业迈入法治化轨道具有重大的时代意义，为慈善事业的可持续发展提供了有力保障。②

三是发展全民慈善事业。2006年在浙江慈善大会上习近平指出，慈善是一项全民的事业，一方面要注重慈善文化的传承、慈善精神的弘扬和慈善意识的培育，另一方面要鼓励企业争做负责任的"企业公民"，共同参与慈善事业，使慈善氛围蔓延全社会。慈善事业要依靠人民，不断激发人民热心做公益、做慈善的内生动力，增进人民群众参与公益的积极性和主动性。2006年习近平任浙江省委书记时指出："慈善事业是一项全民的事业，要广泛普及慈善文化、弘扬慈善精神、宣传慈善典型，激发社会各界参与慈善

---

① 中共中央宣传部. 习近平总书记系列重要讲话读本［M］. 北京：学习出版社、人民出版社，2016.

② 郑功成.《慈善法》开启中国的善时代［J］. 社会治理，2016（5）：30—36.

事业的热情，在全社会形成人人心怀慈善、人人参与慈善的浓厚氛围。"①
"芭莎慈善夜"掀起明星慈善盛会，曹德旺、曹晖父子捐款 2 亿元用于西南
92150 户受灾农户恢复生产生活。"网络慈善"逐渐兴起，淘宝公益宝贝、
腾讯公益"99 公益日"等开启全民参与行动；轻松筹、水滴筹等个人求助
平台激发了公众爱心……慈善成了一种文明风尚，人们关注慈善的意识越
来越强。慈善大众化、平民化的趋势显示了慈善旺盛的生命力。

　　新时代的中国，经济社会发生了翻天覆地的变化。中国共产党对慈善
给予了高度重视，在实现中华民族伟大复兴的中国梦的征程中，以全民共
享的理念，从战略高度顶层设计了慈善事业的发展，即坚持人民主体地位，
依靠人民群众发展慈善事业。这不仅丰富了中国特色社会主义慈善理论，
也推进其不断走向成熟。

第三节　我国慈善事业的发展成就与困境

　　2020 年新冠肺炎疫情发生后，全国各级慈善组织、红十字会接收社
会各界捐赠资金约 420 亿元，物资约 11 亿件，参与疫情防控的注册志愿
者达 584 万人；② 脱贫攻坚过程中，全国社会组织共实施扶贫项目超过 9
万个，投入各类资金 1245 亿元，为决战脱贫攻坚做出了重要贡献。这些
都充分说明我国慈善事业在经历了一个充满曲折的探索过程之后，正在逐
渐步入成熟的发展轨道，成为我国覆盖全民、城乡统筹、权责清晰、保障
适度、可持续的多层次社会保障体系的有机组成部分。③

---

　　① 习近平. 齐心协力发展慈善事业　同心同德建设和谐社会［N］. 浙江日报，
2006-12-13.

　　② 疫情以来全国各级慈善组织、红会接收捐赠资金约 419.94 亿［EB/OL］. http：
//www. charityalliance. org. cn/gov/13523. jhtml.

　　③ 陈洁茹. 和谐社会视阈下的慈善文化建设研究［D］. 武汉：武汉科技大学，2014.

一、慈善事业的主要成就

（一）慈善组织机构数量壮大，慈善治理格局日趋成熟

慈善组织作为非营利组织，是慈善运作主体，是慈善事业持续、健康发展的支柱。传统慈善内容方式相对简单，慈善活动受地域、行业等局限，往往是有钱人个人捐款捐物救助或宗族、宗教等慈善群体进行救助，慈善组织机构功能比较单一。伴随着改革开放的不断深入，慈善活动得到广泛性、多样化发展。慈善组织通过对接捐赠者与受助者，成为开展慈善活动、执行慈善项目的主力军。慈善组织的形成与专业化发展，是慈善事业管理水平提高的体现，是适应社会经济现代化发展的必然要求。

随着经济的发展，我国社会组织获得了巨大的发展空间。20 世纪 90 年代开始，我国民间慈善组织迈入了高速发展时期，全国各地相继建立慈善总会，慈善机构、社会慈善组织如雨后春笋般涌现。2004 年 6 月《基金会管理条例》正式实施，鼓励非公募基金会发展，民间性质的非公募基金会飞速发展。2016 年颁布的《慈善法》对慈善组织的设立与运营、慈善服务的开展与安排、慈善财产的来源和用途等做出要求，规范了募捐、信息公开等活动秩序，激发了慈善组织发展新活力。据统计，2012 年我国社会组织总量达到 32 万家，并以每年 7 万～8 万家的速度持续增长。截至 2021 年 1 月 20 日，我国社会组织总量超过 90 万家，其中成立 10 年以上的有 24 万家，江苏、广东、浙江等省的社会组织数量居全国前列。① 截至 2020 年 6 月，全国基金会的数量为 7979 个，比 2015 年增加了 3195 个，增幅高达 67%。② 慈善组织体系的建立和内部结构的完善，从组织上保证了慈善事业的运行基础和发展条件，有利于提高慈善活动的专业化水平

---

① 我国社会组织登记总数已突破 90 万家[EB/OL]. http：//www. cctv-gy. cn/show_17_16502_1. html.

② "十三五"期间我国慈善事业发展取得七大成就[EB/OL]. http：//www. bnu1. org/show_2105. html.

和效能，充分释放出民间慈善组织的巨大潜力，为慈善事业的全面转型发展提供了组织保障。

如今，民间慈善组织渐渐成为主体，慈善事业展现出旺盛的生命力，新慈善格局初步形成。慈善组织数量增长的同时，工作理念也在不断创新，慈善文化的载体越来越多。慈善组织机构还将目光放在项目的设计、操作和管理上，广泛动员社会力量参与慈善活动。大规模、有社会影响力的基金会和公益品牌项目越来越多，使得参与社会救济和志愿服务活动的主体越来越多元化，民众参与慈善的主动性和积极性更高。中国慈善组织的整体实力也在不断提升，越来越多元化的发展使整个社会的慈善文化氛围渐趋浓厚。

（二）慈善法规制度建设加强，慈善文化建设有章可循

随着我国现代化进程的不断加快，慈善事业也日益成熟，发展现代慈善事业已经成为社会共识。慈善事业正阔步向现代化、法治化时代迈进，收入分配调节的作用得到进一步发挥。慈善活动的规范化、制度化、法律化，不仅确立了慈善文化建设的方向，而且反映了国家有关慈善法律法规的完善情况、实施效率和水平，也反映了国家对慈善事业的支持和保障。传统慈善重视道德自觉，凭良心办事，比较偏重道德约束，而现代慈善重视法制的约束、规范和激励作用，不仅要求慈善行为遵循基本的法律法规，而且通过强有力的执法监督检查和司法实践来打击各种违法犯罪行为，提高慈善事业的社会信誉和影响力，最终实现慈善事业高效、文明、有序、良性、全面发展。

当前我国的社会管理体制稳定，慈善系统运行协调，慈善事业的法治化迈出具有历史意义的重要一步，相关法律法规如表1-1所示。

表 1-1　我国与慈善事业相关的法律法规

法律层次	立法机关	条款／文件名称
宪法	全国人民代表大会	第二章第 35 条
法律	全国人民代表大会及常务委员会	1993 年《中华人民共和国红十字会法》 1993 年《中华人民共和国个人所得税法》 1999 年《中华人民共和国公益事业捐赠法》 1999 年《中华人民共和国合同法》 2001 年《中华人民共和国信托法》 2007 年《中华人民共和国企业所得税法》 2016 年《中华人民共和国慈善法》 2020 年《中华人民共和国民法典》
行政法规	国务院	1998 年《民办非企业单位登记管理暂行条例》《社会团体登记管理条例》 2004 年《基金会管理条例》 2017 年《志愿服务条例》
部门规章	国务院部门	1994 年《社会福利性募捐义演管理暂行办法》 1999 年《社会福利机构管理暂行办法》 2000 年《救灾捐赠管理暂行办法》 2016 年《公开募捐平台服务管理办法》《慈善组织公开募捐管理办法》《关于公益股权捐赠企业所得税政策问题的通知》《慈善组织认定办法》 2017 年《慈善信托管理办法》 2018 年《慈善组织信息公开办法》《社会组织信用信息管理办法》《关于非营利组织免税资格认定管理有关问题的通知》《关于公益性捐赠支出企业所得税税前结转扣除有关政策的通知》《慈善组织保值增值投资活动管理暂行办法》

从表 1-1 我们可以看到，自 1993 年起，我国相继出台了《中华人民共和国红十字会法》《社会团体登记管理条例》等一系列与慈善事业相关的法律法规。纵向来看，法律、行政法规、部门规章形成了多层次的法律法规体系；横向来看，法律法规的内容涉及慈善组织的认定和管理、慈善募捐资格和平台、慈善信托、慈善财产、慈善队伍管理、信息公开、慈善税收优惠与减免、慈善相关利益关系的处理等多个方面。经过 20 多年的发展，我国慈善事业相关的法律法规已经基本形成了规制体系，为我国慈善事业发展奠定了可靠的政策法治保障基础。

1999 年颁布的《公益事业捐赠法》是我国第一部与慈善公益有关的法律,对于当时刚刚起步的慈善事业来说具有标志性意义。《基金会管理条例》和《社会团体登记管理条例》这两部行政法规分别针对基金会和非营利性社会组织的管理,明确了慈善组织的非营利性和经营行为,为慈善组织的发展提供了依据,促进了 20 世纪初我国慈善事业的健康有序发展。2016 年,我国慈善领域基础性、综合性法律——《慈善法》正式颁布实施。《慈善法》的出台填补了我国慈善领域的空白,是慈善事业发展史上的里程碑。它全面规制了慈善事业的各个方面,对我国慈善事业的发展有巨大的推动作用。一是明确了慈善的性质与定位,规范和促进了慈善主体的发展。《慈善法》以法律形式充分肯定了慈善事业的地位和作用,明确了慈善参与主体的法律地位、权利义务,对慈善文化建设和慈善事业发展起到规范作用。二是为慈善工作提供了基本规范和遵循。《慈善法》对慈善事业的范围、职权予以规范,保护和促进了自然人、慈善组织开展的各类慈善公益活动,发挥媒体和社会公众的监督作用,形成了健康有序的慈善生态。三是推出了一系列改革创新举措,为慈善事业开辟了发展空间。《慈善法》明确了税费减免、政府购买服务等激励措施,如慈善捐赠优惠、慈善活动用地优惠、慈善税收优惠等,激发了公民和企业组织对慈善的捐赠热情,成为推动慈善事业发展的有力杠杆。[①] 2017 年 12 月,国务院颁布的《志愿服务条例》正式施行,其对志愿服务的宗旨、志愿者与志愿服务组织、志愿服务活动、促进措施、法律责任等做出了明确规制,使《慈善法》之"慈善服务"一章中有关志愿服务的规制得到细化。

此外,在文化大繁荣大发展的背景下,我国还根据具体国情制定了一系列关于慈善工作的指导性文件,如《中国慈善事业发展指导纲要(2011—2015 年)》,明确了我国慈善事业发展的格局,在慈善事业的定位、发展方向、人才培养等各方面都做了具有可操作性的规划;又如 2014 年国务

---

① 李立国. 全面贯彻实施慈善法开创慈善事业发展新局面[J]. 行政管理改革,2016(7):16—20.

院发布的《关于促进慈善事业健康发展的指导意见》，统筹了慈善和社会救助资源，明确了监管体系健全有效、体制机制协调顺畅等慈善事业发展方向和以扶贫济困为重点的慈善活动方向。慈善立法的不断健全、管理的规范科学，逐步推动了我国慈善事业与经济社会发展水平相一致。

（三）慈善活动领域空间广泛，慈善文化价值日益凸显

经历了全球化浪潮的洗礼，慈善开始更多地影响着人们的思想观念和经济生活，并以一种平和的姿态进入寻常百姓的视野，日益成为社会生活的重要组成部分。传统慈善主要集中在扶贫济困等社会救助领域，而现代慈善活动的内容除了救助外也开始参与公共事务，更趋公共化、社会化。紧急救助、环保、科学、发展教育卫生等其他公益目的也成为慈善服务目标，慈善活动的空间和领域得到拓展。从传统慈善到现代慈善，从差序慈善到专业慈善，从道德怜悯到公共责任，慈善事业拉开了转型升级的大幕。慈善与社会公益事业的融合，使得慈善活动不再只是扶贫济困，其生存和发展空间得到了极大的扩展，慈善真正成为造福全人类、服务全人类的大事业。慈善逐渐成为社会主义建设事业的一部分。全面开发慈善价值资源，对推进国家现代化强国建设事业具有重要社会价值。

改革开放以来，我国社会发生了翻天覆地的变化，人民生活水平得到极大改善，但也面临着贫富分化、道德滑坡等社会问题。慈善在改善民生、扶贫、救助等方面发挥着不可估量的作用，是社会稳定的润滑剂。民间慈善力量有了显示身手的更大空间，如"壹基金"等专业慈善机构以其专业性强、运作效率高、活动灵活、管理透明等特点，整合社会资源展开慈善资金的筹集和慈善项目的运营，具备了高度的公信力和影响力。各个新生的慈善组织立足不同的慈善领域，以民间力量为主体，运用专业手段，动员公众参与，活跃在社会救助的各个领域，显示出旺盛的生命力，滋养出缤纷多彩的慈善文化。慈善事业的开放化、全球化趋势，要求我们树立全球观念，加强国际交流与合作，推进人类命运共同体建设，解决全世界面临的严峻问题，为改善人民生活提供宏大而持久的人道主义保障。

（四）慈善资源动员能力提升，慈善文化参与蓬勃发展

慈善组织的运行需要依赖外界环境的资金和人力，动员、整合社会的慈善资源是慈善文化发展的首要关键因素。① 另外，慈善组织运用人工智能、大数据、区块链、云计算等信息技术为智慧化慈善提供了技术支撑，实现了慈善的高效、一体化运作。现代慈善在慈善信息公开、慈善活动的大数据管理、慈善监管等方面用信息化手段增强了组织的社会公信力和慈善活动的吸引力。据中国慈善联合会的慈善捐助年度报告，2015—2020 年，我国年度慈善捐助总额从 1108.57 亿元增长到 2086.13 亿元（见图 1-1），而人均捐赠额从 2015 年的 81.69 元增长到 2019 年的 107.81 元。由此可见，个人参与慈善事业的热情逐渐高涨，全民参与慈善的意识有所提高，慈善事业逐渐从少数人行为变为大众化参与。

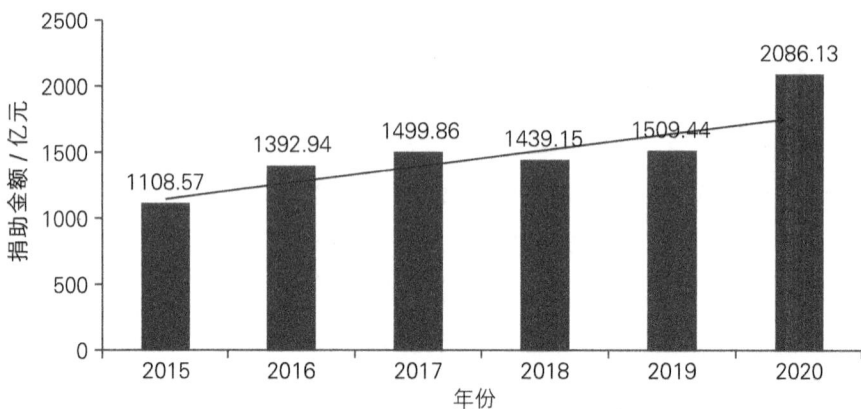

图 1-1 2015—2020 年我国慈善捐助情况统计

随着互联网的全面普及，这个成本低廉、传播效果又快又好的平台成为慈善活动最佳的选择。"互联网 ＋ 慈善"为慈善事业的发展注入了新活力。便捷的参与方式、详尽的项目描述、丰富的活动资源，打通了以往捐助者、组织者和受助者之间的信息孤岛，提高了慈善的透明度和参与度，

---

① 龙永红. 互惠利他链：官民慈善组织资源动员的比较研究［D］. 南京：南京大学，2012.

极大地提高了慈善工作效率。通过网络平台发布捐助项目，捐赠人可以选择多元化渠道如网站、公众号、小程序等参与慈善捐赠，采用移动快捷支付功能完成捐赠；需要帮助的受困群体通过众筹平台上传自己的求助信息，可以在很短时间内发动大量的民间资源，从而获得救助。腾讯公益、轻松筹、阿里巴巴公益、新浪公益、支付宝公益等互联网募捐信息平台以其便捷性、小额度等特点赢得了公众喜爱，形成了良好的网络慈善生态和慈善资源动员空间。

二、慈善文化建设存在的主要问题

我国正处于转型期，尽管慈善事业的发展速度比较快，但是由于起步晚、基础差，加上市场经济所带来的负面文化冲击，现代慈善文化还没有走上高速发展的快车道，仍然面临诸多亟待解决的问题。[①]

（一）社会慈善氛围不够浓郁，内在动力有待激发

社会慈善理念和公民慈善意识是慈善事业的思想基础，两者相辅相成。没有稳定的社会理念的指导，没有公民慈善意识的支撑，就没有慈善行为活动的稳定性和慈善事业的可持续性。[②] 目前我国企业社会责任感缺失，社会公众的慈善意识薄弱。2019 年度，我国内地接收款物捐赠共计1509.44 亿元。慈善捐赠中，个人占比为 26.4％，人均捐赠 107.81 元。[③] 同年，美国慈善捐赠总额约为 4496.4 亿美元，慈善捐赠占 GDP 的比值约为 2.1％，个人捐赠约为 3096.6 亿美元，占总捐赠额的比例约为 69％，人均捐赠金额为 1370.85 美元。美国慈善捐赠总额约为我国的 30 倍，在 GDP 中的占比约为我国的 18 倍，人均捐赠额约为我国的 118 倍。[④] 英国慈善救

①　郭昕. 中国特色社会主义慈善文化研究［D］. 上海：上海师范大学，2018.

②　陈东利. 中国公民慈善意识培育［M］. 上海：上海大学出版社，2014.

③　2019 年度中国慈善捐助报告［EB/OL］. https：//new.qq.com/rain/a/20201012a03suc00.

④　2020 美国慈善捐赠报告［EB/OL］. http：//www.gywx.org/article/2574.

助基金会（CAF）的《世界慈善捐赠指数报告》公布了自 2009 年以来全球接受采访的 160 万人的结果——"世界行善捐助指数"，依据"帮助陌生人""慈善捐款""投入志愿者、义工时数"三个项目指标来计算，进行行善程度评比。我国的排名基本都在末位，在 2021 年上升到 95 位，有较大的升幅。① 我国社会慈善氛围不够浓郁的原因如下。

一是公民慈善观念缺乏开放性。慈善作为一项社会事业，应当是一项全民的事业，它不是少数人的事情，不能完全依靠政府或慈善组织来推动，需要每一个公民积极参与，需要全社会共同努力。但"差序格局"社会形态下所形成的人际交往方式、助人关系也是建立在捐助人与受助人之间人际关系的深浅程度和生疏程度之上，慈善也很难脱离熟人关系而独立存在，难以形成良好的慈善文化氛围。此外，长期以来，慈善行政色彩浓厚，很多人认为政府是慈善重要甚至是唯一的主体，民间慈善组织数量有待增加。只有民间慈善组织的影响力增强后才能改变此现状，才能改善"被动的"慈善行为。

二是公民社会安全感和责任感缺失。社会进入转型期，各种福利和保障制度却不完善，而人们的需求层次日益提升，导致公民缺乏社会安全感。加之，"精英慈善"的意识根深蒂固，人们认为慈善是富人的专利。而在中庸思想和财产安全顾虑的"双重"影响下，我国的富人比较低调，不愿意露富的心理导致其参与慈善的积极性降低，这在一定程度上限制了私有财产向社会的"再分配"。捐助人与受助人之间的信息不对称、地位不平等情况，也让不少受助人缺乏互惠观念和感恩心态，甚至出现"索捐"现象，网络慈善诈骗、互联网慈善污名化等失范现象时有发生。

三是公民参与捐赠缺乏常态化。改革开放以来，民生水平产生了质的飞跃，民间财富日益丰厚，为慈善事业的发展奠定了物质基础。但总体慈善资源募集增幅很小，一直以来个人捐赠占比不高，企业捐赠占据社会

---

① 世 界 慈 善 捐 助 指 数 报 告［EB/OL］. https：//www. cafonline. org/about-us/publications/2021-publications/caf-world-giving-index-2021.

捐赠的主要部分。数据显示，2020 年我国内地接受款物捐赠共计 2086.13 亿元，同比增长 38.21%。其中企业捐赠为 1218.11 亿元，首次超千亿元，占捐款总量的 58.4%，仍为捐赠主力；个人捐赠为 524.15 亿元，占捐赠总量的 25.1%，比 2019 年增加 125.7 亿，年度增幅为 31.5%。① 公民捐赠呈现为偶尔性行为，并非经常性行为，"日行一小善"尚需普及。慈善文化要催生出一种自觉参与慈善公益活动的道德观念和行为习惯，让人们尽可能地在自己的能力范围之内为他人提供力所能及的帮助，表达善意和爱心。但目前离形成"全民慈善"的文化氛围还有相当大的距离。

（二）慈善组织缺乏影响力，慈善治理有待持续优化

慈善组织作为现代社会发展的产物，也是慈善文化发展的主体力量，但由于目前自身面临发展困境，还不能形成与市场经济体系相适应的高效运作机制，不能满足社会的慈善需求。其问题主要表现在以下方面。

一是慈善组织发展缓慢，社会化程度不高。目前大多数慈善组织都是政府直接或间接管理控制的官方或者非官方组织，许多慈善组织负责人都是已退休或临近退休的官员，慈善组织对政府的拨款和补助等方面的依赖性很强，因此慈善组织先天不足，缺乏独立性。而专门从事慈善事业、真正民间意义上的慈善组织数量太少。根据民政部发布的统计数据显示，全国社会组织总量超过 90 万个，其中基金会 8385 个，不到社会组织的 1%。我国慈善组织的资金准入门槛较高，地方非公募基金会的原始资金要求不低于 200 万元人民币，让一些有意愿的个人和组织望而却步。另外，根据"双重管理体制"要求，慈善组织既要到民政部门审批备案，还需要依托直接的政府主管部门，这种管理体制限制了慈善组织的民间性、独立性和自主性，成为慈善组织发展的障碍。

二是慈善组织管理能力不足，应急协调水平有限。慈善活动管理是一项全流程的工作，涉及项目环境分析、活动设计、宣传策划、募捐管理、

---

① 2020 年度中国慈善捐助报告［EB/OL］. http：//www.charityalliance.org.cn/news/14363.jhtml.

人员管理、服务保障等系统化的流程，对慈善组织的专业化管理和服务化水平要求很高，不少慈善组织无法适应迅猛发展的社会慈善环境。慈善组织中的专业管理人员短缺，员工工资收入不高，制约了慈善资源的开发动员和有效利用，成为慈善事业发展的桎梏。面对突发公共事件，慈善从业人员的职业能力和慈善组织的应急协调能力还不够。新冠肺炎疫情初期，面对社会各界短时间内捐献的海量抗疫物资和钱款，个别地区慈善组织由于管理水平低、专业化程度不高，缺乏统筹协调机制，暴露出款物处置迟缓、出错，信息披露不完整、不及时，物资分配不合理等问题，引发社会争议，甚至被舆论围攻，慈善组织的公信力受到质疑。这种质疑的蔓延影响了民众参与慈善的热情，损害了慈善组织的形象。

三是慈善信息公开滞后，公众认可度亟待提升。公信力是慈善组织的生命力，是慈善组织生存和发展的核心竞争力。由于慈善组织的监管不足、信息管理技术落后、专业人员缺乏导致的重大应急事件发生后，相关信息公开不及时、不准确，让慈善组织公信力缺失这一问题雪上加霜。①2011年的"郭美美事件"，2014年汶川救灾物资霉变新闻，2020年抗疫初期出现的口罩分配风波，种种事件使社会各界对慈善组织的信任感急剧降低，严重损害了慈善组织的信誉度和权威性。慈善组织的信息不公开、运作透明度较低、慈善宣传形式单一、报道缺乏感染力、危机公关应急能力不足等问题使得慈善活动不能正确引导舆论，也未能及时化解群众负面情绪，对公众参与慈善的热情和捐赠意愿产生了消极的影响。

（三）慈善管理缺乏科学性，外部环境有待改善

《慈善法》出台之后，慈善行为的法律规制体系有了巨大进步，慈善事业的法治化管理进入了新阶段，但慈善应急能力不足，总体上反映了慈善配套政策支持不到位，未能从根本上改变慈善事业发展滞后的局面，慈善组织发展缓慢。新冠肺炎疫情防治应对工作中反映出依法行善、依法治

---

① 郇宜飞. 慈善组织应急治理能力提升探讨[J]. 合作经济与科技，2021（16）：152－153.

善、依法促善，全面推进慈善法治建设的工作依然任重道远。① 目前存在的突出问题如下。

一是《慈善法》贯彻力度不足，配套知识、措施未到位。《慈善法》已颁布实施 6 周年，然而无论是地方政府还是相关部门，包括一些执法者、行业参与者和公众的观念未及时转变。新冠肺炎疫情初期，一些捐赠的医疗物资被地方扣留征用，也有个别地方慈善总会将接收的社会捐款划入财政账户，这些失范现象时有发生，表明慈善法治化还有很大的空间。

二是《慈善法》的配套体系不健全。2020 年《中华人民共和国民法典》颁布后，其他法律未做出相应调整，《慈善法》的有关原则规制尚缺乏配套政策。② 比如，民政、财政、税务等慈善监管和优惠政策的职责定位、关系有待理顺；慈善组织登记认定标准笼统，认定程序不透明，影响了慈善组织登记的积极性；慈善信托的政策优惠因信托公司作为受托人无法开具捐赠发票进行税前扣除，致使慈善信托税收优惠无法落地，影响了慈善信托的发展。

三是对慈善组织的监管未形成有效合力。《慈善法》明确指出慈善工作的主管部门是民政部门，但实际情况是慈善组织在民政部门和业务部门的双重管理之下，由于管理和监管分工不明确，出现相互推诿的现象；民政部门承担了慈善组织登记注册与业务监管的职责，但面临着人员不足、监督能力不足的情况，容易导致监管缺位。而有些规定又对慈善组织自治、独立发展不利，对其内部治理存在过度干预的现象，如慈善组织负责人任期不能超过两届、有 70 岁的年龄上限等，限制了慈善组织的自决权。近年来，社会公众的监督意识出现一些盲目现象，一旦慈善组织上了热搜，就会出现恶意诋毁等现象。特别是在突发事件应对中，没有区分主客观因素，处罚过于严苛、僵化，极大地打击了慈善组织的积极性。

---

① 专访中华慈善总会会长宫蒲光：凝心聚力推动慈善事业又好又快发展[EB/OL].
https://baijiahao.baidu.com.

② 郑功成.中国慈善事业发展：成效、问题与制度完善[J].中共中央党校（国家行政学院）学报，2020（6）：52—61.

第四节　中国特色社会主义慈善文化的实现路径

慈善无国界，但慈善事业有国情。[①] 慈善事业的发展要符合国家制度与社会文化。在我国，服务于中国特色社会主义建设与发展，是慈善事业健康持续发展的根本前提。只有不断完善具有中国特色的慈善制度、慈善精神、慈善模式，根植于自己的国情，把握正确的路径，走出自己的发展之路，才能推进中国特色社会主义慈善文化的现代化进程。

一、加强慈善理念培养，提高全民慈善意识

（一）发挥媒体宣传力量，优化社会舆论氛围

慈善是一个面向社会大众的公共事业，依托大众媒体开展慈善宣传是必不可少的一环。新时代大众媒体打破了传播渠道和传播介质的壁垒，发生了质的飞跃，呈现出传播速度实时化、传播形式多样化、传播内容多元化等特点，已成为文化传播的主要手段。大众媒体通过引导慈善舆论，报道慈善事迹，倡导慈善行为，营造慈善氛围，监督慈善组织，为优化社会舆论环境提供良好的舆论土壤。

一是发挥大众媒体舆论宣传的导向作用。慈善事业的发展壮大需要一种社会氛围的烘托，大众媒体依靠媒介技术的发展和普及很好地承担起了这一社会角色。[②] 比如灾情的实时报道、网上寻亲、募捐义演义卖等，从而唤起"同呼吸、共命运、心连心"的民族情结，为政府、慈善组织进行慈善总动员起到了强大的推动的作用。此外，社会中很多需要急难救助

---

① 王勇. 十九届四中全会解读：慈善无国界，慈善事业有国情，走中国特色慈善事业发展之路［N］. 公益时报，2020-01-19.

② 郑思婧. 论慈善主体的功能定位［J］. 法制与社会，2010（15）：175—176.

的事件是通过媒体传递到外界而获得救助，也是通过媒体的穿针引线进入人们的视线而获得救助。因此，新时期慈善文化应当重视大众媒体的宣传作用，坚持正道的舆论导向，弘扬真善美，引领社会慈善风尚。针对不同传媒载体根据受众的不同选择合适的宣传视角，如慈善人物先进事迹、慈善晚宴、慈善拍卖等活动，开展全民慈善评选活动，让普通老百姓都能融入看得见摸得着的慈善文化氛围中。大力培育扶贫济困的仁爱之心，扶弱助残的惠民之举，关爱弱者的慈善之情，促进慈善理念深入人心，让慈善事业人人可为，激发公民的慈善热情。媒体要与社会各界力量合作，合理安排宣传活动，充分利用现代媒体传播的及时性、广泛性、便捷性的特点，做到慈善宣传覆盖的常、广、优。通过多渠道、多载体开展慈善社会宣传，丰富形式载体，让全体社会成员感受慈善，参与慈善，有效扩大宣传效果，把慈善渗透到生活的各个方面，培养慈善情感，从而提高全社会参与慈善的热情和频率，营造良好的慈善文化氛围。[①]

二是增强大众媒体舆论宣传的社会责任。作为社会公器的大众媒体，除了对慈善组织进行舆论监督，自身也要承担社会责任，将社会利益放在首位，传播主流的慈善价值观，严格把关慈善信息，优化慈善信息环境，营造文明健康的慈善氛围。在媒体资源的分配上，不完全以经济效益为导向，给社会事业发展预留足够的资源，媒体工作人员要提高社会公德、政治敏锐性和专业素质，及时客观地对慈善活动进行宣传报道。大众媒体在新闻策划中要具有理性的思辨能力，负面报道要适度，用词客观公正，避免受众产生认知上的负面效应，丧失投身慈善的信心。要有如"慈善≠零成本""去行政化≠排斥政府"等的专业意识。可以多创办一些"接地气"的节目或设立专栏，深入人民生活，解决与人们切身利益有关的困难事、烦心事。媒体在策划报道慈善救助活动时，宣传重点往往是渲染困难者的不幸，营造痛苦、艰辛、无助的场景。大众媒体报道在集中唤起受众对贫困群体的关注同时，也应注重受助者尊严的维护和自立观念的培养，在给

---

① 陈东利. 中国公民慈善意识培育［M］. 上海：上海大学出版社，2014.

予弱势群体尊重和关怀的同时，也要帮助他们树立自立的自信心，使他们从精神上站立起来。

（二）加强社区慈善建设，培育公众慈善意识

社区是社会的根，是基层居民社会生活的共同体，是最贴近社会中困难群体的基本单位，是慈善服务和整合慈善资源的基础平台。社区慈善建设要整合社会慈善资源，把慈善活动和服务融入社区建设中，最大限度地调动基层社会力量，扩大慈善活动的人口受益面和社会覆盖面，让慈善惠及广大民众，真正做到全民参与慈善，全民受益于慈善，慈善普及全域。

一是支持设立社区型慈善组织。社区慈善以惠及社区百姓为目的，可以与基层政权建设、社区服务有机结合，兼具邻里互助的传统慈善和现代社区慈善特色，畅通社会成员参与社区治理的途径。① 大力培育社区型慈善组织，直接服务于社区居民。但《慈善法》只明确社区组织可在本社区内部开展群众性互助互济活动，这一规制将社区互助区域范围和对象予以限定，对于有效调动社区外部社会资源来说是一个很大的阻碍。国家应简化注册手续，鼓励社区型慈善组织的设立，让其平等享受国家支持慈善组织的相关优惠政策。

二是将慈善文化融入社区整体建设。当下社区建设作为我国社会治理现代化工作的一环，是人民实现美好生活的有效途径。以社区为载体，利用文明社区建设契机发展慈善文化，广泛开展慈善宣传活动与慈善互助活动，宣扬身边人、身边事，设置社区捐赠点，组织慈善募捐和义卖，不断丰富慈善文化进社区的途径，使慈善文化真正进入社区。慈善文化进社区主要依靠人际传播的力量，让人们由亲向疏，推近及远，从而形成良好的社区人际网络，有效缓解社区矛盾，形成和谐温馨的社区环境，引导公众意识，汇聚慈善力量。完善社区慈善捐赠体系，可以有效发动最基层的民间捐赠力量。

三是构建社区慈善服务体系。整合社区资源，组建社工和慈善志愿者

---

① 郑功成.中国慈善事业发展：成效、问题与制度完善［J］.中共中央党校（国家行政学院）学报，2020（6）：52－61.

队伍，鼓励社区居民贡献财物和时间，主动关心身边的困难群众，让更多的人成为"有爱心的邻居"，倡导团结友爱、互助合作的社区风尚。围绕居民实际需求，构建全方位、多层次的社会组织服务体系，因地制宜地打造特色鲜明的服务活动，以小而多的慈善方式满足社区慈善需求，解决社区问题，推动慈善事业向基层化、纵深化发展。

（三）培育公司慈善文化，强化企业责任意识

企业慈善是现代慈善发展的重要支柱。企业拥有庞大的经济力量，随着现代经济的快速发展，企业核心竞争能力不断增强，企业在社会发展中的地位日益突出。在承担经济责任的同时履行社会责任，这是企业的社会使命。越来越多的企业在为社会创造巨大经济效益的同时，实现与慈善的互动：2020年企业捐赠首次超过千亿元，年增幅为三成以上；2021年中国企业慈善公益500强排行榜数据统计显示，上榜企业慈善公益总投入512.1亿元，同比2020年增加307.8亿元，增幅达151%。500强慈善公益入围门槛为150万元，比2020年提高了65万元。慈善公益投入1000万元以上的有391家，其中拼多多居榜首，慈善公益投入总额为120亿元。[1] 我国企业的慈善捐赠支出绝对规模在不断扩大，对慈善捐赠的关注度也在不断提高，但同时相对于企业利润总额，企业慈善捐赠支出比重较小，企业慈善捐赠的相对水平仍然不足。[2] 社会主义和谐社会的建设是一个复杂而动态的历史过程，需要多元社会主体的参与，其中企业慈善文化的培养是不可或缺的因素。

一是用企业慈善文化推进慈善责任履行。企业文化是企业的灵魂，是企业不可或缺的"软实力"，企业慈善文化是体现企业社会责任的一个重要表征。企业的生命线是经济效益，社会效益是企业经济效益的有机补充，能提升企业社会形象。2020年7月河南遭遇洪灾，鸿星尔克第一时

---

[1] 2021 中国企业慈善公益 500 强名单公布 [EB/OL]. https://www.maigoo.com/news/610655.html.

[2] 曲顺兰，武嘉盟. 我国慈善捐赠企业所得税政策激励效应评估——基于中国上市公司数据断点回归设计的数量分析 [J]. 经济与管理评论，2017，33（1）：95—103.

间捐款 5000 万元人民币，引发网友的共鸣，自发宣传公司品牌，掀起一股鸿星尔克购买风。慈善文化进企业要结合企业自身的运营特点，发挥企业所长，既要节约成本，又要兼顾企业社会责任和慈善事业。如医疗、教育等领域企业可成立基金会或同政府和社会慈善机构紧密合作，投身健康医疗、教育扶贫等领域，通过"公益营销"拓展品牌影响力，树立企业形象，促进慈善文化的培育和慈善事业的发展。

二是用企业公民意识树立慈善价值理念。"企业公民"认为企业是社会的一个重要组成部分，不但具有相应权利，也有义务为社会的发展做贡献。对于企业而言，发展第一要务是提高企业核心竞争力，但企业的成功不仅仅是实现超额的经济目标，更应该是为建设一个稳定、和谐、公平的社会做贡献的价值目标的实现。① 企业要主动将慈善思想和慈善文化植入企业文化，充分发挥舆论的作用，大力宣传、弘扬慈善伦理和社会奉献精神，激发企业员工的慈善热情和参与慈善事业的积极性。媒体要宣传慈善文化推动企业发展的典型案例，充分发挥典型示范效应，弘扬慈善精神，强化企业慈善社会责任理念，从而提高企业参与慈善活动的道德自觉性。

（四）普及校园慈善教育，从小培养慈善理念

青少年是祖国的未来和民族的希望，是社会塑造和教化的重点。培育青少年慈善意识，传承和弘扬慈善文化是践行社会主义核心价值观的重要途径。激发青少年群体的慈善意识，将为弘扬慈善文化、建设和谐社会注入新的活力。

一是建立层次化的慈善教育机制。要依托教育对象的层次化，在教育过程中对每个阶段的教育赋予不同的教育内容。2011 年，中华慈善总会启动了"慈善文化进校园"全国性慈善文化普及项目，引入我国第一部中小学慈善类读物《慈善读本》，在孩子们心中播下爱的种子，引导小学生在浅显的认知基础上养成慈善习惯。中学是学生品格形成的关键时期，在这一个阶段应通过讲述我国传统文化中的慈善理念，进行慈善行为和慈善

---

① 陈东利. 中国公民慈善意识培育［M］. 上海：上海大学出版社，2014.

观念的规范与引导，让他们深刻理解慈善的内涵，促进其人格塑造。大学是德育的升华阶段，应开设慈善公益方面的社会课程，将参加慈善志愿服务活动纳入学生综合评价机制中，明确规定学生做慈善义工、志愿服务对应的时间要求，并将其归入学生成长档案，考察和督促学生品行的提高，促使他们走向社会后自觉投身慈善事业。

二是建立实践化的慈善培育原则。实践是认识的来源，是认识发展的根本动力。从青少年关注的热点和兴趣入手，结合青少年不同的知识技能特点与成长环境，开展有针对性的、时尚的慈善实践活动，引导学生通过学雷锋等志愿活动，参与到社区慈善、社会志愿者等课外慈善实践活动中去，让他们切身感受和体验善心善行，发现奉献带来的自我价值存在感，唤起青少年内心对善的感知，培育出内化于心的慈善人格，使之成为慈善文化发展的生力军。

三是注重家庭教育的影响。家庭是青少年成长最熟悉的环境，是接受教育最经常、最集中的地方，孩子是父母道德行为最直接的观察者，家长对子女的教育具有极强的感染力。父母平时的言行、举止、思想品质、教育方式影响着青少年的思想行为。身教胜过言传，父母要经常带孩子一起参与慈善捐赠和志愿活动，做孩子心目中善心善行的榜样，让他们切实体会慈善的含义。在父母良好的财富观、慈善观的影响下，孩子自然而然会形成关心社会的良好品质，潜移默化地就会产生慈善意识。

二、加强慈善组织建设，打造慈善文化建设平台

（一）健全慈善组织体系，提高社会公信度

现代慈善事业是一种有组织的活动，慈善组织是实现慈善活动高效率、高效益的必然要求，也是现代慈善发展的核心载体。慈善组织管理、经营的好坏体现了国家慈善事业发展水平的高低。建立规范、完善的慈善组织体系，有利于提升公信力，增强公众对慈善事业的信赖。

一是大力发展慈善组织，激发组织发展活力。现代慈善事业是由社会力量参与运筹的组织，是一种有组织的社会化行为。慈善组织通过多方面

动员筹集慈善资源，及时为弱者或公共事业提供有效帮助和服务。政府和慈善组织要各司其职，政府将慈善活动的事务性职能转移给慈善组织，引导和推动慈善组织为社会经济发展服务，为公共服务提供有效补充。要进一步解放思想，完善组织建设配套法规，大力推动各类慈善组织的建立和发展，努力实现慈善组织在城乡基层社区人群中的全覆盖，提高一定人口中慈善组织的设置比例，建立庞大、完善的慈善组织体系，为实现慈善事业的现代化提供组织保证。

二是规范慈善组织运行，促进组织良性发展。慈善事业作为一项良心事业，是群众用爱心和善举托起的公共事业。慈善组织承担着领导、组织、协调、项目策划、资金运营等功能。只有信任慈善组织的诚信和运作能力，捐赠者才会将自己的财富委托给慈善组织。公众对慈善组织的评价是慈善组织发展的基础。慈善组织应该改善内部治理，加强自身思想、组织、能力建设，进而提高其社会公信力，获得更多的社会支持。慈善组织完善内部治理结构，建立高效、合理、规范的慈善组织内部治理、决策、执行机制，才能实行规范管理，提高专业化水平。建立公开透明的信息披露制度和内部监督机制，不仅可以保证慈善组织严格规范地在阳光下有序运行，而且可以赢得公众信任。

（二）加强信息平台建设，增强公众参与热情

传统慈善捐款是带有一定官方色彩的捐赠，是依托政府和权威机构发起、运作的，民众被动参与捐款，导致慈善活动认知和参与的鸿沟长期存在。随着民间慈善组织、基金会开始逐步成为慈善主力，越来越多的民众参与到慈善组织中。当今社会信息传达的速度、便捷性大大提高，降低了获取慈善活动公开信息的时间成本和机会成本。因此，加强慈善信息平台建设，完善慈善信息统计、发布制度，提高慈善信息公开化水平非常重要。

一是完善信息公开制度。建立健全信息公开制度，不仅能满足相关决策者、参与者的需要，提高慈善组织的工作效率和管理水平，而且也能保障捐赠人的权益，调动人民的慈善积极性。慈善信息公开有助于防止腐败，更能提高慈善捐款利用率。将信息完全透明公开，既解决了资金去向不明

的问题，也会对工作人员产生震慑作用。[①] 慈善信息公开使每一笔资金都有据可查，将慈善组织的资金运作置于阳光下，可以更高效地将善款用于真正有需要的群体、项目，促进慈善事业的发展。信息公开有助于转变慈善组织工作作风，能让群众对参与慈善产生热情，进而调动起强大的民间慈善力量投入慈善事业。

二是加强慈善信息平台建设。通过引入互联网、云计算、大数据等信息技术优势，打造"互联网＋慈善"、智能慈善的新形态，用于完善慈善信息统计，可保证慈善项目发布的科学性和精准性，增强慈善组织信息公开和捐赠反馈机制，提高慈善监管的针对性和有效性。

（三）健全慈善人才培养，促进专业化发展

我国慈善事业经历了一系列的慈善信任风波，也经受了慈善组织应对突发灾害时处置能力不足导致的舆论危机。这些问题归根到底是慈善组织发展不完善、慈善工作人员的专业化水平不足造成的。重视和加强慈善事业队伍建设，使慈善事业呈现较为专业的形态，是当前迫切需要解决的问题。

一是要建立专业化的人才培养机制。由于缺乏慈善专业人才培养体系，慈善专业人员普遍存在专业性不强的问题，这是制约我国慈善组织快速发展的重要问题。慈善发展的关键在于人才，要建立一支具有强烈的奉献精神和专业素质的专业人才队伍，就需要建立一套"公平、公正、公开"的招录机制和完善的用人机制，健全人才政策和激励机制，形成良好的集咨询、募捐、运作、监督于一体的组织系统，推动我国慈善事业稳步向前发展。国家层面可以设立慈善人员从业资质、规范准入门槛，定期组织培训，并根据人员工作时间和工作能力设定评级考试，建立系统的晋升通道和及时的奖励机制，建立长效机制选拔专业慈善人才，让有素质、有能力的人才进得来、留得住、干得好。

二是要建立慈善文化理论研究队伍。慈善文化发展有着巨大的社会价值，立足中国国情开展慈善文化理论体系研究与建设，是厚植现代慈善事业

---

① 郭昕. 中国特色社会主义慈善文化研究[D]. 上海：上海师范大学，2018.

的文化根基和土壤。高等院校、科研机构、学术团体等教育科研机构应该通过开展慈善论坛、研讨会等活动,加强慈善文化理论和实践的研究,深入研究我国慈善活动的特点规律,着眼于解决慈善事业现代化进程中的新情况、新问题,完善慈善组织体系、理论体系、制度体系、保障体系、发展指标体系、评估监控体系等方面理论成果和政策建议,积极助力慈善文化的繁荣发展。

三、完善慈善法治建设,营造良好制度空间

(一)加快政策法规建设,促进法律制度完善

做慈善不能空有一腔热情,要在法治的轨道上发展慈善事业,才能保障慈善组织规范化运作,保障慈善事业健康有序发展。自 2016 年《慈善法》施行以来,我国又陆续出台了一系列法律法规,对慈善事业的发展有了很大的推动。但总体来看,我国慈善法治建设未能形成稳定的法治建设环境,尚不能完全满足慈善事业的发展需要。

2016 年制定的《慈善法》是一部有较高质量的法律,但随着社会的不断发展,一些条款原则性过强,可操作性差,客观上存在修订的必要。鉴于网络慈善存在额小量大、激情捐献的现象,相关法律应明确网络慈善活动的边界、责任,禁止以慈善为名的网络欺诈行为,在维护网络慈善健康生态的条件下促进慈善事业健康发展。鉴于疫情、灾情等重大突发事件暴发时出现的应急协调问题,无法完全按照常规做法操作到位,需要建立具体的慈善应急协调法律规制;慈善信托作为慈善发展的新方向,需要在标准设定、税收优惠政策、财产登记、内部治理架构以及对慈善信托受托人的保障等方面,进一步明确法律规制,才能真正推动慈善信托健康发展,真正成为慈善资源发展的新途径。① 此外,为确保《慈善法》的全面、真正落实,适应当前我国社会实际,需要诸多部门以《慈善法》为核心,遵

---

① 郑功成. 中国慈善事业发展:成效、问题与制度完善[J]. 中共中央党校(国家行政学院)学报,2020(6):52-61.

循缺位补位、越位让位、错位正位的原则，进行一系列的体制、制度、机制的调整完善，构成一套完善的、密切协调和配合的慈善法律体系，保障慈善事业规范有序、健康发展。

大力发展慈善组织，要尊重慈善组织的自主权，降低慈善组织登记门槛，强化政府服务职能，激发慈善组织的内生动力，出台慈善组织认定标准实施细则，加强慈善组织的合理规范发展，提高慈善组织认定标准的科学性。组建慈善组织认定专家委员会，由政府工作人员和法律、财务等相关领域的专家参与慈善组织认定工作，提高慈善组织认定工作的公正性、规范性与透明度。完善慈善信息公开平台，尽可能地将慈善组织信息对社会公众进行披露，提高慈善组织的社会认可度，强化社会公众对慈善组织的监督力度。落实《慈善法》规定的慈善组织享有的税收优惠政策，加大个人税收优惠力度，对非商业交易行为、非营利组织的有偿性收入，如房屋捐赠、慈善组织的经营性收入等进行税收制度改革，科学理性引导公众参与慈善事业。健全对慈善人物权益的保障措施，落实冠名、表彰奖励和广泛宣传先进事迹等精神鼓励措施。通过健全慈善基本制度细则，创造慈善事业发展的有利条件，使慈善活动有序运行，推动我国慈善事业行稳致远。

（二）优化政府参与方式，增强组织自治能力

中国传统的治国思想中，政府是社会福利的主要提供者。在浓厚的官办慈善体制下，高度行政化的慈善组织很大程度上挤占了民间慈善组织的活动空间和发展空间。权威摊派式的捐款违背了捐赠者的意愿，无法培育出自觉自愿的慈善意识。现代慈善要重新定位政府的慈善角色，激活慈善组织的主观能动性，为慈善事业的发展创造良好的社会环境。

一是重新定位政府的慈善角色。曾经，我国慈善组织主要是以政府为主导的模式，政府成为慈善的主导者、组织者。现代慈善事业属于"第三部门"，政府具有推动责任和促进作用，其角色定位应该是：慈善事业的服务者、法律政策的制定者、管理监督者和慈善理念的倡导者。政府通过开发慈善文化资源，倡导慈善理念来维持公共秩序，实现社会公平；指导

鼓励慈善组织自我创新，提升工作效能、整合社会慈善资源能力，扩展发展空间。政府亟须重新定位自己的慈善角色，创造良好的社会环境，促进慈善事业科学发展。

二是构建政府与慈善组织平等合作的互动关系。政府与慈善组织是伙伴关系，两者存在着平等合作的互动关系。现有的"双重"审批和"双线"管理制度容易导致责任主体不明、管理上相互推诿等问题，也变相地提高了慈善组织的准入门槛，降低了慈善事业的活力。因此，需要简化审批管理制度，减少组织内部管理干预，例如，应取消主管部门对慈善组织内部事务如章程制定、负责人任期与年龄等的管制。政府是监管主体，要通过财政部门、审计机关等形成全面监督体系，规范慈善事业的运作；也要借助新技术、新理念的应用，通过"大数据"分析并挖掘有效信息，优化慈善组织的筹款策略；利用"区块链"技术中信息不可篡改、自动记录交易的特性，满足人们对慈善组织透明、公开的追求。

第二章 校园慈善文化育人功能与实现路径

近些年来，大学生大规模参与公益活动受到广泛关注且产生一定影响。2014 年南京青奥会，2016 年 G20 杭州峰会，国庆 70 周年庆祝大会，建党 100 周年庆祝大会，新冠肺炎疫情防控等过程中，"90 后""00 后"青年大学生积极参与其中。2020 年，他们青春、自信，有活力；他们热情、包容、勇敢；他们冲锋在前，彰显了青春的蓬勃力量，赢得了全世界人民的关注和赞扬。然而，慈善意识缺失、财富观畸变、社会责任感下降等现象也投射到了部分大学生身上。慈善精神承载着一个国家的道德责任、维系着一个社会的温情关怀。让慈善引领校园风尚，把慈善融入校园文化，加强大学生慈善精神培育，使他们将来能成为有理想、有本领、有担当的时代新人，是高校思想政治教育工作的重要任务。

慈善是一种群众性的道德实践活动。习近平同志在担任浙江省委书记期间曾撰写了《在慈善中积累道德》一文，他指出："这种道德积累，不仅有助于提高个人和组织的社会责任感及公众形象，而且也有助于促进整个社会的公平、福利与和谐，有利于增强社会凝聚力和向心力，使社会主义荣辱观在全社会得到更好的弘扬，切实提高全社会的道德水平和文明程度。"[①] 慈善文化进校园，将慈善教育融入高校校园文化，是教育内容和实践载体的创新，是将社会主义核心价值观内化于心、外化于行的有效载体。

---

① 习近平. 在慈善中积累道德. 之江新语［M］. 杭州：浙江人民出版社，2007.

第一节　高校校园文化育人功能

高校校园文化是加强大学精神文化建设的应有之义，是现代大学实现文化管理的题中之意，体现了办学治理水平和学校综合实力。高校校园文化既具有社会文化的一般特征，也具有相对完整和独立的结构。校园文化的独特性是学校实现高质量、可持续发展的动力，可使校园具有高品质的文化内涵，从而更具有影响力和传播力。

一、高校校园文化的内涵

校园文化是依附于学校的出现而产生的，是学校在长期的教育教学过程中形成的一种价值观念和精神面貌。[①] 高校校园文化是以大学为载体，在教育教学、管理服务等长期活动中创造形成的一切精神财富、物质形态及其创造形成过程的总和。[②] 校园文化作为一种带有浓重校园意志色彩的文化形态，是学校的软实力，是社会文化在校园中的折射和反映，是社会意识形态的一种反映，也是开展思想政治工作的重要途径。校园文化是一个由多要素组成的综合系统工程，包括精神、物质、行为、制度四个层面，这些层面相辅相成、相互影响、相互强化，构成整个校园文化。

（一）精神文化

精神文化是高校校园文化的灵魂和核心，是师生员工在长期发展中积淀而成的教育思想、观念体系、传统习惯、精神风貌等深层次文化。校园精神文化一经形成，就通过价值取向、行为准则、生活习惯和规范体系深

---

① 张子杨."仁爱"思想融入高校校园文化建设研究[D].郑州：华北水利水电大学，2019.

② 于英焕.对加强我国高校校园文化建设的理性思考[D].长春：东北师范大学，2006.

层次影响着师生员工，使他们在潜移默化中接受思想引导、意志磨炼、情感熏陶和人格塑造，对大学生成长成才、大学可持续发展和社会发展进步具有重要的意义。①

精神文化包括学校精神、历史传统和校风等。学校精神是大学的内在灵魂，是师生员工的价值定位、情感理念、思维模式和行为方式的内在力量，具有规范、导向、凝聚、激励和感染等作用。校风包括教风、学风、工作作风，是一种特有的思想行为作风，是一所学校精神风貌的集中体现。良好的校风可以激发师生员工的内在动力，催人奋进，促使他们及时抑制、克服思想与行为中的不良倾向、不良念头。不同高校发展的路径不同，这就决定了不同高校有不同的文化积淀和文化传统。大学历史传统是学校纵向的、历史的传承。当代大学办学的根本之道就在于总结、梳理高校的办学传统，凝练、升华学校办学特色，促进学校的发展。

（二）物质文化

物质文化是大学文化的物质载体，是大学精神文化的物质基础，也是大学综合实力的重要标志。② 校园物质文化是校园文化要素中物质层面的表现，主要包括两类：一类是校园基础设施，通过建筑的空间布局体现一定的价值追求，比如道路名称，标志性的图书馆、教学大楼，都体现出隐性的思想信息；另一类是校园景观建设，包括种植文化、雕塑艺术、水文化和石文化等，具有审美价值，是以建造优美环境为目的，侧重于陶冶情操的观赏型校园物质文化。合理的布局、完善的设施、特色的场所，能陶冶情操，促进人的身心健康发展。

校园物质文化是校园文化的硬件，是校园文化建设的基础和前提。校园物质文化体现了学校独特的气质，反映了学校的文化遗产和文化内涵，我们应高度重视物质文化建设在高校校园文化建设中的作用。

---

① 刘德宇. 高校校园文化发展论 [M]. 青岛：中国海洋大学出版社，2004.

② 侯长林. 高校校园文化基本理论研究 [M]. 北京：人民出版社，2014.

（三）行为文化

校园行为文化是高校师生员工在日常生活中各种行为方式和活动习惯的总和。健康的行为文化，体现了师生的精神状态和行为操守，是校园文化建设的落脚点。①

校园行为文化包括课堂文化、社团文化、学术文化等。课堂文化是校园文化中带有特殊情境性的氛围，是一种组织文化，既能内化在价值观念、思维方式上，也能外显于行为方式中。随着信息技术的发展和课程改革的深入，课堂文化也悄然发生着变化，出现了师生平等互动、共同探讨、借助新媒体实现知识传授等新形式。学生社团是高校学生因为自身爱好或共同愿景而自愿组成的学生组织，包括学术、文艺、公益服务、体育等类型。高校学生社团旨在丰富学生课余生活、锻炼综合能力，社团活动已经成为实践育人和自我管理的重要载体，是学校推进素质教育的重要阵地。学术文化是针对各种前沿的理论和信息进行学术创造的文化现象的总和，包括学术制度、学术环境、学术氛围等。学术文化体现了对教育科学的钻研，是对知识财富的追求。

行为文化是一所学校不断发展的动力，也是一所学校教育教学水平的重要反映。建设优良的行为文化，对提高学生道德观念、理论水平具有重要意义，在大学生素质教育过程中发挥着重要作用。

（四）制度文化

校园制度文化是高校在办学过程中形成的用于各种言行管理的规范体系。校园制度文化体现着管理者对维护校园秩序、约束师生行为的要求，是促进学校发展的根本保障。良好的制度文化环境具有催人奋发向上和不断创新的教育力量，激励学校朝着可持续、充满活力的高水平方向发展，提高学校整体文化氛围。

校园制度文化包括高校工作制度、高校责任制度以及高校特殊风俗等。高校工作制度就是指高校在运行过程中逐步形成的各种规范和要求，

---

① 王洪昌. 高校校园文化建设研究［D］. 石家庄：河北大学，2010.

是现代大学依法治校的基础。在党委领导下的校长负责制这一根本制度下，切实把握时代特征和发展需求，开展教学、科研、学生等工作制度建设，提高解决问题的能力和水平，提升科学化、精细化工作水平，确保工作顺利开展。高校责任制度就是指高校内部各级党务、行政及学术组织、各类人员工作的权力及相关责任制度。其目的是明确分工，落实具体的职责，使全体教职员工各司其职，同时又有协作，推动学校高效率地运转。所谓高校特殊风俗主要是指高校特有的节日、典礼仪式等特色活动，比如"五四"青年节、学生开学典礼、毕业典礼，教师节、文化艺术节、入党宣誓、校庆活动及其他内部节日等。

高校文化的各维度相互依存、相互补充，不断强化，共同对学校教育产生影响，共同承担继承和创新文化的使命。虽然校园文化的每个维度都有不同的表达形式，但它都通过其自身的特征来影响和塑造人。先进的大学文化应该营造奉献社会、创造知识、追求学术学习的精神氛围，成为促进学生成人、成长和成才的精神灯塔。

二、校园文化的育人功能

校园文化浓厚的校园育人环境和氛围，使师生能够自然而然地受到影响和感染，从而引导他们形成符合时代要求的人生观、价值观。[①] 大学校园文化以一种滋润、熏陶和感化的文化氛围参与教育全过程，达到以文化人、以文育人的境界，是费力最小、成效最好的隐性的教育手段。[②]

（一）思想导向功能

思想导向功能主要是指对所有师生员工的价值取向、行为规范和生活方式起到引导作用。[③] 大学校园文化为师生提供了优越的精神沃土，使他们

---

① 皇甫炳坤. 大学校园文化的育人功能研究[D]. 沈阳：辽宁大学，2014.
② 眭依凡. 大学的使命与责任[M]. 北京：教育科学出版社，2007.
③ 王洪昌. 高校校园文化建设研究[D]. 石家庄：河北大学，2010.

在潜移默化中接受价值观念,在无形中引导其行为、心理,从而实现导向功能。

首先是校园文化对学校整体价值行为的导向作用。校园文化是沉淀下来的道德规范、行为习惯和价值观念,充分体现了所秉承的学校精神,因此建立起的价值规范标准,会在无形中引导成员的价值观念,进而引导学校朝着确定的目标发展。校园文化要在满足学生旺盛的文化需求的同时,在校园内逐步形成文化发展的良性循环与互动。

其次是校园文化对个体思想行为的引导。大学生的思想正处于快速变化和发展的时期,也是价值理念的塑造时期,校园文化通过正确的价值导向,净化学生思想,陶冶学生情操,增强他们辨别是非的能力。积极健康的校园文化可以汇聚人心、统一思想,使学生形成坚定的理想信念。

（二）凝聚功能

凝聚功能是指校园文化所追求的理想目标和共同遵循的行为规范可以令人产生一种强大的归属感,能够把师生的力量凝聚成合力,使大家同心同德,同舟共济,互相帮助,互相鼓励,进而遵循大学的整体目标。校园文化还可以使具有相同文化背景的人更亲近,更相互理解,从而形成一种团结友善、充满友爱的氛围。

首先,高校校园文化以共同价值追求凝聚人心。校园文化是学校师生一致认同的价值观念,它就像一种精神黏合剂,具有无形的、不可低估的凝聚力和感召力。同在一个学校文化环境中,群体形成了稳定的心理认同,价值追求、思维方式都涂上了基本相同的"底色",这将产生巨大的认同力量,有利于推进和谐人际关系,提高教育教学质量,提升学校整体工作水平。

其次,高校校园文化以校园文化活动凝聚力量。很多校园文化活动属于集体性、竞争性的活动,它会激发内部组织成员的竞争意识、拼搏精神,能够增强大学生的集体荣誉感,在相互帮助、相互激励中形成团队凝聚力。校园文化把他们聚集和团结起来,激发其参与感并形成整体力量。凝聚力在大学校园中的体现就是大学校园文化的力量。[①]

① 张永强. 高校校园文化建设与思想政治教育的互动探讨[J]. 法制与社会,2014（19）15—19.

（三）情操陶冶功能

"无声润物三春雨，有心护花二月风。"大学教育具有选择、传递文化的作用，学生通过摄取文化意蕴，从而陶冶情操、塑造人格。优良的校风、教风、学风、价值观念等校园文化能为人们创造一个陶冶心灵和情操的场所；整洁美丽的校园环境文化能引发师生情感的共鸣，唤起他们对美好生活的热爱。如教育家苏霍姆林斯基所说的那样，"对周围世界的美感，能陶冶学生的情操，使他们变得高雅"。参加各种文化艺术活动，能提高艺术审美、鉴赏能力，培养高雅的生活情趣，净化心灵。广大师生身处良好的学习和生活环境中，沐浴在健康向上的校园风气里，潜移默化地受到熏陶。①

（四）规范功能

校园文化所形成的校训、校风、校纪、校规等会产生一种强制性的规范作用，使个体行为符合共同原则或准则。它作为一种"软约束"，对不良的思想和行为进行抑制，从行动上外化为每个人的自律行为。学校通过制度文化、价值标准和行为准则这些硬性的制度，用客观的、具体的要求来约束和规范师生，比如大学章程、院系规定、教师评价制度。学校还通过营造和谐的校园文化氛围，影响学生及老师的日常行为习惯和做事准则，使师生自觉管理和规范自己，这种影响是主观的，也是抽象的。校园文化对人的影响是在潜移默化之中产生的，历练人的性情，陶冶人的情操，净化人的灵魂。

三、校园文化育人的要素

校园文化育人作为思想政治教育实践活动的一部分，注重人的精神动力培养和全面发展。校园文化与人文素养围绕着"谁来进行""育哪些人""用什么平台""在什么场域""用什么文化"，主要有主体、客体、媒介、

---

① 李高南，熊柱. 关于高校校园文化建设的思考[J]. 广西大学学报（哲学社会科学版），2005（3）：88—93.

环境和内容五个要素组成。① 这些要素都是"文化育人"得以发生和实现的关键性因素，各要素之间相互影响、相互作用、相辅相成、密切配合。

（一）文化育人的主体：教育者

文化育人主体是指以思想政治教育为目的通过科学的文化手段影响教育对象的发起者和组织者。教育的实施主体有高校的教育工作者，也有从事教育功能的组织机构。价值引导是教育者的根本职能，其目标是把教育对象的思想政治品德提升到社会需要的水平。② 教育者是文化育人活动的主导者，按照育人的计划，采取多样化的方式方法策划设计、组织实施文化育人活动，促使教育对象主体能动性地发挥。

教育者是文化自信的引领者。文化自信是根植于人内心的一种信念，是对自己国家、民族创造的文化价值的一种认同和肯定。坚定中国特色社会主义道路自信、理论自信、制度自信，说到底是坚定文化自信，文化自信是更基本、更深沉、更持久的力量。教育是传递人类知识与思想的实践，教育改革要坚持文化自信，教育者要坚定文化自信，这是教育使命，也是教育者的职业责任。

教育者是社会主义先进文化的传播者。当代大学生成长于和平发展年代，见证着社会进步和经济发展的伟大成就，但他们没有经历过革命战争年代的浴血奋战，没有体会过社会主义建设的艰辛，对中国博大精深的文化也很难有深刻的理解和把握。这就需要教育者弘扬中华民族优秀传统文化，宣传社会主义核心价值观，唤醒学生对祖国文化的坚定和认同。

教育者是文化价值主导者。随着文化全球化的发展，面对复杂的社会现象、良莠不齐的社会思潮和多样化的文化价值，大学生对文化价值的领悟力和判断力等难免有一定的局限性，很难做出精准的判断。教育者是教育计划的执行者、教育活动的设计者和组织者，教育者要在育人过程中有针对性地

---

① 郝桂荣. 高校文化育人研究［D］. 沈阳：辽宁大学，2017.

② 刘书林，高永. 思想政治教育的对象及其主客体关系［J］. 思想理论教育导刊，2013（1）：97—99.

设计，并将思想政治教育信息融入育人活动之中，通过文化渗透的方式影响教育对象的思想价值观念，使之朝着社会主义意识形态引领的文化方向前进。

（二）文化育人的客体：大学生

高校文化育人的客体是指文化育人过程中的教育对象，即大学生。大学生作为青年的主力军，是国家的未来、民族的希望。大学生是接受教育的"主体"，他们通过学习提高自身素质，同时在文化育人过程中，充分发挥主观能动作用，参与并影响育人过程。①

文化育人的主体始终是学生，其目标就在于培养全面发展的人。教育者传递的任何思想政治教育信息和文化价值观念，只有通过主体的吸收内化并外化行为实践，文化育人的作用才得以真正发挥。如果没有主体的自觉参与，教育者传递的信息和观念就是无效的。在文化育人过程中，要尊重学生的成长规律，调动学生的主动性，发挥大学生求知欲强、精力旺盛等特点，使大学生学会独立判断、选择正确的文化价值理念，自觉进行内化并调节自己的行为，将文化价值理念落实到行为实践中，不断突破自我，完善品德修养。

人的思想文化观念和道德品质是在思想政治教育和文化环境影响作用下逐渐在社会实践中形成、发展的。客体的可塑性是育人的基本前提，强调的是人性的内在主动交互性、可教化性和生成性。② 大学生正处在心态日趋成熟、个性逐渐收敛的年龄阶段，其文化价值判断与选择能力、思想文化认知能力，文化道德内化、外化与实践能力等方面都存在可塑性，文化育人要在尊重学生成长规律中教化人，在坚持以学生发展为本中塑造人，积极影响大学生的文化思想与品德。

（三）育人媒介要素：文化载体

文化载体是主体与客体发生关联互动的媒介要素，也是文化育人各要素相互作用、相互影响的平台。各种文化活动形式和文化物质实体都可以成为文化载体，且其形式是多种多样的。从教育阵地看，有课堂育人、实

---

① 刘丽，倪晗. 石油高校文化育人实证研究［D］. 大庆：东北石油大学，2020.
② 沈奕彤，邱伟波. 赫尔巴特"可塑性"观点解读［J］. 学理论，2015（2）：114—115.

践育人、文化育人等；从文化物质看，有书籍、戏剧、影视、绘画等文化产品；从文化实体看，有图书馆、新闻出版、博物馆等文化事业；从内容形式看，有服务育人、心理育人、资助育人等。文化载体是建立在实践应用意义上的，判断某种文化物质或文化活动是不是文化载体，关键要看它是否符合文化载体的基本条件。比如在一首歌曲、一篇文章中蕴含着一些文化信息，但只有当受教育者在欣赏、阅读的过程中接收到教育信息或受到启迪、感染时，它们才是具有育人意义的文化载体。

文化的发展是靠信息传播实现的，其本质就在于传播，就是借助一定的媒介进行的文化传播活动。教育者可以积极挖掘、创新文化载体，不断丰富和创新文化育人的具体方法和手段，提升文化育人的实效。文化载体通过承载的文化信息，为育人活动提供必要的信息传导媒介，发挥其教化人、感染人的功能。它把来源于社会和文化发展过程中的信息进行提炼、总结，融入核心价值观，形成内在的一致性；它不断丰富内容和形式、增强文化育人的吸引力和影响力，进而增强育人实效。文化载体具有较强的渗透性，其育人作用更富有感召力，更真实也更持久。

（四）育人环境要素：文化环境

著名教育社会学家阿什比曾经说："人是环境的产物。文化就像空气一样时时包围在人们的周围，与人密不可分，构成影响人素质生成的文化环境。"马克思的教育环境理论认为"人创造环境，同样环境也创造人"。高校是先进文化发展的辐射源、先行区和示范区，增加文化环境的精神内涵可以提升学生对文化环境的认同感。

文化具有差异性，不同文化蕴含的价值、知识层次上的不同会导致高低差异，处于"高势位"的文化具有更强的文化辐射力和影响力。先进文化存在于社会文化生活的各个领域，其站在时代前列，代表我国文化发展方向。社会主义先进文化的思想政治教育资源主要集中在社会主义核心价值观领域。教育工作者要采取学生喜闻乐见的形式，在日常生活中、学习工作中充分发挥文化优势进行文化育人。

（五）育人内容要素：优秀文化

新时代优秀文化是高校文化育人体系的育人内容，主要包括中国特色社会主义文化、国外优秀文化和特色性优秀文化。

中国特色社会主义文化源于中华民族传统文化，又根植于中国特色社会主义的实践，具有鲜明的时代特征。中国特色社会主义文化由中华优秀传统文化、革命文化和社会主义先进文化三个要素组成。起源于黄河流域和长江流域的中华优秀传统文化，包括多彩鲜明的民族精神、浩如烟海的文化典籍、厚重悠久的文化遗产等。革命文化是指英雄模范事迹及艰苦奋斗、实事求是、群众路线等光荣传统。新中国成立后，中国共产党把马克思主义理论与中国实际相结合，逐渐形成了中国特色社会主义先进文化。新时代文化育人必须以中国特色社会主义文化为育人内容的核心，不断丰富和完善育人体系。

国外优秀文化是指国外一切正面的物质及精神价值方面的成果，包括马克思主义理论宝库、西方人本主义思想和资本主义国家的优秀文化成果，这些是人类智慧的结晶，是世界共同的财富。我们对待国外优秀文化要秉持包容开放、辩证吸收的原则，不仅要拓展文化视野，还要增强文化安全意识，提高文化辨别能力。

特色性优秀文化彰显区域性、民族性、专业性，包括地域优秀文化、校本传统文化和专业特色文化。地域优秀文化是指人们在特定区域内创造、应用的自然生态与传统习俗融合的文明结晶。特定地域形成的语言符号、价值观念、思维模式、风俗习惯、行为规范等是地域优秀文化的核心内容，它既是增强区域人民认同感、归属感、自豪感的宝贵资源，又是区域竞争力中的核心精神动力。高校文化是大学在创办和发展的过程中逐渐形成并发展的所有物质财富和精神财富的总和。校本传统文化具有很强的个性特色和人文价值，是激励高校不断发展的精神动力。专业特色文化能让学生获得专业知识、专业能力和专业精神，是专业建设的灵魂与核心，也是专业价值和个性特色的表征。专业特色文化在一定程度上体现出文化的多样性、综合性和复杂性，为培养复合型、创新型的现代人才发挥着独特的育人功效。特色性优秀文化贴近学生、贴近生活、贴近实际，彰显历史、精神、特色，是高校文化育人体系的育人内容中不可或缺的部分。

大学文化育人工作，依托丰富的载体，将优秀文化全方位融入文化育人的各个环节，将文化内化为大学生的一种精神追求，塑造其人格，使之坚定理想信念，用青春书写无愧于时代、无愧于历史的华彩篇章。

第二节　高校慈善文化育人建设

当前，我国慈善事业正处于从传统慈善向现代慈善转型的阶段，慈善制度逐步完善，慈善组织开始规范化发展，国民慈善意识也逐步觉醒。开展慈善文化进校园，对青少年进行慈善文化教育是建设慈善生态的群众基础，具有传播现代慈善理念、促进慈善快速向现代转型的历史意义。

一、高校慈善文化教育的意义

（一）慈善文化进校园可以丰富道德教育的内涵

大学生是当代青年中掌握现代化科学知识和技能的青年精英，是推进社会创新的知识群体。他们往往有着最前卫的思想观念和最独特的思维方式，对大学生进行慈善文化教育，开展各种形式的教育实践活动，使大学生树立正确的社会价值观，能切实提升德育工作的实效性。[①]

道德教育是学校教育的重要内容，它关系到育人的方向，而慈善是一种群众性的道德实践活动。习近平在《之江新语》一书中曾写道："无论是个人还是组织，无论是贫穷还是富裕，不管在什么条件下，不管做了多少，只要关心、支持慈善事业，积极参与慈善活动，就开始了道德积累。"[②]

---

① 石国亮. 慈善文化进学校：意义、挑战与路线图[J]. 长白学刊，2015（2）：132-139.

② 习近平. 在慈善中积累道德. 之江新语[M]. 杭州：浙江人民出版社，2007.

慈善文化以具体化的、贴近学生生活的方式让学生认知慈善，让学生在学习慈善文化的同时更好地理解道德教育的实质，使学生成为更具有社会责任感的公民，有助于提升学生学习道德教育课程的针对性。著名作家莫言在接受采访时曾表示："我坚信千百万人的善念，会形成一种巨大的道德力量。这种道德力量会使很多丑恶现象得到限制，使很多不正确的东西得到校正。"校园慈善文化教育不仅仅是通过教师的理论讲述等形式来实现，更重要的是通过丰富多彩的社会实践形式，促进课堂形式的多样化和知识传播的多样性，让学生真正身体力行地践行慈善文化，做慈善文化的传播者。

现在，我国家庭经济困难的大学生可以享受国家助学金、助学贷款等经济资助，面对这些来自政府和社会的帮扶和救助，大学生应心怀感恩之情，并通过自己的努力用实际行动回报社会。

（二）慈善文化进校园可以创设投身慈善的途径

人人慈善是现代慈善的目标，也是现代慈善理念的重要组成部分。人人慈善的基础不仅需要慈善对象具有广泛性，还需要保持社会捐助的持续性，这是现代慈善稳步发展的关键。比尔·盖茨在与北大学生交流时说，一个人在年轻时就开始思考慈善是一件美好的事情，虽然这时还没有足够的钱来捐赠，但可以走出校园，去比较贫穷的地方调研他们的需要。同时，年轻人也有很多投身慈善事业的方法，比如做志愿服务、参与社会实践。

校园慈善是指学校组织学生开展持续的慈善文化教育，组织经常性的慈善社会实践活动。大学生在社会实践中增长才干，锻炼综合实践能力。在校园慈善活动中，学生团队是主体，参与志愿服务中的联络、活动设计、项目执行、分工协作等，在为社会慈善事业增加新动力的同时，发挥自身专业知识和综合能力的作用。大学生慈善实践活动具有利他、资源共享、人际互动等特征，为大学生搭建了接触、参与、奉献社会的途径，可进一步增强大学生奉献、助人的慈善意识。

让慈善成为一种自觉的习惯，就要将理论知识教育和实践活动教化结合起来，将慈善融入大学生生活中，使其把力所能及的志愿服务作为慈善人生的起步石。当他们进入社会，社会体验丰富后就能够自觉地延续这种慈善习惯和慈善生活方式，从而产生经常性、持续性的慈善行为。青年人身体力行参与慈善，能够产生良好的示范效应，可直接影响周边青年群体的慈善行为，也会吸引一些人加入慈善专业队伍，缓解慈善领域人才缺乏的现象。加之互联网新慈善的力量推动，青年群体参与慈善更加普遍化。

（三）慈善文化进校园可以推动慈善文化的发展

慈善文化进校园，除了面向学生以外，教师也是重要的群体。教师群体不仅是参与慈善实践的重要力量，还能顺势开展慈善学术研究。尽管我国慈善历史源远流长，但与国际学术界相比，对慈善的研究不仅起步晚、研究少，而且与国际学术界进行对话的基础非常薄弱。教师以更开放的视野和与时俱进的眼光来把握慈善事业的发展方向，进行慈善文化理论研究可以改变我国慈善文化研究落后的现状。

新时代，慈善文化传播和研究要紧紧抓住新媒体这一有力工具，通过学生、老师、大众媒体、网络平台等多种方式进行传播，抢占慈善文化新阵地的制高点。新媒体为慈善文化传播提供了视频、声音、图像等元素，提高了慈善宣传的吸引力，研究中要创新慈善教育方式，提高技术应用能力，用新媒体的思维方式和语言去唤醒学生，形成良好的慈善文化氛围，影响学生的慈善意识，广泛传播慈善文化，为慈善文化的繁荣发展创造适宜的社会环境。

大学生慈善意识在一定程度上关系到我国慈善事业发展。大学生力所能及地参与慈善活动，为社会弱势群体提供帮助和支持，不仅展现了当代大学生的高尚品格，也会带动整个社会逐渐形成团结友爱、互助协作的氛围。

（四）慈善文化进校园可以推动构建和谐社会

2021年，我国开启全面建设社会主义现代化国家新征程，逐步实现全体人民共同富裕成为党和国家的中心课题。慈善事业作为第三次分配的主要方式，是有效弥补政府社会保障事业的基础所在，是一个社会文明进步的体现。当前，我国社会分配不均衡，进行慈善文化建设，重视发挥第三次分配的作用，对构建社会主义和谐社会有着关键的作用。

新时代下，随着慈善领域不断发展壮大，大学生可以在慈善事业中发挥很大的作用。目前，慈善的目标对象更为精准、多元，从仅指身体、心理、生活上的困难人群发展到涵盖教育、卫生、环保、社会公共设施建设和其他社会公益事业。大学生可以深入一线大力宣传慈善理念或慈善典型事迹，让广大群众切实感受到慈善的力量，扩大慈善的影响力，形成正确的慈善公益理念。大学生有着良好的文化知识、思想修养和道德素质，他们从社会公共利益出发，积极关注卫生医疗、环保、社会民生等方面，帮助孤寡老人、留守儿童等弱势群体，在一定程度上可以推动社会进步和发展。

慈善文化激励人们主动承担属于自己的社会责任，将利己主义观点逐渐转化为利他主义观点。对于大学生群体也是如此，鼓励在自己的能力范围内主动承担社会责任，做力所能及的事情去帮助更多的人。我们在建设中国特色慈善文化的过程中，通过大力宣传慈善文化，传播慈善理念，积极引导青年学生践行慈善行为，养成慈善习惯，在全社会中营造人人慈善的文化氛围，通过慈善活动大力推动慈善文化的发展，从而实现相互促进的良性循环，为推动社会主义和谐社会建设奠定基础。①

二、高校慈善文化育人的目标

（一）凝练慈善育人内涵，实现学生道德积累

国无德不兴，人无德不立。慈善文化育人的核心目标，就在于用慈善凝魂聚力，培育个人品德和社会公德，积累道德高度。"立德树人"作为教育根本任务，突出"德"的核心地位，强调"立"的社会主义道德，也强调"立德"是"树人"的一种方式，为新时代高校教育建设指明了育人的重心和方向。加强思想道德建设，培育和践行社会主义核心价值观，弘扬中华传统美德和时代新风，构筑中国精神，为中国特色社会主义事业提供精神动力和道德滋养等。

---

① 原鑫丽. 山西高校大学生慈善文化教育研究［D］. 太原：山西财经大学，2018.

大学生正处于自我意识觉醒的阶段，在慈善实践的亲身体验中，个体的价值取向不断趋近社会的价值取向，实现价值认同，最终将社会主义核心价值观内化。慈善文化对人的思想品德的形成具有至关重要的作用：知行合一，积善成德，这种向上向善的行为还会传递给他人。扶贫济弱、与人为善对于提高学生道德水准以及改善社会风气有促进作用。

（二）丰富慈善育人内容，促进学生全面发展

促进人的全面发展是建设社会主义社会的本质要求。慈善文化育人是要把学生培养成为德才兼备、全面发展的人才。校园慈善文化的发展具有历史传承性，是一个"化人"的过程，是一个动态的发展过程，其最终目的是促进学生全面发展。人的全面发展是人主体性发展的最高境界，是合目的性与合规律性的有机统一。高尚的思想品德、理性的文化自觉、健全的个性人格、良好的艺术鉴赏能力等方面融合为一个整体，体现了人的综合素质的全面发展。

人与自然的和谐统一是实现人的全面发展的重要内容。人能够通过慈善实践创造慈善文化，发展慈善文化，而慈善文化反过来也塑造人、影响人。大学生的知识不仅来自课堂、书本，还需要在社会活动中开阔眼界，增长知识见识，提高综合素质和实践能力。校园慈善文化建设立足学生，服务学生，让学生通过慈善活动深入社会，切实知国情、明校情，正视经济、文化、科技快速发展中产生的新问题，领悟到平时无法言传的道理。大学生可以利用所掌握的专业知识和能力素质组织慈善活动，强化慈善活动的策划、执行、分工协作，提升领导能力，培养团队精神，在应对各种状况和变化的过程中锻炼应变能力。

当今世界正处于百年未有之大变局中，大学生又是具有发展潜力的群体。我们要培养大学生把担当使命内化为奋进的动力源泉，外化为自豪感，争做乐于担当的新时代青年。

（三）汲取慈善文化精华，培育社会主义文化自信

文化自信是一个国家、一个民族、一个政党对自身文化生命力的坚定自信。慈善文化也是一种文化，是中国特色社会主义先进文化的组成部分，

深入挖掘、继承传统慈善文化，充分认同我国丰富慈善文化的精华，其最基础的目标之一就是培育慈善文化自信。文化自信是发展慈善文化的心理基础，树立发展慈善事业的信心，才能真正弘扬慈善文化。[①]

文化自觉是一种内在的精神力量，是指将自身的文化信念主动付诸实践，表现为对文化进步与可持续发展的不懈追求。新时代大学生通过形式多样、主题多元的志愿服务活动，感受着慈善的力量，使慈善的传统道德精华重新迸发出与时俱进的生机与活力。学生从情感上认同慈善文化，就会更愿意自觉担当起推动慈善文化发展的责任。随着慈善事业的发展和《慈善法》的实行，让大学生看到了我国慈善文化的积极进展，坚定了对慈善文化繁荣发展的信心。同时，他们也用世界的眼光看待西方慈善文化的精华，正视我们与之存在的差距，秉持开放的心态，学习和借鉴世界各国先进的慈善理念和慈善文化，愿意在相互借鉴中博采众长，使其为我所用。对我国的慈善文化进行创造性改造，是助推我国慈善文化繁荣发展的一个有效渠道。

大学生不仅能通过参与慈善活动展现青年的慈善力量，还可以通过制作慈善视频、公益广告画、慈善文艺节目等呈现和传播慈善文化。对当代大学生而言，应从丰厚的传统文化中挖掘慈善元素，在传统慈善文化积淀的基础上进行开发和探索，准确把握我国慈善文化的本质和特点，增强传承和创新慈善文化的信念与勇气。

三、高校慈善文化育人的原则

新时代高校开展慈善文化育人，培养大学生慈善精神，要用大学生喜欢和愿意接受的方式开展慈善教育，统筹谋划、优化路径，要坚持符合教育目的、教育规律，坚持符合时代发展需要，坚持符合慈善事业特征的育

[①]　石国亮. 培育和坚持慈善文化自信的战略考量[J]. 长白学刊，2018（6）：137－142.

人原则，提升慈善文化育人质量，增进大学生慈善精神培育的实效性。

（一）坚持方向性原则

随着慈善文化的国际化发展，一些别有用心的非政府组织打着援助的旗号，表面上是资助慈善社会组织和活动，实质上是这些非政府组织及其幕后支持势力开展渗透和破坏活动。慈善活动需长期接触社会底层，一些弱势群体的境况不好，有一些甚至对政府不信任，阶层差距的存在会影响大学生对社会的认同，有可能诱发政治方面的消极评价。部分慈善参与者的动机功利化、走形式，严重影响慈善公益组织的声誉。面对意识形态多元化的国际背景，一些非法社会组织利用援助和扶贫装点门面，不断转变活动方式，其意图是输出西方资产阶级的意识形态，煽动民众的敌对情绪，推波助澜激化社会矛盾。2021年，民政部等多部门联合对非法社会组织开展行动，这让社会组织生态空间日渐清朗。

因此，方向性原则是高校慈善文化育人的首要原则。高校慈善文化育人必须坚持以马克思主义为理论指导，把牢思想方向；坚持党的领导，把握政治方向；坚持以习近平新时代中国特色社会主义思想为指导遵循；坚持以社会主义核心价值观引领价值导向，确保慈善文化育人的方向性。我国主流意识形态是以马克思主义为核心内容和理论指导，它起着维护社会思想统一、政局稳定、引领发展的作用。高举社会主义旗帜，牢牢把握社会思潮的主动权，在青年学生中进行社会思潮的动态考察，发展健康向上的主流舆论，培养和造就更多致力于社会主义现代化建设的栋梁之材。在志愿活动开展中要加强思想指导，让大学生在志愿活动过程中收获效能感、价值感和获得感；在志愿活动中加强实践指导，让大学生在实践服务中增进慈善公益的信心；在志愿活动中要加强心理辅导，避免大学生长期被不良情绪困扰，培养其理性平和的社会心态。传统慈善文化是中华民族的基因，已经根植在中国人内心，潜移默化地影响着中国人的思想观念和行为方式。要对传统慈善文化进行创造性转化、创新性发展，发展现代慈善文化，用先进文化陶冶人、激励人，有效发挥其滋养作用，从而为应对多元挑战提供强大的精神力量。

（二）坚持科学性原则

2016 年 12 月 7 日，习近平在全国高校思想政治工作会议上强调："做好高校思想政治工作，要因事而化、因时而进、因势而新。要遵循思想政治工作规律，遵循教书育人规律，遵循学生成长规律，不断提高工作能力和水平。"[①] 这是加强思想政治工作的基本原则，也是慈善文化育人的科学性原则。事物的发生和发展有着自身的规律和基本特征，人们对规律的认识和探索是一个永无止境的过程。文化育人既要尊重大学生全面发展的需要，又要引领、适应社会发展的需要，这体现了社会发展进步与促进人的全面发展是一个互动共进、和谐统一的过程。慈善文化育人的过程就是根据新时代慈善事业健康发展的要求，教育者在正确认识大学生思想形成发展规律的基础上，深刻把握慈善文化的规律，自觉运用规律，开展有目的、有计划的教化活动，促进慈善意识和慈善行为的养成。

慈善文化育人的对象是大学生，大学生思想发展需求越直接、越强烈，就越容易接受慈善事业，二者之间是辩证统一的。因此，慈善文化育人只有立足客观实际，把慈善活动与大学生成长成才结合起来，探究慈善服务工作的规律、大学生成长成才的规律，探索互动关系中的结合点，才能使大学生"主动接受、乐于接受、从中受益"。要把文化育人规律应用于实践中，不断丰富、完善，并在实践中检验、反馈、优化，提升慈善文化育人的实效性，增进活动吸引力。

（三）坚持协同性原则

健康向上的校园文化，以社会主义核心价值观为统领，潜移默化地影响着大学生的思想观念、道德情操，对他们综合素质发展起着重要的渗透作用。校园文化育人功能的实现，要坚持协同育人原则，统筹人员、信息、资源等要素，协调各教育主体、各个部门、各个环节，凝聚校内外各种教育力量，融于师生文化生活、校园内各种教育资源的方方面面，使其相互

---

① 习近平：把思想政治工作贯穿教育教学全过程　开创我国高等教育事业发展新局面[N]. 人民日报，2016－12－09（1）.

促进，内在统一，从而形成校园文化整体育人的格局。

慈善文化协同育人机制要着眼于慈善育人的培养目标，充分整合校园多方力量，使各个要素都承担起协同育人的责任，搭建协同育人的多元平台，提高育人效能。高校管理者应强化管理与教育融合意识，直面学生困惑，充实教育资源，增强协同主动性，使慈善文化育人更加生动、更加贴近实际；建立起慈善工作队伍与教师和管理人员结合、校内与校外结合、线上与线下结合的联动机制；构建包含多重维度、多元主体、多种手段创新的育人载体；整合社会各界力量，增强育人合力积极探索校园慈善文化的流程再造和空间拓展，使慈善文化走出校园，辐射社会。

（四）坚持时代性原则

2016 年 12 月 7 日，在全国高校思想政治工作会议上，习近平总书记强调："做好高校思想政治工作，要因事而化、因时而进、因势而新。"① 站在新的历史方位，慈善文化教育要反映鲜明的时代特征，准确把握时代变迁的脉络，积极拥抱新变化，吸收时代新成果，将"守正"与"创新"相结合，推陈出新，为慈善文化发展注入源源不断的活力。我国社会生产力显著提升，对思想政治教育这个上层建筑创新发展的需求更高了。要满足学生成长发展需求和期待，就要提供更好的教育内容、方式和方法，提升思想政治教育的亲和力和针对性。

随着慈善文化环境的不断运动、变化、发展，慈善文化育人也要随之发生变化，做出调整。慈善文化育人要准确把握时代主题，洞悉发展的基本特征，以人为本，采用富有时代气息的活动形式，运用先进的科技手段，体现新时代的价值追求。慈善文化育人要坚持开拓创新的精神，进一步解放思想，转变观念，注意内容选择的深度和广度，借助网络平台、数字化媒体传播平台，推进启动、宣传、普及慈善参与互动功能，使新兴方式成为慈善的大众化常态。慈善文化育人还要关注大众性的社会热点问题，培

---

① 习近平：把思想政治工作贯穿教育教学全过程　开创我国高等教育事业发展新局面[N]. 人民日报，2016－12－09（1）.

育开放包容的社会心态，提高大学生分析问题、解决问题、辨别是非能力。

第三节　高校慈善文化育人的实现路径

社会转型往往伴随思想、文化的碰撞。在市场经济和多元社会思潮的影响下，传统的价值观念和社会风气受到冲击，慈善文化面临信任危机与民众漠视的双重挑战。高校作为大学生生力军的摇篮，大学生的慈善精神是我国慈善事业迅猛发展的保障。围绕分配收入制度改革，加快构建慈善文化育人体系，内化理念，细化方法，创新载体，培育大学生慈善意识，不仅是高校思想政治教育实效性的客观需要，也是新时代慈善文化发展的现实途径。

一、丰富慈善文化活动的育人内涵

学校作为传播慈善文化的重要场所，对大学生慈善意识的形成具有全面、深刻的影响力。学校自身慈善文化的持续发展，是强化高校育人功能的题中之意。因此，推进慈善文化活动品牌化、常态化、多样化发展，能更好地发挥高校慈善育人功能。

（一）推进慈善文化活动品牌化，拓展育人功能发挥的广度

培育和打造高校慈善文化品牌，提升品牌的影响力，可增强慈善文化的吸引力和感染力。慈善文化活动品牌的确立，可以让慈善活动内在价值得以体现，不仅有助于日常慈善活动的深层次规范和慈善文化的特色展现，还可以为慈善活动带来更具影响力的作用。高校要认识到培养慈善文化品牌的重大意义，积极开展慈善品牌建设的专项理论研究，掌握慈善文化品牌培育的内在规律，统筹考虑时代主题、学生需求、学校特色和区域基础等影响因素，增强组织的品牌培育能力，建立品牌管理体系；树立品牌观念，增强品牌的影响力，系统总结优秀慈善文化品牌的实践经验，开发高质量的文化品牌，完善品牌资源，激发慈善文化参与者持续参与，提升品牌的内生动力。

慈善文化品牌的建设是一个动态过程，通过展示优秀品牌，评比品牌项目，举办典型经验现场交流会等，搭建项目交流推广平台，形成多位一体的慈善文化品牌建设新格局。创新慈善文化品牌内容，不断赋予慈善文化品牌新内涵，使慈善文化品牌项目历久弥新，才能具备持续赢得社会支持的向心力，进而实现更大力度的社会动员。规划慈善文化品牌未来发展远景，挖掘优秀典型事迹，通过高校内部推动和外部的宣传，提升慈善文化品牌形象，提高其社会知名度，打造令人信任的慈善文化品牌，才能使校园慈善文化朝着全员、精品、可持续的方向发展。

（二）推动慈善文化活动常态化，保证育人功能的可持续发挥

慈善精神的教育情境，强调习惯养成和环境熏陶，慈善文化活动如果是松散、随意、间断地开展，会影响育人功能的持续性。再者，慈善资助或服务的客体，其需求的实现也不是短期就可以完成的，这些都需要慈善文化活动常态化。因此，应贴近学生生活需求，建立慈善文化实践基地，如开发爱心超市、公益维修、爱心手工作坊等大学生热衷的、愿意持续参与的慈善活动项目，融入师生及社会大众的生活。要实现慈善文化常态化还要与机关部门、周边社区、社会公益组织建立协作机制，建立各种志愿服务团队，如支教服务队、环保服务队、城管服务队、"五水共治"河道保护服务队、红丝带服务队等，制定服务队的月计划、年计划，不断提升志愿服务的能力与水平。只有做出实实在在的效果，才能切实提高活动开展成效。

慈善文化活动作为联系大学生与社会的特殊实践活动，应立足社会需求，依托高校特色，加强与民间专业慈善组织的交流合作，也应多与社区、企业、学校等合作，建立多种模式的实践基地，发挥人文优势、组织优势，扩大影响力与号召力，保证其育人功能持续有效地发挥。

（三）推动慈善文化活动多样化，发挥育人功能的吸引力

当今社会发展迅速，新业态、新需求层出不穷，大学生好奇心、求知欲旺盛，对新鲜事物敏感度高，慈善文化活动只有不断创新活动形式，丰富活动内容，满足大学生的成长需求，才能让大学生保持参与慈善活动的

积极性，进而主动培育其自身的慈善品质。

传统的慈善主要是救助生活贫困的弱势群体，慈善活动方式和手段也比较单一，主要是捐钱捐物。随着科技进步及经济不断发展，人们的生活水平不断提高，现代慈善所涉及的各方面社会需求也在分化，呈现出复杂化、多元化和精细化现象，对慈善活动方式的丰富性也提出了更高要求。比如，从慈善需要的角度来看，有残疾人人群生存、护理、心理救助等特殊救助需求，也有一般人群改善生活环境、提高生活质量和健康水平、丰富生活内容等方面的需求；从慈善手段和活动方式来看，慈善不仅仅指简单的捐款捐物等基本的物质援助，还需要提供专业的、科学的、有针对性的各种服务，甚至还需要专业的资产投资管理等。①慈善活动日益丰富，在稳定社会生产、社会秩序和救助贫困弱势群体等方面发挥了不可忽视的作用。

多样化是现代慈善发展的趋势，也是经济发展、科技进步、管理创新、生活改善的必然要求。这一趋势要求慈善活动主体提高发现社会紧迫问题的敏锐性，紧跟时代前进步伐，紧贴大学生现实生活需求，深入研究解决问题，积极主动适应社会经济发展。发展现代慈善事业，还必须增强时代意识、精准服务意识和创新意识，及时捕捉社会需求的变化、科学策划慈善项目、持续创新募集款物的方式及组织项目活动的载体，让有限的慈善资源发挥最大限度的社会效益。

二、构建慈善文化育人的社会环境

社会环境对慈善文化教育有着重要影响。高校中大学生群体的思想意识很容易受社会环境的影响，因此，慈善文化融入高校校园文化建设首先要从改善社会环境入手。

---

① 　尚德. 试论慈善事业的现代化特征及发展路径[J]. 山西高等学校社会科学学报，2019（5）：30—35.

（一）适应社会政治环境，构建独立发展格局

随着慈善事业的蓬勃发展，慈善文化在促进和谐社会建设中的作用日益显现，引起了党和政府的高度关注和重视。当前，我国慈善文化面临前所未有的发展机遇，已经具备了坚实的政治基础。政府的制度创新和价值认同是慈善文化可持续发展的基本条件。民间慈善组织体现了慈善的独立性、自发性和自愿性特点，不仅建立了社会信任、文化习惯、非正式规则等慈善实现机制，而且构建了对接社会资源和社会财富的重要通道。慈善组织是政府主导下的社会保障体系的必要补充，在政府的倡导、扶持下开展活动。社会上有大量的物质资源和人力资源，但是政府不直接参与具体的慈善活动，需要依靠非营利性组织借助多种渠道合法地筹集社会资源。所以，慈善组织必须拥有非营利性组织的性质，这是政府赋予慈善组织的政治功能。

法律制度环境可以反映国家对慈善组织在政治上的接受和支持程度，《慈善法》的施行为慈善文化发展提供一个良好的环境和空间。

慈善组织作为非营利性组织，在现实运行中，要避免成为政府的延伸，淡化行政色彩，还原组织的民间性和自治性，合理配置和利用慈善资源，对外界制度环境变化及时做出反应，利用自己的社会影响力积极主动寻找空间，促进慈善组织结构的多元化发展。慈善组织要在社会化运作中真正地解决社会问题，体现社会组织的稳定性和长期适应性，才能成为民间一支强大的社会力量。

（二）优化社会文化环境，构建人文关怀氛围

促进慈善文化形成良性的内部驱动机制，不仅需要物质环境，更需要适宜的社会文化环境。慈善能缓解和化解社会矛盾，具有维护社会和谐、稳定的功能，但慈善不仅仅是社会保障体系的组成部分，还是一种积极的、特殊的文化现象。慈善文化要实现由精英化向大众化、常态化转变，要与各种文化交流、碰撞，在共同思想的基础上凝聚共识，逐渐从行政化向社会化转型，拓展公众参与慈善的选择空间，推动慈善事业的可持续发展。①

---

① 刘威. 冲突与和解——中国慈善事业转型的历史文化逻辑[J]. 学术论坛, 2014（2）: 84-91.

弘扬中华优秀传统文化，以时代精神激活传统文化的生命力，正视传统文化和现代慈善思想的相辅相成、互补互助发展。中华民族的传统文化和传统美德是新时期发展慈善文化的重要支撑点，充分挖掘传统文化的可利用资源，是未来我国发展慈善文化的重要途径。中华优秀传统文化是我们民族的灵魂，创造了诸多文明成果，把优秀传统文化思想理念融入慈善思想中，可以提升慈善文化内涵，形成慈善文化更深层、更持久的力量。加强传统文化在高校的传播，要让师生感受到传统文化的神韵、魅力和智慧。在日常生活中，传统民俗节日最能体现传统文化的深刻内涵，应进一步宣传和弘扬传统节日文化，以多形式开展传统文化活动，汲取中华民族优秀文化和慈善传统的思想精髓，大力弘扬优良传统，形成良好的慈善文化的氛围。

汲取西方慈善文化的精髓，建构现代慈善文化。改革开放后，我国与外国文化交流频繁，中西方文化不断碰撞与融合，为传统文化增添了活力，传统慈善文化充分体现出时代价值。与此同时，传统文化也受到了以西方节日、影视作品等为代表的西方文化的冲击。高校师生应用理性的思维对待西方文化，客观谨慎地看待文化的差异性。[①]

（三）优化社会舆论环境，构筑传媒宣传阵地

科学技术的发展推动舆论传播载体发生变革，引起社会舆论环境的新变化。新媒体影响着我们生活的方方面面，在历次国家重大公共事件中，公众对慈善的关注度空前高涨。同情心是由道德认知产生的内心体验。通过舆论真实展现弱势群体的困境，强化民众的同情心对于非强制、自愿的慈善行为起到了道德支撑作用。[②] 榜样的力量是无穷的，在全社会倡导善行善举，对典型捐助者予以各种形式报道，使捐赠者受到人们的尊敬、钦佩，通过榜样的力量去激发更多的人参与慈善事业，捐赠者才会丢掉种种顾虑，踊跃参与慈善捐赠，形成积极和健康的捐款心态，造福社会，人人

---

① 韩丽欣，郑国. 中西方慈善文化传统资源的比较研究[J]. 南昌大学学报（人文社科版），2014（1）：104－109.

② 刘新玲. 论个体慈善行为的基础[J]. 福州大学学报（哲学社会科学版），2006（4）：81－85，114.

参与慈善的社会氛围才会形成。

构筑大众传媒宣传阵地，扩大慈善文化的社会影响。大众传媒是社会群众接收信息最直接的通道，也是传播慈善文化的捷径。各种媒体要担起传播慈善文化的重任，凭借各自独特的优势，发挥新闻舆论的作用，积极传播慈善理念，使慈善思想能够深入到人们的日常生活之中，从而在不知不觉之间对人们的价值观以及思维方式产生影响。加强对慈善文化的宣传报道，利用新媒体策划和组织各种形式的救助活动，使慈善宣传成为媒体的"焦点话题""热门栏目"，营造"人文关怀"的舆论环境，慈善文化会逐渐深入人心，慈善理念也会逐渐成为国人一种内在的人格和品质，最终，慈善行为会转化为人们的一种自觉自愿的行动。

三、完善慈善文化在高校中的传承机制

中华传统文化博大精深，是我们最深厚的软实力。高校肩负着传承文化的使命，能够传承经典、塑造文明。文化传承主要是指思想的传承，精神的传承。高校是社会文明的载体，是孕育新思想、产生新观念的摇篮，在建设慈善文化事业中肩负重要使命。高校要将慈善文化传承与创新、交流统一起来，做慈善文化的传承者、创新者、传播者，才能为慈善文化发展繁荣提供有力的人才支撑。

（一）加强校园文化建设人才队伍保障

慈善文化进校园，不仅要在校园内传播慈善文化，还要通过丰富多彩的社会实践形式和活动方式体现出来，使运动式的慈善传播成为可持续的慈善文化传递。优秀的师资队伍是高校校园文化建设和改革发展的重要支撑。有一支具有专业水准、有文化素养、热心公益事业和教育事业的队伍，与校园文化建设团队相互支持，形成合力，才能建立完善的校园慈善文化传承机制。

随着学生志愿服务和公益团队日益壮大发展，他们迫切需要一定的慈善理论知识和业务操作指导。高校慈善教育应培养学生牢固树立全民慈善理念，深入探索慈善的意义和使命，引导他们组织和参与慈善活动，形成

对慈善组织和持久慈善行为的兴趣。学校可以根据所需教师的职业特点和专业所长，聘请慈善组织工作人员、慈善家、志愿者担任慈善教育课程老师，组成教学团队，发挥各自所长，通过多种途径和方式使学生了解慈善募捐、慈善组织、慈善救助、慈善监督、法律法规等各方面的内容。慈善就在身边。教师可以从身边的慈善小事做起，从关心身边的困难学生开始，为学生树立慈善的榜样，以自身的慈善行动鼓励学生参与慈善，让慈善成为人人可为的事业。① 教师坚持言传与身教相结合，激发更多的学生量力而行参与到日常慈善行动中，为构建人人慈善的现代慈善社会奠定社会基础。

慈善文化建设专职人员要以学生为主体对象，善于开发优秀传统文化中的育人资源，挖掘高校的特色资源，将其创造性地转化为适用于新时代大学生的慈善文化发展模式。在融入和资源匹配的过程中，要敢于打破常规、突破自我，不断加强交流与合作，善于利用优秀传统文化资源进行改革创新，全过程累进培养、全方位匹配资源，促进课堂教学与校园文化活动的良性互动。在体现时代特色、恪守育人宗旨的同时，主动谋求资源共享、共联共建、多元互动、合作共赢，营造开放、包容、合作的工作环境。以高校校园文化建设为契机，摒弃落后的制度理念、不合时宜的固有管理模式、刻板僵化的教学体系，凸显科学性、人文性和实效性，进一步激发慈善文化在教育领域的蓬勃生机。建立服务高校师生与校园文化发展需求相契合的机制，使制定、实施、落实、完善等各环节之间紧密衔接，不断改革和创新，保证各项制度常建常新，确保各项制度适应高校的发展需要。

校园制度文化建设包括时间、空间等要素，是一项长期性的综合工程。因此，学校应结合校情，系统部署校园文化人才队伍建设的长远规划，确保校园慈善文化育人作用的可持续发挥。

（二）构建校园文化建设协同育人机制

校园文化建设是一个有机整体，各协同主体追求相同的目标，在各自

---

① 石国亮. 慈善教育的课程、教材和教师关系论［J］. 学校党建与思想教育，2017（5）：58—61.

工作中挖掘协同育人要素，通过构建育人平台、育人课程等协同机制，形成资源共享、有机融合、运转高效的新局面，推动校园慈善文化建设工作内涵式、科学化发展。

在校园文化活动制度的构建方面，将慈善文化中的思想精华、道德范式、规范体系、价值取向等体现其时代价值和现实意义的内容融入高校制度文化的建设中，使其充分彰显平等、公正、无私、自由的文化价值。遵循校情、生情和地域特色，以规范化、系统化和科学化为原则，不断推进制度文化的改革与创新，建设慈善文化的教学科研体系、管理服务体系和发展保障体系，从根本上将制度文化内化成师生的自觉遵守，提升校园文化的建设水平。

在教学制度建设方面，要将慈善文化的教育教学工作摆在突出位置，依托思政课程教育载体，将慈善知识与《思想道德修养与法律基础》中的环保意识、爱心教育相融合，进一步发挥思政课程的教育价值，挖掘慈善教育元素，丰富创新慈善教育的内容和形式，进而形成健康的慈善文化教育生态。慈善教育不是孤立的课程，其所倡导的助人为乐、扶贫济困等价值观与思政教育价值理念是一致的，因此，其应该是贯穿于所有课程之中的教育，而不是孤立的、简单的慈善理论课程。应依托思想道德修养课点面结合，将慈善教育内容全方位渗透到各门课程的教学内容、各种校园文化实践活动中，从而实现慈善教育的全方位育人。

（三）提升各部门之间的分工合作效率

校园慈善文化建设离不开各部门间分工合作。校园慈善文化建设要按照责任分工，制定实施方案，完善工作机制，把各项任务落到实处。在领导机构坚强有力地指挥下，建立横纵双向协作的长效机制。设立宣传部、组织部、外联部和执行部等必要的部门，明确分工、各司其职，选出思想政治素养高、组织能力强的团队负责人，安排好相应的外部保障条件，才能充分调动全体师生参与校园慈善文化建设的积极性和学习慈善文化的自觉性。

四、创建校园文化与慈善文化融通的模式

（一）培养慈善意识，确立文化融合的交点

慈善意识的提高和慈善理念的普及是慈善文化全面发展的基础。慈善意识包括慈善认知、慈善情感、慈善意志和慈善行为。慈善认知是先导，如果没有正确的慈善认知，就无法激发慈善行为。慈善是一种道德实践，慈善情感可以调节和影响大学生的慈善行为和慈善意志。慈善情感反映了大学生的慈善价值观念和心理态度，包括感恩心、怜悯心、责任感和共情能力。慈善意志是一种自觉理念和观念形态，表现为个体自觉地去克服困难，做出行为的抉择。个体自主表现出来的符合慈善精神的行为举动，便是慈善行为，包括关爱行为、公正行为和勇敢行为。

慈善的价值和意义在于为有爱心的人提供一个奉献的机会，为寻求自我价值实现的人提供一个道德践履的平台。培养大学生慈善意识首先是引导大学生认识慈善的意义、功能和价值。学校通过普及慈善知识，传播慈善价值观，使大学生在慈善文化熏陶下，进一步理解慈善的意义，懂得感恩、友善、爱心、利他等道理，萌发慈善意识，将朴素的慈善感情逐步内化为自觉的价值体系，积极参加力所能及的志愿服务活动，最终实现教育塑造和文化养成。

通过各种形式让大学生理解和接受慈善的宗旨在于增进人的幸福，减轻或免除人的苦难，激发大学生投身慈善事业的责任感，从被动参与转变为自觉参与，从偶然之举转化为日常行为方式，进而传播友爱、构建和谐社会。

（二）运行慈善基金，搭建文化融通的桥梁

高校成立教育基金会或者与慈善组织联合设立慈善基金，是融通校园文化与慈善文化的桥梁。以公益事业为目的的基金会，为高校普及慈善知识，传播慈善理念，引导公益慈善行为提供了有利的条件，营造了师生向善的氛围，可使他们逐渐形成自觉参与慈善活动的社会责任感。

高校基金会要建立完善的组织机构，做到职权清晰、分工明确、责任到位，可设公益项目组、活动传播组、财务管理组等部门，分别负责基金的募集、项目策划实施、活动宣传引导、资金管理使用等具体业务工作。基金会聘任教育界资深人士、学校监察部门人员、捐赠代表等组成监事会，行使监督权利。高校基金会要依靠学校的人才和设备资源，建立基金会网站，设立奖教、奖学、助学、科研发展、微公益等各种专项基金，充分尊重捐赠者的意愿，激发慈善参与热情。

公益创业是推广公益慈善，促进创业、就业的形式，为大学生就业创业提供了新的途径，也为慈善形成了新的载体。公益创业社会组织是在保障公益的前提下，借助商业力量维系慈善活动的持续开展，是"造血式"的慈善模式。慈善基金会通过对大学生公益创业的支持，将慈善与创新创业相结合，实现社会效益与经济效益的统一，既可以为大学生提供创业实践的机会，又可以激发大学生的慈善意识和慈善热情，实现育人与育才的有机统一。参与具有社会影响力的创新公益慈善项目，成为大学生乐于接受的创业方式和慈善参与方式，成为高校慈善发展的新的增长点。

高校基金会要坚守救助贫困人群、扶持公益志愿团队的组织使命，培养专业化、职业化的慈善工作团队，不断优化自身的组织建设，借助学校的院系班级等群团组织、新媒体和网络平台，推进校园慈善基金的可持续发展。

（三）开展慈善活动，创设文化融通的平台

列宁在《哲学笔记》中曾说："人的实践经过亿万次的重复，在人的意识中以逻辑的式固定下来。这些式正是（而且只是）由于亿万次的重复才有着先人之见的巩固性和公理的性质。"慈善理念的形成不是一朝一夕的事情，要通过经常性的活动参与，切身感受帮助他人的价值，才能逐渐养成一种习惯。

在校内举办一些参与性强、形式生动的慈善募捐、义卖义拍、志愿服务等活动，以及"公益慈善"为主题的摄影大赛、演讲赛、征文比赛等竞赛，启发学生的公益慈善思维，多层面、多视角地弘扬慈善文化。策划、宣传形式多样的慈善活动平台，不仅为大学生充分参与慈善提供了必要的渠道，调动了大学生参与慈善的积极性，而且在校内营造出慈善光荣的氛围，加深了大学生对慈善的正确理解，有利于塑造慈善精神。

高校应利用现有的场地，开辟慈善教育实践基地，让学生团队申报公益项目，实现将公益慈善意识转化为实际社会活动的现实要求。高校还可以加强与校外社区街道、企事业单位、公益慈善组织的交流和合作，建立一些特色的校外慈善教育实践基地，为学生参与社会组织的志愿服务提供更多的机会。这样不仅可以帮助更多需要帮助的人，也可以让大学生在活动当中充分锻炼各方面的能力素质，让大学生真正养成参与慈善的良好习惯，从而有效提升大学生的社会责任感和爱心。

基于社交媒体而兴起的微公益，降低了大学生参与慈善的门槛，逐渐成为最受大学生欢迎的慈善活动参与方式之一。微公益具有目标小、参与方便、即时性强、互动性高和传播快等特点，大学生通过浏览、转发、捐款等各种方式参与慈善，助力分享的同时传播了慈善，营造了互助友爱的慈善氛围，为"全民慈善"创造了条件。小慈善，大爱心，这种微公益能满足学生个人偏好，自发性强，自由度大，是校园慈善文化值得大力推广、不断创新的活动形式。

第三章　高校学生精准资助与资助育人

教育公平是社会公平的重要基础。"不让一个学生因家庭经济困难而失学"是党和政府的庄严承诺。2007 年国务院印发了《关于建立健全普通本科高校高等职业学校和中等职业学校家庭经济困难学生资助政策体系的意见》，首次全面系统地规划设计了我国学生资助制度，开启了学生资助事业发展的新篇章。

目前，高等教育阶段实现了家庭经济困难学生入学前、入学时和入学后的"三不愁"，学生资助实现了从学前教育到研究生教育所有学段全覆盖、公办民办所有学校全覆盖、家庭经济困难学生全覆盖的"三个全覆盖"。党的十八大以来，我国学生资助工作围绕立德树人根本任务，深化资助体系改革，立足国情创新资助体系，丰富资助内涵，走出了一条中国特色的学生资助之路。

青春由磨砺而出彩，人生因奋斗而升华。新时代大学生要坚定理想信念，站稳人民立场，练就过硬本领，投身强国伟业，同亿万人民一道，在实现中华民族伟大复兴中国梦的新长征路上奋勇搏击。①

第一节　高校学生资助发展与成效

高校学生资助帮助家庭困难学生获得平等接受高等教育的机会，是高校人才培养工作的重要组成部分，是我国政府教育脱贫攻坚、促进社会公平的重要举措，也是我国高等教育强国建设的重要支撑。新时代赋予了高

---

① 坚定理想信念，站稳人民立场，练就过硬本领，投身强国伟业［N］. 中国青年报，2020-05-04.

校学生资助工作新的内涵，也对高校学生资助工作提出了新的要求，高校学生资助要构筑以满足学生经济保障需求和成长发展需求为主线的资助体系，真正实现高等教育精准扶贫的价值目标。

一、改革开放以来高校学生资助体系的发展历程

新中国成立之初，党和政府高度重视高等教育的建设和发展，为鼓励更多学生接受教育，先后实行了学生供给制度、人民助学金制度和学杂费减免制度。改革开放以来，随着高等教育事业不断发展，我国高校学生资助制度也在探索实践中不断演变、创新，越来越多家庭经济困难的学生受益。知史以明鉴，回顾高校学生资助发展历程，总结经验，查找不足，对推进精准资助育人具有重要的意义。

（一）改革开放初期的高校学生资助（1978—1992 年）

1978 年，党的十一届三中全会召开标志着改革开放的开始。中国高等教育改革在 1977 年拉开了帷幕。高等学校积极扩大招生规模，此前受"文化大革命"影响的高校学生资助政策也得以恢复，逐步形成以政府资助为主体，社会资助为补充的政策格局。①

1978—1983 年，以人民助学金为主时期。期间高等教育处于精英教育阶段，国家财政基本能够满足在校大学生的基本需要，且大学生毕业必须服从国家计划统一分配。

1983—1986 年是助学金奖学金共存时期。1983 年 7 月，教育部、财政部颁布《普通高等学校、专科学校人民助学金暂行办法》和《普通高等学校本、专科学生人民奖学金试行办法》，对原有资助制度进行了调整，形成了以人民助学金制为主，人民奖学金制为辅的资助机制。

1986—1992 年是奖学金贷学金并行时期。1986 年《国家教委、财政部关于改革现行普通高等学校人民助学金制度的报告》提出将人民助学金

---

① 　中国学生资助 70 年［N］. 人民日报，2019-09-23.

制度改为奖学金和学生贷款制度，并在全国 85 所普通高等学校进行试点。自此，国家开始不断探索和建立新的资助政策机制。1987 年，《普通高等学校本、专科学生实行奖学金制度的办法》和《普通高等学校本、专科学生实行贷款制度的办法》要求所有高等院校实行奖学金和贷学金制度，并明确了三类奖学金，即优秀学生奖学金、专业奖学金和定向奖学金；本、专科学生人数的 30％ 以内的学生可以申请无息贷款，最高贷款限额每人每年不超过 300 元。

市场经济体制实行后，在人力资本理论、高等教育成本分担理论等相关理论的支持下，1989 年开始实施收费双轨制，高校向计划招收的学生收取费用，大学生上学需要缴纳一定的学费及住宿费。自此，我国的高等教育资助模式也从原来的无偿化向有偿化转变。

（二）经济转型时期的高校学生资助（1993—2006 年）

20 世纪 90 年代以后，一系列教育体制改革快速推进：我国高等教育"招生并轨"的政策于 1994 年开始在 37 所高校试点，1997 年全面推行，所有大学生均需要缴纳学费。1997 年，高校并轨完成后，开始实行缴费上学的制度，贫困生群体也随即出现。政府出台一系列的通知与政策，对各高校家庭经济困难学生进行贫困补贴。1994 年至 2004 年，国家相关部门陆续颁布了关于生活补助制、勤工助学、减免学杂费，奖助学金、绿色通道等多项制度的相关文件，标志着我国"奖、勤、助、贷、补"的资助体系初步形成。2004 年国务院办公厅正式印发《关于切实解决高校贫困家庭学生困难问题的通知》，"希望工程""西部开发助学工程""春蕾计划""扶残助学""对口扶贫帮困"等多种资助项目开始在各地大力实施。国家助学贷款政策在这十年间不断完善，相关机制也不断健全。到 2004 年，高校学生资助建立了由政府财政和高校共同分担的贷款风险补偿机制，确定了无担保的信用贷款性质，相关责任主体及运行模式得以明确。

（三）新资助政策体系建立以来的学生资助（2007 年至今）

2007 年，国家颁布了《关于建立健全普通本科高校高等职业学校和中等职业学校家庭经济困难学生资助政策体系的意见》，对学生资助制度做出了全面系统的规划设计，标志着我国学生资助政策进入新的发展阶段。自此之后，教育部又陆续出台了关于家庭经济困难学生认定、国家助学金、国家奖学金、国家励志奖学金等方面的相关政策及相应机制的实施细则。例如在奖学金评审办法中，其奖励范围扩增至全体学生中的优秀学生而没有局限于家庭经济困难学生，同时针对家庭经济困难的学生设立每人每年5000元的国家励志奖学金激励机制，引导他们刻苦学习；大力推行生源地信用助学贷款制度并落实国家助学贷款制，其运行也逐渐顺畅，得到了社会的广泛认可；在六所教育部部属师范大学中设置师范生免费教育制度等。我国高校学生资助政策不论在资助对象、资助范围，还是资助力度、资助内涵上，都实现了质的飞跃。

经过不懈努力，我国从制度上保障了"不让一个学生因家庭经济困难而失学"目标的实现。在实现打赢脱贫攻坚战、全面建成小康社会的第一个百年目标的征程上，高校学生资助投入增多，资助政策健全，开展资助育人的条件也越趋成熟，新时代学生资助工作迈向新的高峰，取得了一系列的进展。

2016年，教育部等六部门发布了《教育脱贫攻坚"十三五"规划》，标志着我国多元化的资助政策迈入精准化阶段。

2017年，资助育人被纳入我国十大育人体系，我国明确要求把扶困与扶智、扶困与扶志结合起来，建立国家资助、学校奖助、社会捐助、学生自助"四位一体"的发展型资助体系。

2017年3月，《关于进一步落实高等教育学生资助政策的通知》发布，为全面贯彻我国新时代资助政策体系提供了指导方案。文件指出学生资助工作要转变观念、创新方式，不断向科学化、专业化发展，把育人工作贯穿于资助工作全过程，充分体现高校人才培养的核心任务。

2018年，相关部门发布了关于困难学生认定工作的文件，提出建立联动机制，加强相关部门协同，整合数据资源，实现信息对接，健全认定工作机制。

国家助学贷款政策在2020年延长还本宽限期，于2021年9月1日又提高了贷款额度，本专科生由8000元提高至12000元。

这一阶段是我国深化高校学生资助体系改革，建立健全学生资助新体系的时期，也是学生资助工作突飞猛进，取得举世瞩目的辉煌成就的时期。我国在本专科教育阶段建立了国家奖学金、国家励志奖学金、国家助学金、国家助学贷款、勤工助学、校内奖助学金、师范生免费教育、应征入伍国家资助、基层就业学费补偿贷款代偿、新生入学资助、退役士兵学费资助、困难补助、伙食补贴、学费减免及新生入学"绿色通道"等一系列的资助政策体系。高校学生资助政策不断细化使其在实施过程中更加具有可操作性，资助育人机制运行更加高效。至此，我国高校学生资助育人机制开始向精准资助育人方向发展，走出了一条有中国特色的学生资助之路。

二、高校学生资助取得的成效

伴随着改革开放的进程，我国高校资助体系在适应社会主义市场发展和满足人民群众对高等教育的需求中不断发展、创新和完善，建立起了一套能切实解决就学问题的资助体系，构建了帮扶更加精准、运行更加顺畅、育人更加高效的资助机制。这是我们党"以人为本，执政为民"治国理念的体现，也是中国特色社会主义制度优越性的充分体现。

（一）资助政策不断完善，更加彰显教育公平

深入贯彻落实共享发展理念，减轻家庭经济困难学生的经济压力，确保家庭经济困难学生上得起学、上得好学，保障"不让一个学生因家庭经济困难而失学"事关学生的成长和高校的发展，也事关社会的和谐稳定和公平公正。高校学生资助不仅要保障家庭经济困难学生接受教育的基本权利，更要让他们通过学习知识稳定就业，改变个人和家庭的命运。

高校学生资助工作是以教育公平促进社会公平、彰显社会主义本质要求的重大举措。纵观改革开放以来高校学生资助的发展历程可见，我国高等教育资助政策体系伴随着经济、社会和教育的改革发展不断完善，国家分层次、多形式、有重点地推进高等教育学生资助政策的落实，建立起了以国家奖学金、国家励志奖学金、国家助学金、国家助学贷款等多种方式

为主导，以校内奖助学金、勤工助学、减免学费等为辅助，"绿色通道"、困难补助等为补充的学生资助政策体系。其中，奖学金是鼓励学生努力学习、注重综合素质提升，奖励品学兼优学生的竞争性资助方式；助学金主要是以家庭经济情况为补贴标准的无偿性资助，用于满足家庭经济困难学生学习的日常基本生活需要；助学贷款主要是由政府担保的为家庭经济困难学生的学费等提供的信用贷款，还款期限最长为 20 年；勤工助学是高校为学生提供一些劳动岗位，让学生参与实际工作并获得相应报酬的制度。从历年全国学生发展报告统计情况来看，在各种资助政策所支出经费占全部资助金额的比例中奖学金占 23%，助学金占 30.5%，国家助学贷款占 26%，勤工助学占 3.5%。由此，资助结构由原来的单一性向现今的多元化、混合式转变，基本满足了不同类型学生的物质需求。

高校学生资助体系丰富多样的内容帮助家庭经济困难学生实现了上学"三不愁"，即入学前不用愁、入学时不用愁、入学后不用愁，也实现了制度结构完善、运行机制顺畅、管理可续高效，从制度上为家庭经济困难学生提供了从新生顺利入学到毕业顺利就业的有力的基础保障。

（二）资助力度不断加大，确保享有教育机会

为实现"应助尽助""应补尽补"，增强人民群众的获得感，随着资助政策不断完善，资助经费投入力度不断加大，学生资助规模不断扩大，帮助数以万计的家庭经济困难学生顺利完成了学业。经过多年的实践探索，我国逐步形成以国家财政资金为主导，以学校资金和社会资金为重要补充的经费筹措渠道，构建了政府、学校、社会"三位一体"的学生资助格局，学生资助事业取得重大进展。

经多年发展，高校学生资助形成了政府主导，学校、银行、社会等多元主体参与的助学模式，各个主体的角色定位不同，在资助中也承担着各自不同的职责与使命。政府是最主要的资助者，强化政府工作职责，持续加大力度，在健全机构、完善体系、投入经费等方面发挥了主导作用；学校按照国家要求从事业收入中提取一定比例的资金专项用于助学工作，提升保障水平，进一步织细学生资助兜底网；金融机构加强宣传，强化服务，

为学生提供助学贷款，进一步织紧学生资助兜底网；企事业单位、社会组织等社会力量履行社会责任，积极参与捐资助学，进一步织密学生资助兜底网。其中，解决全局、一般性的资助问题，学生资助普遍以财政资金、银行助学贷款为主导；解决局部、特殊性的资助问题，学校和社会资金成为重点力量。

从资助投入总量上来讲，我国高校资助的总金额逐年上涨，稳步提升。据统计，2007年至2020年全国普通高校学生资助资金计10270.16亿元。资助金额从2010年的437.3亿元，增长至2019年的1316.89亿元，增长了近3倍。以2019年为例，全国普通高校学生共有935.95万人次获得奖学金奖励，奖励金额264.99亿元，其中国家励志奖学金奖励学生88.29万人；各类助学金共资助1130.66万人次，资助金额378.29亿元；全国发放国家助学贷款474.44万人，发放金额346.07亿元；普通高校学生参与勤工助学411.34万人次，资助金额34.50亿元。①

从资助投入主体上来讲，对高校资助经费的投入在我国学生资助经费总额中占极大比例，而由中央和地方各级政府支出的财政资金资助占比约占年度高等教育资助总额的一半，远远高于银行，高校、社会及企业的资助额度比重，主导作用非常突出。《2020年中国学生资助发展报告》显示，全年资助资金2408.20亿元，财政投入1796.88亿元，占资助资金总额的74.62%。其中普通高等学校的学生资助中，财政资金（包括中央财政资金和地方财政资金）653.04亿元，占高校资助资金总额的52.51%；高校从事业收入中提取并支出的资助资金183.62亿元，占高校资助资金总额的14.76%；银行发放国家助学贷款378.12亿元，占高校资助资金总额的30.40%。社会团体、企事业单位及个人捐助资助资金29.01亿元，占高校资助资金总额的2.33%。

从总体上看，我国高校学生资助资金的资源配置结构逐渐优化，资金投入力度不断加大，从根本上提升了学校的资助服务水平，确保资助标准

---

① http://www.xszz.cee.edu.cn/

与学生必要的资助需求相适应，增强了家庭经济困难学生及其家庭的获得感、幸福感和安全感。

（三）资助方式不断优化，体现隐性教育价值

高校以家庭经济困难学生为本，想家庭经济困难学生之所想，急家庭经济困难学生之所急，把家庭经济困难学生的利益放在前面，不断细化资助服务、优化资助方式，彰显资助的人文关怀，使高校资助育人工作更用心、更贴心、更暖心。

畅通宣传渠道，努力做到资助政策家喻户晓。各个学校在春季开学前后，通过各种媒体广泛传播学生资助政策；在高考前，发布致高中毕业生的"一封信"，用生动、暖心、动人的语言介绍学生资助政策；在大学新生录取阶段，随录取通知书附送国家资助政策简介宣传页，重点解读各项资助政策。高校在完成录取工作后就开通学生资助服务热线和线上咨询通道，让学生资助的服务期限不断延长，强化学生资助的管理服务工作，实实在在解决问题，做到"件件有说法、事事有落实"。通过多种形式及时发布资助预警，提醒广大学生、家长，警惕各种新型电信诈骗、"校园贷"和"套路贷"等不良贷款陷阱。

畅通办理通道，努力让手续办理更人性化。助学贷款办理时间前移，实行高中预申请，受理工作将贷款受理点设到乡镇，推行合同电子化、手机预约办理、网上预约办理等方式，创新办理方式，提高办理效率，打造"就近办、多点办、快速办"一体化平台，受助人可以错峰办理，也可以分散办理。各高校的"绿色通道"专区就设立在迎接新生开学的报到现场，为新生提供办理入学手续、入住寝室等"一站式"服务。有些高校会派出家访小组分赴各地，将"绿色通道"延伸到学子家乡，让信息"多跑路"，让学生"少跑路"。

优化工作细节，努力让资助更有温度。全面取消"家庭经济困难学生认定申请表"盖章环节，改为申请人个人承诺。在学生资助的评审、公示、发放等信息公示工作中，要求妥善选择公示形式和范围，坚持信息简洁、够用原则，严格保护学生个人及家庭的敏感信息和隐私。在评定家庭经济

状况和实际生活情况时，尊重保护"学生个人隐私"，不让家庭经济困难学生在公开场合当众诉苦、互相比穷。在发放资助物品时，倡导和鼓励采用隐性资助方式。在宣传家庭经济困难学生励志典型事迹时，宣传方案和形式要征得学生本人同意。资助方式中，借助信息技术和大数据的技术手段监测学生日常消费数据，开展工作人员调查走访、辅导员一对一访谈的方式精准定位资助对象，提高资助的针对性和实效性，精确到资助的每个人、每个方面。

加强技术应用，努力让资助更精细。随着信息技术的发展，大数据、互联网、移动支付等大数据环境为精准资助提供了相应的平台支撑，为资助理念思想从"大水漫灌"变为"精准滴灌"提供了可能。一方面，各高校应用大数据建立资助对象认定指标量化模型，建立大数据智慧资助系统，积极探索精准资助的过程与实践方法。在发展性的资助模式中，部分学校已将资助系统与相关政府部门的数据信息对接，建立家庭经济困难学生数据库，根据地域分布和当地物价水平、当地经济发展水平、城乡居民生活水平、学费标准、学生家庭经济情况精准确定资助标准。另一方面，各高校紧跟国家相关政策部署，积极响应国家政策号召，重新审视高校精准资助育人工作，力图真正做到资助与育人的有机融合。

第二节　精准扶贫思想对高校学生资助工作的新要求

一、精准扶贫思想融入高校学生资助工作的启示

家庭经济困难大学生读书问题是社会普遍关注的问题，高校学生资助工作的精准落实是促进教育公平和社会公平的重要措施。

（一）精准资助是高校学生资助工作的首要任务

精准化是高校资助育人工作的必然趋势。高校资助工作要想做到精准化，就要在家庭经济困难学生识别、帮扶、教育、管理等方面做到精准，进而在落实资助政策、落细资助措施上下功夫，建立有效的资助工作体系

和高效的资助机制。高校学生资助工作中包含了"为什么资助""资助谁""怎样资助"三个基本问题。

第一，为什么资助。国家建立与运行资助政策体系，保障每个学生不因家庭经济困难而失学，以一种雪中送炭的方式给学生以经济帮助。帮助家庭经济困难学生有机会接受教育，掌握科学文化知识和一技之长，从根本上消灭贫困代际传递，彻底改变贫困学生及其家庭的命运。但资助不能仅停留在经济资助的层面，还要使学生在潜移默化中感受到国家的关怀，以此提升大学生对党和国家、对中华民族、对社会主义的认同感，从而激发学生的感恩回馈之心和爱国报国之情。

第二，资助谁。新时代背景下，学生资助工作重心是解决家庭经济困难学生追求美好生活、渴望改变家庭命运的需要与不平衡不充分的高等教育学生资助政策之间的矛盾。教育费用对于经济困难的家庭来说是一笔不小的负担，农村中有相当一批人出现这种暂时性的贫困，即教育致贫。有些是家庭的仅有劳动力或主要劳动力准备接受或正在接受高等教育；也有些是因为家庭经济收入勉强维持家人的基本生活，或因子女的教育支出增加了家庭经济负担而出现贫困的现象。教育花费致贫，不利于我国的经济发展和社会和谐。对于这些家庭，核心在于确保学生接受教育并顺利就业，切实做到该资助的一个不能少。有些高校学生资助工作还通过资助制度明示学生什么样的行为能得到鼓励与资助，引导学生进行行为选择。比如，勤工助学制度在于培养自立自强精神，提高综合能力。

第三，怎样资助。高校学生资助政策在运行中遵循科学、人本的观念，充分发挥政府、高校、社会等多元主体的作用，让经济资助、生活补助、能力提升、就业帮扶、学业支持等帮扶措施综合发力，不断提升资助质量。在实施中确保评选、资金发放的准确性和公平性，形成有效的综合评价机制和激励机制，为高校学生资助体系的有效运行和不断发展提供价值导向。此外，精神贫困体现为大学生缺乏自力更生、奋发图强的内在动力，存在依赖思想，自信心不足，甚至因贫困感到自卑，对家庭未来及自己的前途想法消极。资助工作要激发学生主动性与积极性，帮助其解放思想，寻找自身优势以及发展道路，树立脱贫信心，在精神上与贫困绝缘。

（二）思想政治教育是高校学生资助工作的战略重点

高校家庭经济困难大学生精准资助是阻隔贫困代际传递的根本手段。提供公平的、有质量的教育，使家庭经济困难大学生自身能得到发展，削弱原生家庭经济贫困对其发展的影响，阻断贫困代际传递，从而实现教育公平和社会公平。当前，大多数高校现有的资助政策自主性弱，各个资助项目之间缺乏合理组合，资助对象的针对性不强，在实际运行过程中往往是"大水漫灌"。精准资助思想是要根据贫困原因、生源区域、贫困类型等情况落实个性化的资助方案，要求高校学生资助工作者掌握分类施策的工作方法，结合思想政治教育做到"精准滴灌"、精准发力，有效使用资助资金，努力提高资助工作质量。

高校学生资助工作可以作为思想政治教育的载体，同时思想政治教育以其特有的属性和功能发挥着应有的资助价值。一方面，资助工作蕴含了丰富的思想政治教育资源，便于展现育人效果。家庭经济困难学生在接受各种资助的同时，能正确认识中国特色社会主义制度优势，增强对社会主义的道路自信、理论自信、制度自信与文化自信的认同。另一方面，高校学生资助工作的运行包含着教师和学生之间的互动，受教育者能够很好地接收到教育者传递的思想，这对学生的教育作用是独特的。高校学生资助工作者在资助实施过程中，如果能有效捕捉教育时机，运用最合适的方法和手段，传递国家、社会对他们的关怀与期望，进而形成外部约束力，便可唤醒学生的自我成长意识，激发其内生动力。因此，资助工作与思想政治教育有着密切的关联，不断拓展与深化思想政治教育的内容，可以促使学生真实理解资助的深层价值，提高思想政治教育的效果。

（三）创新是高校学生资助工作的管理手段

在基本实现不因贫困而失学的目标前提下，解决家庭经济困难学生基本的物质需求的同时，也能提升他们内心对美好生活的向往。家庭经济困难学生踏入高校后，视野开阔了，他们对生活质量、就业以及职场发展都有了全新的思考，对学生资助工作提出了更高期待。高校学生资助工作要统筹各方资源，精细化分析受助学生需求层次与个性化特点，优化资助结构，有针对性地提供不同资助内容、不同的资助方式，提升资助服务质量，创新构建以育人为导向的资助工作体系。

创新是引领发展的第一动力，学生资助工作要适应新时代、新形势的发展要求就要不断创新，增强工作的灵活性和弹性。推进学生资助工作创新，就是要做到资助理论、制度体系、认定方式、工作方法等全方位的创新、优化，要突出整体优势，充分考虑政策体系、工作方法的整体性，注意资助项目之间的衔接、搭配。其中，信息技术在学生资助工作中的创新应用，引起了资助理念、家庭经济困难学生认定、资助方式、资助管理等一系列变化，为高校资助工作创新实践提供了技术支撑。因此，高校资助工作要做到资助人群精准，瞄准学生实际需求，精准设计能够解决生活实际困难、提升技术技能、实现就业帮扶等的多元化资助内容体系。

高校学生资助工作不应仅停留在通过满足学生的基本物质需要，解决学生的生存问题上，而应在此基础之上通过心理咨询、社团活动、勤工助学、义工服务、文体活动等来引导他们认识自我、悦纳自我、完善自我，在奉献服务中认识社会、升华心灵、提升自我、发展自我。在此过程中，学生由被动接受资助转变为主动选择项目，可体现出多元化、精细化的特点。高校学生资助工作在模式、途径和方式上进行的探索和创新，让学生在获得更好生活的基础之上，进一步有了长远发展的可能。

二、新时代高校学生资助工作的精准化

（一）高校精准资助的工作目标

当前，我国高校学生资助工作经过多年探索实践取得极大的成果，对家庭经济困难学生的资助帮扶在数量上已实现全覆盖，家庭经济困难学生不因贫困而失学的目标已基本实现。新时代背景下，精准资助的第一要素是真正找到学生的"所需"。高等教育让家庭经济困难学生看到了改变自身及家庭命运的希望，他们获得了更多选择机会和发展空间。因此，高校

学生资助的重心也逐渐转移到了解决家庭经济困难学生追求美好生活的需要与不平衡不充分的高等教育资助政策体系之间的矛盾。从关注教育公平的实现到关注学生的可持续发展,这就对高校学生资助工作提出了更高的要求。

高校学生资助工作深刻把握新时代精准资助的核心,在资助实效上下功夫,构筑以学生成长发展为主线的精准资助体系,充分尊重学生主体性需求,优化学生资助工作供给侧与学生需求侧的动态平衡,实现了从追求"机会公平"向追求"质量提升"的深刻转变。

精准资助强调让每一个家庭经济困难的大学生看到发展的空间和努力的方向。在提供学习机会的同时,结合学生贫困特点和成长需求,不断创新资助形式,把资助工作做得精益求精,从而推动教育公平和社会公平的实现。高校学生资助工作应继续精确寻找资助对象,精准分析资助对象的个性化特点与差异化需求,不断摸索高效、科学的管理措施,精准实施涵盖保障性资助和发展性资助的多元化项目体系,确保资助成效。

（二）高校精准资助的工作举措

高校精准资助彰显了国家实现教育公平的价值取向,也是落实高校立德树人根本任务的重要途径。精准资助以"两个一"为工作目标,即应助学生一个都不能少,不应助学生一个都不能有,在实际工作中根据学生贫困情况特点,以学生成长需求为导向,在精准施策上出实招、在精准推进上下实功、在精准落地上见实效。

1.精准认定资助对象

高校家庭经济困难学生认定工作是实现精准资助政策的基础性工作,直接决定学生资助工作目标的成败。家庭经济困难学生认定工作需要考虑宏观的地域经济和微观的个体经济,以及家庭收入状况和个人基本消费状况等很多因素,操作上的难点会导致认定结果与实际情况出现反差,以致部分资助资源浪费,从而制约高校学生资助政策的实施。对高校家庭经济困难大学生进行精准识别,要采取定性和定量相结合的方法。学生自己递交的贫困情况说明不容易量化,师生对学生在校的穿着、消费状况的评价也有一定的情感因素，难以比较。应结合高校的物价水平、学生家庭收入和人口消费情况等一系列科学有效的认定标准，确定认定标准和资助档次，实现差异化资助。例如，高校可以收集家庭经济困难学生的家庭收入、消费支出水平、贷款情况、勤工俭学等数据，在系统分析与学生自诉、同学互证以及组织查证三方情况下进行摸底对比，全面、客观、立体地评价和认定资助对象。

同时，为了实现"应助学生一个都不能少，不应助学生一个都不能有"，要通过个别谈话、实地家访等方式，开设学生反映情况的渠道，及时发现应助未助的学生，对投机取巧、报假信息或因家境好转不再符合条件的学生，要及时调整资助对象数据库的名单，并停止后续资助；对因突遭家庭重大变故、受灾等原因造成家庭经济困难的学生，应及时补充资助对象数据库，并通过临时补助等形式及时予以资助。

2. 精准安排资助项目

目前，高校的资助项目有经济资助和学业帮扶、心理辅导等非经济资助，这些切实满足了家庭经济困难学生的成长需求。各高校在建立资助对象数据库的基础上，根据资助对象的致贫原因和实际需求安排了针对性的资助项目和资助方案。高校因人施策、对症下药，着眼于学生的长远发展强调分出资助档次，区别不同情况选择和安排资助项目，细化家庭经济困难大学生贫困等级，提升精准资助水平。如对于对资助依赖性强的学生，加强心理帮扶和引导，帮助其精神脱贫；对于家庭特别困难或因突发情况致贫的学生，重点在于经济上的资助，单一的资助项目无法满足学费和在校期间的基本生活，需要国家助学贷款、助学金等组合式的"资助包"解决方案，助力其成长发展，从根本上改变其家庭经济困难的现实困境；对有创业意向的同学，加大宣传力度，鼓励学生投身创新创业活动，帮助挖掘创业资源，在创业指导上予以实战经验、商业运行、师资等方面的支持，解决学生的创业性需求；对于自立意识和独立能力强的学生，通过提供勤工助学岗位锻炼、鼓励努力学习争取奖学金等方式，提升其综合素质和能力；对于边疆少数民族的学生，因其肩负着各民族共同繁荣的多重使命，资助项目实施更应从经济资助、学业帮扶、人际交往、就业指导等多方面入手，培育学生的跨文化适应能力，真正为边疆少数民族地区培养一批优秀的人才。

3.精准分配资助资金

充足的资助资金是资助项目顺利实施的基础。在保证资助资金安全的基础上，实现资助资金效益的最大化是精准资助的工作目标。近年来，随着资助资金投入的加大，高校资助资金的分配和使用权也有所增加，这为实施校本化的使用方案创造了可行性条件。高校在资助资金用途、资助项目安排等方面有一定的自主权，可以根据贫困学生情况，结合地方消费实际和学校特色安排资助资金和项目，从而做到资助资金精准使用，确保资助资金使用效率。如新生刚入学时不熟悉环境，以助学金无偿资助为主；高年级学生学业要求高，采取竞争性的奖学金资助手段比较合适。又如在国家助学金两档的基础上，可以设立校内助学金，其额度与国家助学金的低档一致或略低，以弥补国家助学金不足、名额分配难的现实问题。

4.精准使用技术方法

新技术的变革给高校学生资助工作提供了新角度、新方法，有利于资助工作的创新和管理水平的提高。大数据技术，是实现精准资助的重要保障。高校学生精准资助工作是一项系统工程，从对接基础信息、识别资助对象到数据采集、日常管理都需要先进的技术方法作为支撑，这样才能真正实现学生资助工作全过程、全方位的动态管理。为此，迫切需要强化系统应用，完善全国学生资助管理信息系统，推进各级资助管理机构和高校的资助信息化基础设施建设工作，打破信息壁垒，实现各信息管理系统有效数据的精准推送，以解决学生资助工作中出现的一些不平衡现象。同时，借助大数据技术建立家庭经济困难学生专项数据库和分析模型，精准筛查贫困学生信息，分类管理名册和资助档案，以精准为核心，结合校本化的实施方案，做到精准识别资助对象、有序安排资助项目、有据使用资助资金。

第三节　增强高校学生资助工作育人实效

高校思想政治工作关系高校培养什么样的人、如何培养人以及为谁培养人这个根本问题，是一项需要合力才能完成的重要任务。学生资助工作是高校教育工作的重要部分，以精准资助和资助育人为重点，将思想政治教育融入高校学生资助工作的实际工作环节，不断提高资助水平，深化高校资助育人效果。

一、高校资助育人的逻辑起点和现实需求

教育公平是资助育人的内在前提，资助是手段，育人是目的。高校学生资助工作不仅仅要解决学生经济上的实际困难，更要以一种内涵式的帮扶，促进学生全面发展；以"精准资助"助推"精准育人"，助力学生全面发展。

（一）高校资助育人的逻辑起点

高校资助育人是高校在学生资助工作组织的基础上达到教育人、培养人的目标，实现价值的引领、人格的塑造和精神的传递。高校通过找准资助对象，精准落实资助项目，为满足资助需求的对象安排高度契合的资助举措，让资助育人发挥最大效益。[①]

不让一个学生因家庭经济困难而失学，是高校精准资助坚持的初心，也是党和政府对人民的庄严承诺。"该资助的一个不能少"，这是社会主义资助工作的本质要求。高校资助以学生需求为导向，在保障资助公平的基础上，增强学生对党和国家政策的认同感。资助育人是推动教育公平和

[①]　张琳. 高校学生资助体系的思想政治教育功能及其实现研究［D］. 徐州：中国矿业大学，2020.

社会公平实现的应有之义，进入新时代，高校精准资助要坚持立德树人、资助育人的工作理念，关注每个家庭经济困难学生的现实需求，把促进其全面发展作为资助工作的新追求，作为学生资助工作的新使命。

高校精准资助不仅仅为家庭经济困难学生解决经济后顾之忧，更重要的是注重学生差异化、多元性发展需求，力图提高学生的科学文化素养，提升个人技术技能和素质能力，促使其顺利就业，谋求更好的职业发展。高校精准资助还要通过资助助力学生家庭拔掉穷根，阻断贫困代际传递。这是高校资助育人的独特价值。

（二）高校资助育人的功能

高校学生资助工作是对学生进行思想政治教育的有力途径和重要载体。

1. 物质关怀与精神激励功能

马克思和恩格斯强调生存是人能够创造历史的首要前提。也就是说，在人的基本生存需求得到满足的前提下，人才会去追求发展需求的满足，从而实现全面发展。物质关怀功能，是高校学生资助工作中最基本的、显性的思想政治教育功能。"绿色通道"是各高校为家庭经济困难新生专门设置的先注册、后缴费的入学通道。入学后，经过困难认定，学生可以申请各类奖助学金、助学贷款、勤工助学、学费减免等资助项目，得到物质方面的支持。高校学生资助政策真正地贯彻落实了党和政府对大学生的关怀，很好地缓解了家庭经济困难的学生接受高等教育的经济负担，为高校学生顺利入学和完成学业提供了基本的经济保障。

然而，人的社会属性决定了人不仅有基本的物质需求，而且还存在着更高层次的精神追求，追求比活着更有价值的人生意义。所以，高校学生资助应该在尊重与满足家庭经济困难学生的物质需求的基础之上，进一步支持和鼓励家庭经济困难学生去追求精神层面需求，提升精神境界。不同的资助项目的功能和意义不同，高校学生资助要充分挖掘项目的特点，精准安排合适的资助项目，激发学生自立自强的精神和勤奋学习的动力，促使其全面发展，这也正是思想政治教育的精神激励功能。比如各类奖学金设定了学习成绩和综合素质的条件，需要学生经过刻苦努力学习才能得到，这不仅是对学生优异成绩和辛苦付出的认可，也能让其体验到获得荣誉的喜悦感，进一步提振信心，激发和调动学习动力，为就业积累知识、技能等人力方面的资本。家庭经济困难学生是高校中一个比较特殊的群体，因家庭经济困难他们存在经济和精神上的双重"贫苦"，高校学生资助除了在对他们进行经济帮扶之外，还应重视精神方面的帮扶，注重激发他们改变经济现状的动力，让他们对未来充满向往和期待。比如，国家励志奖学金的评比就是针对家庭经济困难学生群体设置的，目的就是激励他们争做品学兼优的学生。这给予家庭经济困难学生超越经济资助所带来的力量。

2.思想引导与行为规范功能

高校人才培养目标的实现体现在学校教育、管理和服务等各项工作中，也融入在每一项具体政策措施中。高校学生资助政策通过生活化、渗透式的教育实现引导学生思想行为的目标，主要体现在政策导向和目标导向两方面。

第一，政策导向。高校学生资助政策作为思想政治教育的重要组成部分，其政策设计直接涉及资助资金资源的合理配置，对整体制度的落实具有重要的现实意义。科学设计学生资助政策，落实党和政府"不让一个学生因家庭经济困难而失学"的目标，要采取措施和行动引导大学生到国家和社会需要的岗位上去，在深刻感受党和政府的关怀的同时，充分体会社会主义制度的优越性。高校要对国家资助政策进行全方位、多角度的宣传，解读资助政策，把握关键节点，确保国家资助政策深入人心。比如，随着农村对人才需求的增加，出台毕业生基层就业补贴政策和贷款代偿制度，增加基层公共服务岗位的吸引力，就是一种明确的政策导向。这一系列制度激励更多高校毕业生将自身的发展融入中国梦的实现当中，引导大学生投身、扎根于祖国建设最需要的行业、地区，积极投身到基层、西部以及艰苦行业中去。又如，大学生征兵政策中的学费补偿和助学贷款代偿的优惠政策，也是满足新时期强军计划需要的政策导向。这些政策的实施，以激发学生成才报国的家国情怀为导向，不仅适应了我国基层人才、征兵工作向更高层次发展的需要，也赋予了新时代青年大学生责任担当。

第二，目标导向。高校学生资助制度通过对资助项目设置一定的条件和要求，规定学生需要满足某些必要条件才能得到资助，为学生划定了行动边界。高校在开展资助工作过程中，可以通过调整项目的要求、调整资金分配权重等形成资助政策的目标导向，努力强化资助工作的育人导向。如勤工助学，鼓励学生通过劳动获得收入，具有引导学生自助、强能的作用。高校学生资助以资助对象的发展为目标，引导学生提前预知行为结果，进而进行行为选择和行为规范，这能激发学生积极、向上等各种正向情感，促进其思想道德水平的提升与良性发展。

此外，高校学生资助还可以将育人理念融入学生资助工作的具体环节，通过创新资助工作模式，为学生潜能的挖掘提供了空间和平台。

3. 制度认同与情感激发功能

高校学生资助体系渐趋完善，对因经济困难影响教育公平的社会现实做出了强有力的回应，充分彰显了共享发展的理念。通过宣传国家资助政策，学生充分了解了学生资助制度体系和资助举措，深刻感受到了资助的意义，增强了对资助制度的认同与自信，也生出对我国社会主义制度的优越性、对中国特色社会主义共同理想的认同和坚持。为了让学生无后顾之忧地参加高考，高校学生资助政策的宣传提前到了高中校园，国家生源地助学贷款等办理搬进了社区、校园，营造了良好的宣传氛围。"绿色通道"制度充分尊重和信任学生，让那些无法筹齐上学费用的家庭经济困难的学生先完成报到相关流程，让学生一进校就感受到来自资助政策的人性化关怀。在进入毕业阶段求职成本增加，人社部门联合教育部门设置了3000元的求职创业补贴，缓解了毕业生求职创业中的置装、交通等相关费用压力。完善的学生资助政策体系让学生可以根据自己的实际情况，申请不同的资助项目来完成学业，助力其获得更好的发展。高校学生资助体系稳定运行，确保了家庭经济困难学生入学前、入学时和入学后的"三不愁"，学生全程都能深刻地体会到党和政府的关怀之情，这也能激发他们好好学习、报答国家的热忱。

我们常常看到家庭经济困难的学生从偏远地区考上大学后，面临着返回家乡还是留在大城市寻找更优渥生活的选择。"接受教育的目的是离开贫困的家乡，还是为了让贫困的家乡摆脱贫困"，这个问题不仅是一种工作和生活方式的选择，更是体现价值的一种行为。从精准扶贫到乡村振兴，更多优秀的年轻人回去参加家乡建设已成为一种潮流。而真正推动人才回流基层、农村，不仅需要学生资助等政策的扶持，还需要高校的价值观教育和职业生涯规划等多方面的引导。如，师范生免费教育制度让更多的优秀青年投身家乡教育事业，很多免费师范生在任教服务期满之后，建立了职业成就感和认同感，依旧选择坚守在家乡教育岗位上，继续扎根农村，反哺农村教育事业。在各项政策的引导下，我们看到越来越多的有志青年毕业后愿意扎根艰苦地区和基层，愿意将自己所受到的资助传递下去，尽自己所能回馈社会。

此外，高校学生资助资金汇聚了来自国家和社会各界的关怀与支持，有了确保资助政策得以顺利推行的资助资金，才能让家庭经济困难学生享受与其他学生一样的教育资源，潜移默化地激发起他们的爱国之心和感恩回馈之心。

4.心理疏导与人格塑造功能

家庭经济困难学生在成长过程中所面对的不仅是经济的贫困，还在于由此带来的心理困境，例如学业焦虑、交往压力等困难。这些困难限制了他们的成长和发展。高校学生资助工作一个重要的功能是在缓解家庭经济困难学生经济负担的同时，坚持人文关怀和心理疏导，帮助其提高自我认知、自我悦纳的意识和能力，逐渐塑造健全的人格，促进其全面发展。

家庭经济困难学生由于家庭贫穷，缺少支持和鼓励，往往存在自卑、敏感、内向等心理情绪，对自己常常持否定的态度。因此，高校学生资助工作特别需要对这类群体普遍出现的心理问题予以特殊关注。新生由于对环境不适应，又面临经济上的窘困，更加不愿意与同学正常交往，不主动参加集体活动，进而成为学校生活中旁观者、边缘人。如果这些情绪得不到及时有效地安抚与排解，那么很容易产生心理障碍，进而影响生活和学习。

各类灵活的、贴心的、隐性的资助措施和温暖、人性化的资助方式，能使家庭经济困难学生在得到资助的同时，不会有太大的心理负担。比如，特殊困难的临时补助制度就能帮助他们应对一些突如其来的困难，让他们在最短时间内有勇气渡过难关。高校学生资助工作还能帮助学生坚定战胜困难的信念，增强抗挫折的能力。家庭经济困难学生考上大学，往往被寄予了很高的期望，但到了大学，他们一般难以从众多优秀的同学中脱颖而出，从而导致心理上产生落差感、自卑感。高校学生资助工作通过创造更多活动载体，提升他们面对困难的心理能力、抗挫折能力。比如，勤工俭学就可以让他们通过劳动实现自己的价值，在岗位实践中提高沟通能力以及解决问题的能力，可为他们积累克服困难的经验。

高校学生资助工作尊重学生人格，是开展诚信教育的有力载体。诚信是为人之本，个人信用就是人们的"第二身份证"，在当今信用社会中具有越来越重要的地位与作用。高校学生资助工作中蕴含着丰富的诚信教育资源，比如资助对象申请取消证明环节，以承诺制方式，由学生自主申请，并对申请真实性做出承诺保证；在毕业后如未按时归还国家助学贷款，会对个人信用形成负面记录。在学生资助项目的申请、评定、发放等各环节中辅之以守信、守法等教育，培养学生良好的诚信品质。自立自强精神是立足于社会的关键品质，高校学生资助工作倡导竞争性资助和有偿资助，激发学生自立自强精神，鼓励学生通过实践和劳动来感受收获的喜悦，帮助他们树立理性的消费观，掌握更多的技能，提高适应社会的能力。

二、高校精准资助育人的目标和理念

（一）高校精准资助育人培养目标

资助育人是一项系统的、长期的、全方位的工程，提升高校资助育人的质量是高校思想政治工作的重要任务之一，高校资助育人质量的提升要求把资助工作落实到人才培养的任务上。2017年，《高校思想政治工作质量提升工程实施纲要》将"培养受助学生自立自强、诚实守信、知恩感恩、勇于担当的良好品质"作为高校人才培养的目标。这四种品质有其内在必然联系，相辅相成、层层递进地把资助与育人有机融合起来并落实到人才培养的核心上。

1. 自立自强的品质

"天行健，君子以自强不息。"自立是指人们可以做到经济独立和精神独立而不依赖于他人独立自主地生活。自强指的是艰苦奋斗、自力更生的精神状态，更加侧重于精神层面。自立自强则是指从所依赖的人或事物中独立出来，依靠自身力量且不受他人或外界的影响，勤奋进取、努力上进。如果一个人缺乏独立自主的精神，凡事想要依靠他人，把希望寄托在别人身上，心存依赖思想，通常很难获得成功。因此，个人具备自立的品格是前提准备，具备独立自主的意识才会有自强的信心与决心。同样，自立需要自强提供精神支撑，一个人如果只有自立的意识而缺乏自强的信念，就缺少了克服困难的毅力与勇气，必然也无法克服困难而取得成功。因此，自立自强是共生共存、相互影响、相互作用的。

新时代大学生需要锻造自立自强的品质，这是高校人才培养目标的内在要求，也是外部环境作用影响的必然结果。这体现在资助的各个环节中，如在资助形式上，奖学金是竞争性项目，可以让家庭经济困难学生树立通过自我努力获得奖励的正确观念，发现自身价值，逐渐消除坐享其成的思想习惯；勤工助学是通过自己的劳动获得财富，是无偿资助与有偿资助的有机融合，有利于增强学生的奋斗意识。具有自立自强品格的大学生应充分地发挥主观能动性，利用各种有利条件激发创造力，减轻自怨自艾等负面情绪的影响，提高自我调节能力，培养迎难而上的坚强意志。

2. 诚实守信的品质

"诚实守信"是中华民族的传统美德，也是每个中国公民必须具备的道德素质。"诚实"更侧重于对内心忠诚的遵从，不隐瞒自己的真实思想与真实情感。"守信"意为重承诺，守信用，可信赖，言行一致。诚实守信既是个人立身之本、从业之要，是为人处世的基本原则，也是维系着社会秩序的根本保障。

在高校资助工作中也有很多违背诚实守信的现象，如一些学生为了拿到资助而虚报家庭信息，提供假材料；部分学生在受到资助后，请客吃饭、买高档电子产品，进行与自己的身份不相符的消费行为，这背离了学生资助的初衷，在同学中造成极大的不良影响；还有同学在申请了国家助学贷款后随意毁约、逾期不还、恶意拖欠等。学校应该利用广阔平台和各种资源，注意活动主题的针对性、活动时机的契合度和活动内容的有效性，教育学生诚信做人，使学生意识到法律的规范性与约束性。因势利导培养学生的风险防范意识，提升学生的契约精神，将诚信教育渗透到大学期间的学习、生活等各个方面，切勿空口说教。

3. 知恩感恩的品质

知恩感恩是对别人爱心的真诚回报，是一种生活态度，更是一种人生美德。知恩是指受惠者知道别人给予了自己恩惠；感恩是指受惠者在心理认可别人给予的恩惠和方便，产生回馈的认识、情感和行为。可见，"知恩"与"感恩"是一个"知"与"行"的有机统一过程，具有顺序性。知恩唤醒学生的情感体验，是感恩教育的前提。高校资助工作应运用一定的教育方法和手段引导受助学生知恩、感恩、报恩，并将感恩内化为行动，指导自己的言行，使学生具备知恩感恩的品格是高校资助育人质量提升的培养目标之一，也是提升高校资助育人质量的基本表征。现今受助大学生缺乏感恩意识，情感冷漠的现象普遍存在，如：对自己的父母缺少知恩感恩；认为受助理所当然；受金钱和利益的蒙蔽，不懂得付出，对他人、对社会、对国家只会一味地索取。对捐助者感恩，可以让捐助者感受到参与慈善的快乐，正面强化慈善行为，有利于慈善价值观的传播。现代意义的感恩不再仅仅是回报捐助者，应该是将对捐助者的感恩情怀化作社会责任感，进一步延续爱心，用自己的能力去帮助其他需要帮助的人。

4. 勇于担当的品质

认清时代使命，勇担时代重任，是新时代对青年提出的高标准、严要求。勇于担当是指主动地、积极地承担责任，这是一种高尚品质、一种生活态度、一种历史责任。为改变自己的现状和中国梦的实现提供持续精神动力，是最高层次的人才培养目标。

习近平总书记在多种场合多次阐述要发扬勇于担当的精神来面对各种困难和挑战，他强调只有青年一代有理想、有本领、有担当，国家就有前途，民族就有希望。可见，大学生不仅要具有良好的道德品质，更应承担起新时代的重托。帮助学生正确把握成才目标导向，敢于担当，敢于作为，强化学生对成才就业价值的认知。贫困学生要做到责任在心、担当在肩，要把生活困难问题解决后的责任承担起来，把满足人民期待的责任担当起来，把推动国家永续发展的责任担当起来，更要把为人类做出更大贡献的责任担当起来，这样才无愧于党和国家的栽培帮助。

（二）高校精准资助育人的工作理念

科学的资助观念是高校学生资助工作良性运行的基础与前提。教育部将"资助育人"纳入高校思想政治教育质量工程的"十大育人"体系之中，构建物质帮助、道德浸润、能力拓展、精神激励有效融合的资助育人长效机制，着力挖掘资助工作中的育人元素，提升科学水平，实现资助与思想政治教育的同向同行，适应时代发展要求。

1."扶困"与"扶智""扶志"相结合

资助的初级目标是为家庭经济困难学生解决基本生活问题，而最高目标则是提升学生综合能力、塑造完善人格、培养良好心理品质，使学生全面发展，确保他们有能力得到更好的生活。"扶贫先扶志，扶贫必扶智"，这是国家精准扶贫战略对教育扶贫所提出的要求。扶困是直接对家庭经济困难学生给予物质帮助，高校学生资助工作也需要同时注重开展"智"与"志"的培养。扶志指的是帮助学生树立起勇敢面对现实、自强自立、克服困难的精神，扶智指的是帮助学生获得文化知识、技术技能，综合提升素质能力，为就业和未来生活奠定基础。

要真正将"扶困"与"扶智""扶志"三者做到有机结合，高校应努力扩展资助资金，加大对学生物质资助的力度，满足学生在求学、生活过程中的经济需求，这是首要也是急需的一步。但高校学生资助如果仅仅停留在满足基本物质需求的阶段，保障他们顺利入学并完成学业这一"扶困"目标，不关注"智"与"志"的培养,就会导致他们因缺乏技术技能、实践能力不足、心理素质不强、综合素质不高等问题直接影响就业和职业生涯发展,无法实现真正的脱困。家庭经济困难学生往往特别敏感,存在着不同程度的自卑、多疑等心理健康问题,也需要学生资助工作者采取有效的干预措施帮助其排解,助其顺利踏上社会。在这一过程中还要注重提升家庭经济困难学生就业和发展的人力资本,对其进行科学文化、知识技能和综合能力培养,实现"扶智"目标。激发他们自立自强精神和为实现中华民族伟大复兴而奋斗的精神,实现"扶志"目标。高校学生资助工作要综合利用培养过程中所需的各项资源,提供多元化的资助,以满足学生成长的个性化需求,使家庭经济困难学生真正实现全面发展,成长为社会建设所需的优秀人才。

2."物质帮扶"与"精神帮扶"相结合

授之以鱼,只能满足三餐之需;授之以渔,才能使人终身受用。家庭经济困难学生不仅面临着生存的问题,更面对着发展的问题。因此,高校学生资助工作要转变资助的立足点,要真正形成一种长期有效、持续有影响的帮扶。

一是要做到物质帮扶与精神帮扶并重。物质帮扶能帮助学生渡过眼前的经济困难,完成学业;而精神帮扶则是培养学生解决未来生活中困难的能力,理解、认识生活的价值和意义。精神帮扶的意义在于努力改变贫困家庭学生的思想观念,使他们摒弃"等、靠、要"的依赖心理,激发他们的主动性、热情和创造力。通过勤工俭学、企业实习、社会实践等活动,掌握一些必要的社交技能和生活技能,积累就业资本,提高综合素质。只有通过培养家庭经济困难学生的自立意识和独立能力以及职业发展能力,使其掌握独立生存的技术技能,才能激发其内在动力,进而改变贫困现状,真正摆脱"物质"和"精神"的双重困境。

二是要做到资助项目的合理配置。目前高校学生资助体系主要有无偿性资助、竞争性资助和有偿性资助,在具体资助项目实施中需要有效引导学生进行不同类型的资助项目配置,才能有效发挥资助的育人作用。首先是引导学生优先选择国家助学贷款,不仅申请金额能满足学费的需求,而且毕业后还款的压力完全在可接受范围内，是最自立的资助方式；其次是勤工助学、奖学金等，学生通过自己的劳动付出或努力学习既减轻了经济负担，又收获了知识技能，提高了综合素质，可谓"一举两得"；最后才是无偿性资助，因为无偿性资助追求的是大学生物质上的结果均等，是一种潜在的利益和诱惑，很容易使一些不太贫困或非贫困生也参与申请。即便不申请，非贫困生也会认为自己未能分享到足够的教育资源，从而产生心理落差，导致对贫困生群体的排斥。

三是高校应以学生的内生动力作为资助的目标，注重培养学生自立自强及自我悦纳，在道德素质、文化知识、心理素质、实践能力和人际交往方面给予他们有力指导，鼓励学生完善自我，提高实践能力和综合素质，使学生获得可持续发展和实现自我价值的能力。

3. "他助"与"自助""助他"相结合

"他助"是指国家、社会和学校等通过各类资助政策、捐资捐物等方式对受助学生给予帮扶。"自助"是指家庭经济困难学生通过勤工助学、社会实践等劳动付出赚取报酬，实现经济和素质能力上的提升。"助他"是指在有能力的前提下，积极参加爱心捐助、志愿服务等公益实践活动，传递爱心，帮助更多有需要的人。从"他助"到"自助"再到"助他"，是递进又连续的资助层次，也是学生资助工作朝着社会发展规律方向转变的必然结果，饱含着党和国家对于家庭经济困难学生的期待。"他助"作为一种最直接的解困方式，是资助体系的基础。但对于那些不自助的人，给予他们"他助"反而有害，因为"他助"会助长他们的依赖意识，会加剧他们贫困。"他助"一方面因为注重外界的帮扶，对于学生独立解决问题能力和自立自强精神的培养不足；另一方面由于学生数量庞大，需求广泛，尽管国家、社会资助投入的资金越来越多，但要完全满足全部学生的需求是不切实际的。我们每个人必须为自己的生存和发展承担责任。因此，"他助"的同时尤其要注重培养大学生自立自强的精神，重视技能培养和能力提高，以达到"自助"的目的。通过"他助"的方式让家庭经济困难学生能够自给自足，帮助其"自助"是最高形式的慈善。在"自助"中他们不仅能解决自己的困难，还能提升综合素质能力和自我价值，进而有能力去帮助他人，传递爱心，实现"助他"。

因此，"他助""自助""助他"理念中，"他助"是对家庭经济困难学生的基本经济保障，体现对学生的关心、帮助与期待；"自助"是家庭经济困难学生自我管理能力和自我意识的觉醒，体现学生对长期发展的关注；"助他"反映的是家庭经济困难学生锤炼思想道德，提升精神境界，达到一定的层次，主动向社会贡献个人价值的精神追求。

三、高校精准资助育人的实现路径

资助与育人有机结合是提升资助育人质量的关键举措。把握资助形式、资助过程的特点及其中的育人规律，才能形成"解困—育人—成才—回馈"的育人模式，真正实现资助育人，最终使受助学生拥有人生出彩的机会，拥有同时代一起成长的机会。

（一）构建高校精准资助思想政治教育机制

1. 构建"政府—社会—高校—家庭"协同机制

随着精准资助的不断推进，各个学校积极探索符合学校特色和学生需求的资助模式，体现了高校学生资助改革的创造性。"政府—社会—高校—家庭"多维度的协同机制，形成了强大的资助育人合力：政府是责任主体，发挥主导、规划作用；社会是参与主体，发挥推动、监管作用；高校是教育主体，发挥资助和教育主阵地作用；家庭是共同主体，发挥支撑保障作用。学校、政府、社会、家庭共同形成了高校学生资助工作密不可分的关系网。各个主体关心大学生的健康成长，将思想政治教育渗透到资助的整个过程中，实现人才培养领域的全覆盖。[①]

政府层面应做好学生资助体系的统筹规划、政策引领、资金落实，加

---

① 张琳. 高校学生资助体系的思想政治教育功能及其实现研究[D]. 徐州：中国矿业大学，2020.

强政策宣传和工作指导，加强工作队伍培训和研究。高校层面要强化资助育人意识，努力提高资助育人的专业化和科学化水平，落实学生资助政策，组织实施主题突出、形式多样的资助育人活动，建立科学的资助方案，满足学生的资助需求和成长需求。家庭层面虽然难以提供足够的经济支持，但是家庭是他们努力学习、奋发图强的动力源泉，也是他们精神慰藉的港湾，可以承担起慰籍学生精神和情感支持的重要角色。社会层面对学生的影响更是潜移默化的，除了可以通过宣传资助政策、励志榜样的方式间接引导，社会组织和企事业单位也可以直接通过捐赠资助，提供勤工俭学岗位等方式给予家庭经济困难学生关怀，让他们更好地适应社会，在解决家庭经济困难学生经济负担的同时锻炼他们的社会适应能力。所以，应构建政府主导、学校、社会和家庭协同参与的格局，营造全社会共同关心、共同投入的育人氛围。

2.构建家庭经济困难学生自我励志教育机制

伽利略说过："人不可被救，只能帮助他去发现自己。"高校学生资助工作应当坚持教育与自我教育相结合的原则，激发家庭经济困难学生的内在动力。不仅要依靠学校、家庭、社会诸方面的密切配合，还需要构建起学生自我励志的教育机制，以促进高校资助育人目标的有效实现。

贫穷本身并不可耻，但是甘于贫穷就是可耻的；贫穷并不可怕，但是丧志不努力是可怕的。正确、理性地看待贫困和财富是家庭经济困难学生自我教育的起点。家庭经济困难学生要正确地看待社会中存在的不公平、不均衡等现象，正确认识到这是社会改革发展进程中不可避免的问题，正视造成家庭贫困的根本原因。财富是一切具有价值的东西，不仅包含物质财富，而且还包括精神财富在内的其他财富。要明白金钱不是万能的，应注重对精神财富的追求。家庭经济困难学生要以辩证唯物主义的世界观对待生活中的各种矛盾，做自己命运的主人，理解贫富关系，理解贫穷与成大事者的关系，正视眼前的困难，积极地面对贫困，利用社会这个广阔的天地，努力改善贫困，创造属于自己的财富。高校要鼓励家庭经济困难学生积极面对生活中的一些磨砺，成为解困的责任主体，努力实现自我解困，为自己的前途和家庭的幸福努力奋斗。

高校可以设置发展性项目、社会实践活动、经验交流会等形式的活动载体，鼓励更多学生大胆参与，激发内在动力。如学校组织家庭经济困难学生参加创新创业训练营、素质拓展训练营等，可加强学生间的人际交流意识和团队意识；还可以通过举办学习经验分享会、成长经历分享会等，邀请优秀的校友、高年级学生传授成长的经验；也可以鼓励家庭经济困难学生参加内容丰富的志愿服务活动，充分促进学校与社会之间的融合，不断强化学生理论与实践相结合的能力，促进学生形成自强自立、勇于担当的品质。

3.构建激励与约束并重的长效机制

高校学生资助工作是一项重要的民生工作，也是一项长期的工作，高校学生资助工作队伍是学生资助工作全方位顺利实施的组织保障。高校应采取切实可行的考核手段，完善激励与约束并重的长效机制，规范资助工作者言行的同时提高其工作积极性，以保证资助育人目标的有效实现。

合理运用物质激励、精神激励和成就激励等激励机制，适当通过表彰大会等活动肯定和认同相关人员从事资助工作的业绩，增加他们精神上的获得感、成就感，激发高校资助工作者的工作热情，形成良好的资助育人氛围。考核资助工作者的工作成效要采取学校、学院以及班主任、学生共同参评的方式，包括谈心谈话、家庭走访、帮扶方案等方面，综合评选出优秀的资助工作者。对优秀资助工作者进行集中表彰，颁发荣誉证书，提供外出培训学习机会，能够很好地激发他们从事这份工作的自豪感。

同时，高校也要构建有力的约束机制，以打造一支精通业务，富有爱心的资助工作者队伍，确保他们具备解决问题的能力，能够耐心细致工作，从而保障高校学生资助工作正常有序、公开透明地运转。资助工作者的工作水平高低关系到每一个受助学生的发展，资助工作者在工作开展过程中所展现的专业性和人格魅力，能让学生信服，让学生产生深刻而持久的触动，能够潜移默化地改变和影响学生。由于资助工作涉及经费庞大、影响面广，因此要将高校学生资助工作者的行为规范纳入学校管理制度范畴，当资助工作者出现隐私信息保护不当、违规操作等不当行为时，学校必须对其采取制止纠正、批评教育、处分处罚等措施。

（二）创新高校精准资助育人的实践方式

1.搭建资助育人的实践平台

校园活动和社会实践是最可行、有效的实践育人平台，高校要丰富活动内容，提供充足的工作经费和优秀的支持团队，为家庭经济困难学生提供个性化、多层次、全方位的资助服务。学校要创新校园活动载体，创设校园慈善基金，组织志愿服务活动，建立志愿服务实践基地，拓展更多的实习实训基地，为学生提供更多的实践锻炼机会，让学生在实践活动中进行自我教育，传递爱心，增强自信心，提升个人综合能力。学校要开展针对性地教育指导，组建专门的讲师团，聘请优秀励志学生典型、资助工作者、思想政治教师、企业捐赠者、优秀校友加入讲师团，为学生提供各种讲座、沙龙、座谈，让学生获得共鸣。学校通过组织自强自立、感恩等主题征文与演讲评选活动，激发学生励志进取、回报社会的良好意识。社会实践平台的构建需要遵循优势互补、信息共享、形式多样的原则，形成学校、社会等各方的育人合力。高校还应积极整合各方资源，依托校内外社区、企业、社会团体的支持，拓宽资助资金来源渠道，将物质帮助和精神资助相结合，开展学业辅导、素质拓展等助学服务，将人文关怀、心理疏导、就业创业指导等理念纳入其中，在满足学生生活需求之时，还要引导学生锻炼自我、关爱奉献、团队合作的意识，强化学生自强自立、诚信感恩、回馈社会的精神。

2.把握资助育人的教育契机

寓教育于活动中，把握教育契机、优化教育过程胜过说教。在资助的具体工作中，高校要善于把握资助工作中可以进行思想政治教育的契机，在恰当的时间节点开展教育，在学生最需要资助的时候予以资助，能够很好地提升育人效果，提高资助工作效益。高校可以围绕传统和现代节日、重大纪念日、重大历史事件等天然的教育资源，注重运用礼仪，开展主题鲜明、内容丰富的资助教育活动。比如，在春节、清明节、中秋节等重要传统节日多开展爱国爱家的感恩教育；结合"五四"青年节、建党100周年等重大纪念日开展爱国教育。通过一系列主题教育活动，在社会整体的节日盛典中创设育人氛围，提升学生的文化认同和文化自信。高校还可以在某些特殊时期或节假日等时间节点，恰当地设计一些小额、实用、暖心的资助项目，如微心愿、新生资助礼包、营养餐券、冬季送温暖、新年慰问补助、爱心车票等，做到资助合时宜、应需求、暖人心，让学生感受到真诚、关怀和温暖。在新冠肺炎疫情防控期间，各高校应开展各式各样的资助工作，如：为受疫情影响的家庭经济困难生及时发放临时补助；针对线上教学的问题，联系通信运营商，为学生送流量补助；为近3年内已毕业且处于还款期内但没有能力正常还本付息的借贷学生，提供代偿支援。所有这些"雪中送炭"的举措让学生在最困难、最需要的时候得到了学校和社会的关心，使学生真切感受到学校的体贴与关怀，感受到国家制度的优越性，从而激发他们的感恩之心、回馈之情。

3. 深耕校园文化的育人氛围

高校学生资助的过程蕴含着丰富的文化精髓，如自强文化、慈善文化、责任文化、诚信文化等，有着"润物细无声"的熏陶作用，是一种"以文化人""以文育人"的过程。高校可以通过师生之间、学生朋辈之间的互帮互助，也可以融合社会多方的力量与资源，推进"资助文化"工程建设，增强育人的影响力、感召力和协同力。学校可以组织受助学生参观博物馆、红色文化教育基地、革命纪念馆等，让家庭经济困难学生亲身感受国家在经济、文化等方面的巨大变化，感悟一代代人民艰苦奋斗的历程，激发爱国精神和奋发的动力。学校还要精心设计以资助育人为主题的思想政治工作精品项目，加强品牌内涵建设，打造资助育人品牌。

全国学生资助管理中心先后组织开展了"助学·筑梦·铸人"主题征文活动、全国资助育人宣传评选表彰活动等，形成了一些经验做法和案例典型，借鉴应用这些经验与成果，有助于高校进一步在依法资助、精准资助基础上拓宽工作思路、创新工作方法。各高校也可以充分利用微信、短视频等新媒体平台将活动中的温暖片段、优秀事迹、精彩时刻进行集中宣传展示，组织先进典型座谈，充分发挥示范作用，在全校营造文化育人氛围，形成可借鉴、可操作、育人效果显著的资助育人质量提升体系。

4. 实施就业帮扶的规划指导

"一人就业，全家脱贫"，促进高校家庭经济困难毕业生就业是稳就业保民生的重要内容。加强贫困生就业帮扶，促进贫困生有业就、就好业、有发展。实现高校人才培养目标，对于构建和谐社会，实现社会主义现代化都具有十分重要的意义。[①] 贫困家庭供养孩子上大学，目的就是培养孩子有更好的就业机会，有机会选择人生道路，真正走出贫困。家庭经济困难学生往往因为经济资本、社会资本等匮乏，素质结构与市场需求结构不匹配，造成就业困难。因此，高校要全过程帮助家庭经济困难学生进行职业规划和就业指导，以帮助他们更好地获得工作机会，实现自身的价值。

高校要实施就业创业促进计划，从就业求职操作、就业创业辅导、就业专项补贴等方面创新机制；从就业指导、就业招聘等环节入手，更好地将实际需求与就业帮扶衔接起来，做到全过程参与、全方位服务。就业指导要从职业发展需求出发，坚持体验式、个性化，始终贯穿人才培养的全过程。加强师资队伍的职业化、专业化建设，通过兴趣、性格、特长和职业倾向的测试，从生涯规划、就业、创业等方面进行全方位服务指导；在就业前从求职简历制作、面试应对、心理压力化解等方面做好学生实时动态记录，答疑解惑，提高就业指导的实效性，使其顺利毕业就业。政府也可以建公益性就业平台（如浙江"寒门学子"专场招聘会）把招聘单位请进来，优先推荐贫困生，提高贫困生求职成功率[②]。

家庭经济困难学生饱含着家庭的寄托，渴望找到高质、高薪的工作，然而过高的工作期望会让贫困毕业生产生紧张、焦虑等心理问题。学校就

---

① 张定华. 就业资本视角下贫困大学生就业帮扶机制的构建[J]. 宁波工程学院学报，2021（2）：88—92.

② 张定华. 就业资本视角下贫困大学生就业帮扶机制的构建[J]. 宁波工程学院学报，2021（2）：88—92.

业指导部门和思想教育工作者要帮助家庭经济困难学生正确认识自身价值，树立正确的职业价值观，理性看待就业薪资与物质财富，引导其及时抓住就业机会，从基层做起，在基层不断地磨练自己的工作能力和社会交往能力，再不断地发展自己的事业和制定更高的目标。国家和地方政府有很多基层就业、回乡创业的优惠政策、信息、技术、资金等服务措施，鼓励贫困大学生在完成个人人生目标的同时回报国家和社会。①

（三）实现高校精准资助育人的管理模式

1.以信息化为依托，精准匹配不同资助需求

随着学生资助体系的不断完善和大数据时代的到来，信息技术成为高校做好精准资助育人的有效手段和重要保障。通过建立一个数据信息系统完成数据采集、信息审核、分级管理、数据集成等系列任务，做到全面整合、实时监控学生动态，进而实现科学资助管理。信息管理系统中可以设计基本信息和资助需求管理、资助项目记录、勤工助学等模块，高校资助工作者可以对学生信息进行核对、审核、管理。

资助信息管理系统的建设能更好地保护学生的隐私，也拓宽了资助政策信息的反馈渠道。高校资助工作者能够及时、动态地跟踪和管理学生的经济需求信息，这也是实现精确资助的主要环节。资助信息管理系统应当与学校招生系统、教务系统、心理健康普查数据系统以及就业系统间有效整合，充分利用学生家庭情况、求学经历、性格特点、学习、生活等方面的信息，促进资源共享、信息共通，形成精准资助的育人合力。

在资助信息管理系统建设的基础上，准确分析学生的基础素质和能力，指导学生制定个性化的职业生涯规划方案，进一步巩固、发展学生具有的优势，采取措施帮助其查漏补缺、扬长避短，引导他们明确职业目标定位，激发学生的学习动力和信心。资助过程中还应当针对不同问题和个性化需求采取不同的教育策略和方式方法，对症下药，突出实效

---

① 张超蕊.贫困大学生思想政治教育中的人文关怀研究［D］.长春：东北农业大学，2019.

性。① 例如，对于物质资助有依赖倾向、自强意识不够的学生，要加强思想政治教育，多引入勤工助学等资助形式，让其体验劳动创造价值的乐趣；对于平时消费多、感恩意识较弱的学生，应安排其参加勤工助学、志愿服务活动等，利用整体的环境氛围，让其养成节俭的习惯，培养其感恩意识；对于学习成绩一般的学生，应开展一些英语、专业辅导，改善学习方法，缓解其学业压力；对于存在自信不足、怯弱等心理问题的学生，可通过团队素质拓展活动、团体心理辅导的方式或心理咨询的方法，使其敞开心扉。

2. 以新媒体为纽带，提升资助育人工作的亲和力

随着新媒体时代的到来，微信公众号、短视频等新兴信息传播载体被广泛应用，对学生的影响越来越大，也为优化精准资助工作体系，创新资助宣传方式创造了机会和条件。

高校通过新媒体能够推送各类资助政策、自强之星成长故事、校园活动宣传等文章，能让学生全面、实时地了解资助动态，还可以畅通咨询和意见反馈渠道。另外，学校经过后台的数据分析，在信息资源推送、帮扶举措上可以做到更科学、更精准。通过微视频、微电影等学生喜闻乐见的形式，大力宣传一些教育价值高，富有感染力、吸引力、震撼力的信息资源，比如优秀获奖人物的成长经验、优胜创新创业团队的奋斗事迹等，让学生沉浸在励志图强的感动和受到关爱的感恩之中。同时，资助工作者在微信、微博等平台上实时地与有受助需求的学生进行交流，给部分内向的学生提供了一条私密的帮助渠道，提升了育人活动的效率。因此，高校学生资助应充分利用好新媒体平台，有效联结资助工作者与家庭经济困难学生，实现对精准资助、精准育人的助力。也可以及时挖掘资助育人典型案例、受助学生典型，对资助工作成效进行广泛宣传，营造良好的资助工作网络舆论氛围。

---

① 张琳. 高校学生资助体系的思想政治教育功能及其实现研究[D]. 徐州：中国矿业大学，2020.

第四章　高职院校学生资助工作的实践

当前，我国职业院校学生中 70% 以上都来自农村，千万家庭通过职业教育实现了拥有第一代大学生的梦想。高等职业教育呈现出"低进高出、人尽其才"的局面，在这里那些曾经被传统的高考招生边缘化的青年群体找到了自己的成长天地。"职教一人，就业一个，脱贫一家"正让越来越多家庭的生活条件得到明显改善，职业教育成为阻断贫困代际传递见效最快的方式。

本章以宁波职业技术学院为例，采用调查法、案例法等研究方法对学校保障性、发展性资助体系和落实精准资助、资助育人的具体工作举措进行实践探索。

第一节　高职院校学生资助工作

改革开放 40 多年来，职业教育事业规模迅速扩张、质量稳步提高，工作取得了长足发展，社会影响进一步扩大。

宁波职业技术学院是 1999 年由教育部批准设立的从事高等职业技术教育的全日制公办职业技术学院，学校隶属宁波市教育局，是国家首批示范性高等职业院校、中国特色高水平高职学校和专业建设计划建设单位。多年来，学校充分发挥高等教育的属性和职业教育的特色，探索高层次应用型、技术技能型人才培养途径，主动适应产业发展需要，精准设置专业，办好一批社会有需求、办学有质量、就业有保障的特色专业，建立了与地方经济发展高度耦合的专业体系。

学校扎实落实学生资助政策文件，始终坚持"精准资助、资助育人"宗旨，以服务家庭经济困难学生成长成才为核心，不断加大投入，整合社会资源，健全资助体系，优化资助结构，创新资助模式，构建起"资助体系健全化、资助管理科学化、资助服务人性化、资助育人专业化"的资助格局，实现了贫困生受助 100％ 全覆盖。学校的资助育人工作是"三全"育人综合改革试点项目，在教育部全国学生资助管理中心举办的"全国百佳学生资助工作单位典型"评选活动中荣获"优秀单位案例典型"称号。

一、宁波职业技术学院家庭经济困难学生基本情况

（一）家庭经济困难学生基本情况

学校地处由宁波经济技术开发区、保税区、大榭开发区、出口加工区及北仑港区组成的宁波北仑新区（地区最低工资标准为宁波市最高一档）。作为一所坐落在我国东部的高校，宁波职业技术学院面向贵州、江西、安徽等地招生，20％ 左右的学生来自中西部省份。学校是内地高校支援新疆协作计划的高校，每年接收少数民族学生 50 名左右，现有全日制高职在校生 11000 多名。

学生在学校支出主要由学费、住宿费和生活费组成。学校相关专业收费标准如下：经管类、语言类专业学费为 6000 元／年；理工科类专业学费为 6600 元／年；艺术类专业学费为 7800 元／年。住宿费根据住宿标准分为 1200 元／年、1600 元／年两档。生活费情况因人而异，每月伙食费、学习用品等基本生活费用不少于 800 元。据调查了解，学生每年平均花费（包括学费、通讯费、教材、伙食费等）一般在 15000 ～ 18000 元。

我们统计了 2018—2020 年在校的家庭经济困难学生的相关数据。详见表 4-1 所示。

表 4-1　宁波职业技术学院 2018—2020 年家庭经济困难学生数据

年份	全日制在校学生数／人	家庭经济困难学生数（含特困生）／人	家庭经济困难学生数占总人数比例／人	家庭经济特别困难学生数（特困生）／人	家庭经济特别困难学生数占总人数比例／人	当年省外生源数／人
2018	8818	1402	15.89	417	4.65	439
2019	10030	1748	17.63	571	5.69	664
2020	11337	1576	13.9	568	5.01	664

从表4-1来看,宁波职业技术学院的学生规模和贫困生数量略有波动,家庭经济困难学生人数占总人数的比例为14%～17%,其中家庭经济特别困难学生人数基本保持在5%左右。以2019年为例,宁波职业技术学院在校生总数10030人,家庭经济困难学生人数为1748人,家庭经济特别困难学生人数为571人,其中建档立卡贫困户共85人。2019年家庭经济困难学生人数比例在三年里最高,与新增山西、广西、贵州等地区的生源存在一定关系。

(二)学生经济困难原因统计分析

宁波职业技术学院的贫困学生几乎都是家庭的第一代大学生,大部分来自农村,少部分来自城镇下岗失业和无固定工作收入的家庭。以2020年底统计的在校学生贫困原因来看,主要分为以下三类。

第一类是家里地处偏远山区,家庭收入低、人口多。这部分学生有765人,占家庭经济困难学生总数的47%。其家庭所在地的自然条件差、田地少,导致家庭无经济来源,读书子女多、负担重。如:家里有六口人,父母都是农民,父亲患心脏病已三年,家庭月收入主要靠哥哥在纺织厂上班的3000元工资,家中有两个大学生在读,花销费用比较大,家庭非常困难。又如:家处农村,父母都是农民,收入也不高,爷爷、奶奶要赡养,大姐刚毕业,二姐也在读大学,学费支出很大,资金很难供应得上。

第二类是家庭有危重病人或突发意外、自然灾害等导致贫困。这类情况的学生有684人,占家庭经济困难学生总数的42%。因本人或家人患重病,高昂手术治疗费导致家庭负债,长期用药花费致使入不敷出,不少学生依靠社会救助才得以完成中小学学业;家庭因父母遭遇车祸丧失了劳动力,欠下债务;因火灾、台风、洪水等重大灾害给生产生活造成极大损失,对经济收入带来影响。如:全家靠父亲打工维持生计,受疫情影响,父亲收入不稳定,母亲被查出恶性肿瘤,进行大手术后仍在化疗,爷爷、奶奶多种疾病缠身,需要经常治疗。

第三类是家庭变故,如父母离异、单亲或失去双亲的家庭。这部分学生所占比例不高,但由于变故往往是突发的或者造成的后果是持续性的,他们的经济压力和心理状况都特别令人担忧。如：父母离异，现各组家庭，从小跟随外婆长大，外婆患有眼疾，现在生活不能自理，需要人照顾，家里收入低。

贫困是多种原因造成的，往往具有历史性、地域性、自然性等特点。贫困不是学生的错，但贫困让学生在成长的道路上承担了更多的生活压力、精神压力和社会压力，因此失去了很多应有的快乐和梦想。贫困学生应当受到政府、社会的普遍关注和关爱，高校更应该为家庭经济困难学生创造良好的条件，让其接受良好教育，从而担当起帮助家庭经济困难学生成长成才的责任，完成阻断贫困代际传递的特殊使命。

二、家庭经济困难学生的认定工作

家庭经济困难学生认定是指学校按照认定办法和一定的工作程序，对提出困难资助申请的学生进行情况核实工作，确定家庭经济困难档次及资助档次。家庭经济困难学生认定工作的对象，也称为资助对象，是指本人及其家庭的经济能力难以满足在校期间的学习、生活基本支出的学生。认定资助对象工作是实现精准资助的前提，是做好学生资助工作的基础。家庭经济困难学生认定也是学生资助工作的难点。学生来自全国各地，生源面广、地域性经济条件存在差距，而且学生的家庭资产和家庭收入无法监测，贫困生认定以定性为主，认定工作具有较强的主观性；也存在碍于面子不提交贫困申请或只想通过自己努力主动放弃申请等"隐性"家庭经济困难学生。

做好家庭经济困难学生认定工作，是贯彻落实全面推进精准资助，确保资助政策有效落实的迫切需要。宁波职业技术学院坚持认定原则，不断健全认定工作，完善贫困精准识别模式，提高贫困生认定工作的质量与效率。

（一）资助对象认定的工作原则

1. 坚持实事求是、客观公正原则

从客观实际出发，以学生家庭经济状况为主要认定依据，认定标准和尺度统一，确保公平公正。实行学年认定与日常监测相结合，实现认定工作的规范化、严谨化。

2.坚持定量评价与定性评价相结合

促进评价主体多元化，既要建立科学的量化指标体系进行定量评价，也要通过辅导员、班主任和同学的定性分析修正量化结果，准确全面地了解学生的实际经济情况和消费情况。

3.坚持公开透明与保护隐私相结合

尊重和保护学生隐私，严禁让学生在公开场合当众诉苦、相互比穷。还要做到认定标准、程序、方法透明，确保公正。

4.坚持积极引导与自愿申请相结合

既要引导学生如实反映家庭经济困难情况，主动申请资助政策以完成学业，又要遵循自愿申请的原则，充分尊重学生个人意愿。

5.坚持保障性和发展性资助相结合

保障性资助政策落实坚持叠加上限原则，受助学生全部受助项目金额不得超过其实际学习及生活所需；积极实施发展性资助项目，坚持资助育人目标，构建学校特色资助文化，助力学生成长成才。

（二）资助对象认定的评审标准

2018年，教育部等六部门发布了《关于做好家庭经济困难学生认定工作的指导意见》，明确了认定依据：家庭经济、特殊群体、地区经济社会发展水平、突发状况、学生消费以及其他影响家庭经济状况的有关因素。

2020年浙江省颁布《浙江省学生资助对象认定办法》，明确了城市低保家庭学生、特困供养学生、孤儿、烈士子女、持证残疾学生、城市低保边缘家庭学生、低收入农户家庭学生、建档立卡贫困家庭学生等为特殊群体。而其他群体包括因遭受自然灾害、意外事件、重大疾病等突发情况导致家庭经济困难的学生以及其他根据实事求是的原则认定需要资助的学生。这些文件的出台，不仅为院校适应新时代变化和根据学生实际调整资助认定工作方式和手段提供了政策依据，更是让渡了相当的工作管理空间，使资助工作拓展创新有更多可能。

学校根据《宁波市家庭经济困难学生认定办法》，明确学生满足下列条件之一的，可认定为家庭经济特别困难：本市户籍持有民政部门核发的复核合格的《宁波市居民最低生活保障证》《宁波市最低生活保障边缘家庭证》《特困人员救助供养证》或《宁波市城区社会扶助证》家庭的学生；非本市户籍持户籍所在地民政部门出具的《居民最低生活保障证》《最低生活保障边缘家庭证》《特困人员救助供养证》家庭的学生；民政部门认定的困境儿童和孤儿；持有退役军人事务部门核发的《烈士证明书》或《烈士遗属优待证》的军烈属或重点优抚对象子女；持有《中华人民共和国残疾人证》的学生；家庭经济困难的残疾人子女；持有扶贫部门核发的，且在全国扶贫开发信息系统中建有电子信息档案《扶贫手册》的，农村建档立卡贫困家庭学生。因受灾、患重大疾病等突发事件造成经济困难的，可酌情认定为家庭经济一般困难学生。

贫困生认定中除了持有市民政局、市退役军人事务局、市残联等部门颁发的相关证件的特殊群体外，还要结合家庭经济因素、突发状况因素、专业学习成本因素、学生消费因素和家庭负担、职业状况等其他影响家庭经济状况的有关因素。

（三）贫困认定的"学校—分院—班级"三级组织

学校学生资助工作领导小组全面领导学校家庭经济困难学生认定工作，学生工作部兼学生资助中心的职能，具体负责组织指导全校的认定工作。各二级学院成立学生资助工作小组，由分管学生工作的分院领导担任组长，辅导员、班主任、学生代表等为成员，负责本院学生资助对象的认定工作。各班级成立学生资助评议小组，由班主任担任组长，辅导员、学生干部、学生代表为成员，负责本班级学生资助对象的认定工作。评议小组在每学年开学时成立，在班级范围内公示小组成员名单。

学生资助对象认定工作每学年进行一次，原则上在新学年开学60天内完成。每学年开学时，由学生本人向班级学生资助评议小组递交《宁波职业技术学院学生资助对象认定申请表》。班级学生资助评议小组对照认定标准，并结合学生日常消费行为，以及影响其家庭经济状况的有关情况，认真进行评议，确定班级学生中的资助对象名单和资助档次，报二级学院资助工作组进行审核。二级学院资助工作组审核通过后，将学生资助对象名单及档次，以网站公布、纸质张贴的方式，在二级学院范围内公示，征求师生意见。学生工作部负责汇总二级学院审核通过的资料，进行信息复核后，报学校学生资助工作领导小组审批确定。

（四）资助对象的动态管理

资助对象的认定资料信息全面、客观。在2019年3月《教育部关于取消一批证明事项的通知》中，国家资助管理中心为了减轻学生及其家庭的负担，取消了有关家庭经济状况的证明资料，只需由申请学生书写诚信保证书即可。目前，资助对象的信息认定主要包括四个方面：一是其本人的基础信息（如生源信息、家庭情况），二是诚信保证书所陈述的经济状况、贫困情况，三是寝室生活用品、拥有电子产品的价格等情况，四是在校的日常学习、生活习惯和消费水平信息。这些数据、信息，可以基本呈现家庭经济情况和学生在校的生活消费情况，以此全面、客观、综合认定家庭经济困难学生的贫困等级，即家庭经济特别困难或家庭经济一般困难。

资助过程中的动态化调整。高校要教育学生要诚实守信，如实提供家庭情况信息，及时告知家庭经济状况变化情况。如果遇到学生家庭经济状况发生显著变化，学校应该及时做出相应的调整。学校利用现代网络数据信息，不定期采集消费数据，整理指标数据，对学生家庭经济变化、消费状况、学业状况进行动态监测、分析，为资助的实施提供数据支撑。

三、家庭经济困难学生现状调查分析

为了深入调查了解家庭经济困难学生基本情况，我们以问卷调查方式开展了调查分析。调查问卷采用非量表问卷，从三个部分进行设计：第一部分是背景信息题，对接受调查人员的基础信息如性别、年级、生源地、经济来源、月生活费用等进行分析；第二部分是筛选题，对家庭经济困难学生群体和家庭经济困难类别进行分类筛选；第三部分是对家庭经济困难学生受资助的基本情况进行了解，如受助形式、受助支持度、受助经费使用、受助心理感受和各种帮扶的需求情况等。

问卷调查对象以宁波职业技术学院 2021 年在校学生为主。面向 11000 名在校学生，采取随机抽查的方式，通过问卷星进行线上调查问卷的发放，共回收问卷 2588 份，其中有效问卷 2580 份。利用 SPSS26.0 进行问卷数据的整理分析。

问卷基于 2580 个调查样本的特征进行分析，其中家庭经济困难学生（以下称贫困生）671 份，占调查人数的 26%；非家庭经济困难学生（以下称非贫困生）1909 份，占调查人数的 74%。如表 4-2 所示，贫困生群体和非贫困生群体中年级分布以一、二年级学生居多，占 90% 左右，性别比例较为均衡，符合学校的现实情况，具有一定的代表性。贫困生与非贫困生的分布比例总体相似。

表 4-2　参加调查人员基本特征

基本特征		贫困生		非贫困生	
		人数	占比 /%	人数	占比 /%
性别	男	297	44.26	841	44.05
	女	374	55.74	1068	55.95
年级	一年级	293	43.67	1126	58.98
	二年级	296	44.11	646	33.84
	三年级	60	8.94	108	5.66
	四年级	22	3.28	29	1.52

（一）贫困生与非贫困生群体差异的比较

这一部分调查，是对贫困生和非贫困生群体经济生活状况进行了解。本部分共三个小题，单选题两题、多选题一题。

第一题是了解学生的生源地信息，统计情况如下表 4-3 所示。调查对象中有 1961 人来自农村，占调查总数的 76%。可见农村学生是宁波职业技术学院的重要生源，与全国高职院校 70% 以上的学生来自农村情况基本一致，其中来自农村的贫困生群体比例占到 89.12%，超过非贫困生 20%。这个结果也是意料之中的，符合我们的常识性判断。农村由于经济发展水平较为落后，农民收入不稳定，但还有一些贫困生来自城镇、城市，这也说明城乡差距并不绝对造成贫富差，城市里也存在经济困难的家庭。

表4-3　贫困生和非贫困生群体生源地情况

生源地	贫困生		非贫困生	
	人数	占比/%	人数	占比/%
农村	598	89.12	1363	69.5
城镇	73	10.88	546	11.5

第二题是了解学生在校的平均每月生活费用。如表4-4所示，宁波职业技术学院学生每月生活费用支出为1000～1500元，其中69.84％的学生每月生活费用在1500元以下。这个消费数据为学校实施经济资助提供了一定的数据参考，如果资助过低，学生可能无法维持基本的温饱。其中，贫困生群体每月生活费用在1500元以下的，占到了96.42％。全国大学生每月生活费统计数据示显浙江省大学生的每个月生活费平均为2125元。[①]

表4-4　贫困生和非贫困生群体月生活费用情况

每月生活费用	贫困生		非贫困生	
	人数	占比/%	人数	占比/%
800元以下	79	11.77	65	3.4
800～1000元	347	51.71	231	12.1
1000～1500元	221	32.94	833	43.64
1500元～2000元	24	3.58	604	31.64
2000元以上	0	0	176	9.22

另外，我们用SPSS26.0对贫困生群体和非贫困生群体进行差异性分析，用单因素方差分析进行了比较，如表4-5、表4-6所示。从生源地和每月生活费用的对比结果来看，对应的都是显著性值小于0.05，说明贫困生和非贫困生群体在生源地来源和每月生活费用支出情况上有着显著性

---

① https：//baijiahao.baidu.com/s?id=16883672064556996738&wfr=spider&for=pc.

差异。这个数据情况，也基本反映宁波职业技术学院贫困生认定工作的客观性。

表 4-5　贫困生和非贫困生群体的生源地、生活费用差异比较描述

		个案数	平均值	标准差	标准误差	平均值的 95% 置信区间		最小值	最大值
						下限	上限		
生源地	非贫困生	1909	1.29	0.452	0.010	1.27	1.31	1	2
	贫困生	671	1.11	0.312	0.012	1.09	1.13	1	2
	总计	2580	1.24	0.427	0.008	1.22	1.26	1	2
每月生活费用	非贫困生	1909	03.31	0.918	0.021	3.27	3.35	1	5
	贫困生	671	02.28	0.715	0.028	2.23	2.34	1	4
	总计	2580	03.05	0.980	0.019	3.01	3.08	1	5

表 4-6　贫困生和非贫困生群体的生源地、生活费用差异性方差分析

		平方和	自由度	均方	F	显著性
生源地	非贫困生	15.593	1	15.593	88.371	0.000
	贫困生	454.895	2578	0.176		
	总计	470.488	2579			
每月生活费用	非贫困生	526.820	1	526.820	696.171	0.000
	贫困生	1950.874	2578	0.757		
	总计	2477.694	2579			

第三题是了解学生的经济来源，为多选题。从表 4-5 的统计情况看，2580 名受调查者的经济来源靠家人提供，学生参加勤工助学的情况也比较普遍，少部分是靠亲友借款和其他方式维持。其中，贫困生的经济来源依靠家庭支持的比例仅为 43.67%，勤工助学和奖助学金是贫困生群体获得经济来源的重要补充。

表 4-7　贫困生和非贫困生群体经济来源情况

经济来源方式	贫困生		非贫困生	
	人数	占比 /%	人数	占比 /%
家人提供	614	43.67	1867	77.73
亲友借款	24	1.71	21	0.87
勤工助学	415	28.52	219	9.12
奖助学金	255	18.14	96	4.00
其他	98	6.97	199	8.28

综上所述，勤工助学、奖助学金等资助政策为家庭经济困难学生提供了经济来源，确保了家庭经济困难学生入学前不用愁、入学时不用愁、入学后不用愁，为家庭经济困难学生切实解决了就学的经济保障问题，为他们接受高等教育提供了机会，促进了教育公平和社会发展。

（二）贫困生家庭情况及受助情况调查

本部分主要是面向 671 位贫困生群体进行的调查，问卷由六个题目组成，主要是了解贫困生群体的贫困程度、贫困原因和受助情况。

第一题是了解贫困生的认定类型。从统计情况看，一般贫困与特别贫困的比例为 4∶1，总体符合学校特困生和一般贫困生的分布状态。其中有 1.8％ 的同学确实家庭贫困，但没有申请贫困认定，这些"隐性"贫困生的情况值得资助工作队伍关注。

根据西蒙有限理性理论，学生是存在一定有限理性的，这部分学生不愿意暴露来自家庭的缺陷，所以这些学生即使家庭真正贫困但是由于理性选择，也不愿意让周围人知道自己家里的情况，从而放弃了资助申请。这些人很容易成为"学校管不到、学院看不见、家庭帮不上"的经济困难学生，这就需要判断分析这些贫困生不申请资助的原因和动机，有针对性地开展思想政治教育工作。另外，除了关注学生自主申请之外，还要深入学生群体开展普查或通过数据系统预警判断，以便更充分、更全面地掌握需要资助的弱势群体的情况。

第二题是了解造成学生家庭经济困难的主要原因,是多选题。从表4-8统计情况看,学生家庭所在地区经济发展落后,难以承受大学学费和生活消费是首要原因,而排第二的是家庭遭遇突发事件。在问卷中很多同学进行了多选,可见造成家庭贫困的原因并不单一,可能既是地处偏远地区,又可能是家庭人口多;既可能是单亲,也可能家里有危重病人;可能家庭既遭受突发意外,父母又下岗了,等等。学生目前面临的贫困问题受诸多现实因素的影响:居住环境及相应条件不好、地区经济发展不平衡、居民收入水平的不平衡是制约其家庭收入与生活水平的重要因素;自然条件也不是轻易可以改变的,洪涝、地震、台风、火灾等自然灾害更是无法避免。在资助工作中要分析学生家庭致贫原因,解决好家庭经济困难学生的实际问题。这对于合理配置资助资源和推动资助育人而言,是最基础的工作信息,也是学生资助工作不可缺少的环节。

表4-8 贫困生家庭经济困难原因

贫困原因	数量／人	占比／%
家庭成员文化素质低,缺乏劳动技能	284	42.3
家庭人口负担重,人均收入低	183	27.2
所处地区经济发展落后,难以承受大学消费	373	55.5
家庭遭遇突发事件(如重病、意外赔偿等)	328	48.8

第三题是了解贫困生接受资助的主要形式。从表4-9统计情况来看,分别有84.35%的学生受到过国家助学金的资助、57.37%的学生参加过勤工助学项目,这两种是贫困生接受的最普遍的资助形式。受助形式中减免学费和临时补助相对较少,这两项都是校内资助,因为有一定的资助要求,资助范围有一定的局限。从表4-9中可见,国家助学金是受助面最广、最常见的形式,且助学金按月发放,是解决贫困生日常生活费用的重要途径。奖学金资助金额大,但受助对象数量有限,而且与学习成绩、综合表现等挂钩,一年级新生没有资格评比。因此,获得奖学金的比例略低。国家助学贷款为信用性贷款,高职学生每年最高可贷款8000元,是边远地

区学生解决学费支出的主要方式，但调查对象中仅88人申请过助学贷款，这与117名特困生的数量还有一定差距，需要学生资助工作者关注特困生的资助落实情况。在今后工作中要进一步宣传国家助学贷款政策，尤其要做好生源地助学贷款的宣传和服务工作，才能确保政策更好地落实。

表4-9　贫困生受助形式情况

资助形式	数量／人	占比／%
国家助学金	566	84.35
国家助学贷款	88	13.11
勤工助学	385	57.37
减免学费	45	6.71
奖学金	151	22.50
伙食等临时补助	91	13.56
其他社会资助	52	7.74

第四题是了解学生受助后的资金使用去向。从表4-10数据可知，前三位的用途分别是用于必要的生活开支、交学费和贴补家用。从这个统计结果来看，宁波职业技术学院学生资助的力度能满足学生个人的求学、消费需求。关于贴补家用，在对学生访谈中了解到，学校周边的校外勤工助学机会较多，收入也相对较高，他们经常参加校外勤工助学，在满足自己日常所需之后，拿出一部分贴补家用。极少数人用于旅游、请同学吃饭等。总体而言，宁波职业技术学院学生资助的资金让学生家庭经济负担问题得以改善，受助学生能够珍惜资助资金，认真用好党和政府的关爱与资助政策，确保资金用在学习与自身发展方面。

表4-10　贫困生受助经费的使用情况

受助经费使用	数量／人	占比／%
交学费	416	33.20
用于必要的生活开支	626	49.96
购买电子产品	9	0.72
旅游	4	0.32

受助经费使用	数量／人	占比／％
拿出一部分请同学吃饭	5	0.40
贴补家用	128	10.22
其他	65	5.19

第五题是了解资助费用对贫困生在校学习生活的支持状况。从调查数据看，272位同学表示完全可以，占调查人数的40.5％；390位同学表示部分可以，占调查人数的58.1％；仅1.3％的调查者认为完全不可以，主要是未申请贫困认定的学生。由此可见，学校资助政策体系健全，资金投入力度基本满足学生需求，资助体系结构优化，基本能支持家庭经济困难学生完成学业和日常生活支出，充分发挥了资助政策的保障性资助作用。

第六题是了解贫困学生接受资助过程中的心理感受。由于贫困学生成长环境和成长背景不同，对受助会有不同的态度。94.8％的调查者受助后感到幸运、温暖和感恩，只有4.3％的调查者有愧疚感，感觉不劳而获，不到1％的贫困生认为自卑，感觉是像乞讨来的。调查对象中没有一人认为自己是应该获得的。总体上看，学生都积极向上，能正确认识和理解国家的资助政策，懂得饮水思源，感恩自强，在资助后会化压力为动力，学习更加刻苦，也会通过勤工俭学等努力回报社会，为家庭经济减轻负担，锻炼自己的能力，积蓄就业资本。

（三）非贫困生对贫困生及学生资助工作的反馈

问卷由五个题目组成，主要是了解非贫困生群体对身边贫困生群体以及学生资助工作的反馈情况，共有1909名非贫困生填写了问卷。

第一题了解学生对贫困生群体真实性的判断。从统计情况来看，19.1％的学生认为不存在，51.7％的学生认为极少；认为比较多和非常多的学生共占29.2％。尽管大多数学生认同贫困生的真实情况，但也有不少同学认为存在冒充贫困生或日常消费"不像贫困生"的现象，即生活不俭朴，存在高消费，使用高档电子设备等现象。这说明仍然有一些"假"

贫困生或者是认定了贫困生身份，但日常消费却不像贫困生的存在，这些都容易让学生曲解国家资助政策，阻碍高校学生资助体系的发展和完善。学校的资助认定要有严格、规范的程序，充分发挥公示制度的作用，更重视对学生的诚信教育、感恩教育，才能从根本上解决问题。

第二题进一步对1396名认为存在虚假贫困生现象的学生进行调查，了解他们发现"伪贫困生"现象后的处理方式。从统计情况来看，35.3%的学生会采取向班主任、辅导员反映或写信反映情况；32.2%的学生认为"不关我事，随他去吧"；近20%的学生认为人数较多，法不责众。总体上看，学生对贫困生的真实性认可度较高，对出现虚假情况的态度相对比较消极。因此，学校需要进一步完善资助信息公开制度和意见反馈渠道，通过多种途径和方式开展资助政策的宣传工作，提高宣传广度与深度。

第三题是了解身边受资助学生感恩、回报社会意识情况。从统计情况来看，12.9%的学生认为全部都有；45.5%的学生认为大部分存在；33.7%的人认为少部分存在；也有7.8%的调查者认为不存在。学校一方面应加强贫困生感恩教育，努力搭建感恩的平台，让受助学生心存感激之情，回报社会，引导学生正确认识感恩的心理和行为标准，积极进取地对待自己受助，在力所能及的范围内发自内心地帮助需要帮助的人；另一方面应大力宣传感恩反哺的受助典型事迹，努力营造和谐宽容、互相理解的人际氛围和校园文化氛围。

第四题是了解帮扶贫困生的有效举措，本题是多选题。从统计情况来看，非贫困生群体认为帮扶贫困生最有效的资助方式排序依次是：经济资助、精神关怀、就业指导、技能培训、学业指导和心理辅导。由此可见，经济帮扶作为资助形式，是贫困生最迫切、最能解决实际问题的帮扶措施，可以缓解贫困生经济和生活压力，也得到了非贫困生群体的一致认可。精神关怀、就业指导分别位居第二位和第三位，这也说明在解决经济贫困的基础上，一方面应该加强精神关怀，维护和尊重每个人的权利和尊严，引导贫困学生要有面对贫困、接受和改变贫困的勇气，最关键的是要真正提高解决自身贫困问题的能力；另一方面也需要采取措施帮助贫困生群体解决就业问题，优化就业指导，使他们真正脱贫。

第五题是了解学校资助体系对于贫困生的帮扶作用情况。从统计情况看，认为学校资助体系对贫困生帮助很大，完全解决学费和生活费的占42.7％；认为能让贫困生学费问题基本得到解决，但生活费方面没有任何帮助的占33.1％；而有22.7％的人认为学校资助体系对贫困生能够有所帮助，但帮助不大；只有1.5％的人认为几乎没有帮助。不可否认，随着我国多元化的高校学生资助政策不断完善和健全，这些资助方式能很好地发挥资助贫困生群体的保障性作用，确保他们不因经济窘迫而受到限制，能平等、公正地接受高等教育。

（四）学生对资助工作的满意度评价

我们还针对资助工作的满意度情况进行了问卷调查。本部分共四题，面向全体调查对象，共2580人答题。

第一题是对资助工作的总体评价情况。据统计情况来看，对学校资助工作满意的占75.9％，一般满意的为22.6％，不满意的为1.6％。其中贫困生的满意度为96.9％。

第二题至第四题分别就具体的工作流程、方式进行了评价，具体统计如表4-11所示。

从表4-11的数据分析可知，学校资助工作的流程、机制、评定方式等的合理性及满意度总体不错，班级奖助学金确定方式的合理性及综合满意度最高，尤其是贫困生的三项满意度均要高于非贫困生群体。总体上，贫困生群体对高校学生资助政策的宣传、评审、执行的参与度更高，更能接受资助工作机制、工作方式等，而非贫困生群体往往通过班级资助信息传达等方式获得信息，接受信息的途径少，导致信息传递障碍，评价认可度就低一些。今后要持续加强宣传，让学生多渠道了解资助政策及相关举措，在资助对象认定、奖助学金评审环节也让学生代表参与，使学生资助工作做到更公开、更透明，形成更大的资助工作合力，实现更大范围的、更有影响力的育人成效。

表 4-11　学生对学校资助工作的合理性调查

资助工作合理性			学生类别		总计
			非贫困生	贫困生	
班级贫困生认定方式合理性	合理	计数 / 人	923	570	1493
		学生类别占比 /%	48.3	84.9	57.9
	一般	计数 / 人	827	95	922
		学生类别占比 /%	43.3	14.2	35.7
	不合理	计数 / 人	159	6	165
		学生类别占比 /%	8.3	0.9	6.4
学校资助工作流程及机制是否公开、透明	合理	计数 / 人	807	527	1334
		学生类别占比 /%	42.3	78.5	57.7
	一般	计数 / 人	893	133	1026
		学生类别占比 /%	46.8	19.8	39.8
	不合理	计数 / 人	209	11	220
		学生类别占比 /%	10.4	1.6	8.5
班级奖助学金确定的方式合理性	合理	计数 / 人	1057	588	1645
		学生类别占比 /%	55.4	87.6	63.8
	一般	计数 / 人	774	77	851
		学生类别占比 /%	40.5	11.5	33.0
	不合理	计数 / 人	78	6	84
		学生类别占比 /%	4.1	0.9	3.3

第二节　高职院校学生保障性资助体系

做好家庭经济困难学生的资助工作是维护教育公平、保证社会稳定的关键和基石。宁波职业技术学院自成立以来，按照国家有关规定积极贯彻落实各项资助政策，经过不断地摸索和实践，坚持"在资助中坚持育人，在育人中坚持创新"的工作理念，不断完善资助体系，优化资助结构，转变工作方式方法，逐步确立了完善的保障性体系，实现了让资助资源高效运转，让资助体系持久发展的目标，赋予了资助新的价值与意义。

一、资助政策文件分析

（一）国家相关政策

第一类是国家相关部门发布的政策。近年来，我国密集出台相关资助政策措施，目前已建立起覆盖学前教育至研究生教育的学生资助政策体系，从制度上保障不让一个学生因家庭经济困难而失学。

国家学生资助管理的相关政策主要由财政部、教育部发布，政策涵盖家庭经济困难学生认定、奖学金、助学金的评选细则，还针对各种资助资金的规范使用颁布了不同文件，形成了行之有效的管理体系，详见表4-12。

表4-12 国家层面学生资助相关文件

颁布部门	颁发字号	文件名称
财政部、教育部	财教〔2007〕90号	普通本科高校、高等职业学校国家奖学金管理暂行办法
财政部、教育部	财教〔2007〕91号	普通本科高校、高等职业学校国家励志奖学金管理暂行办法
财政部、教育部	财教〔2007〕92号	普通本科高校、高等职业学校国家助学金管理暂行办法
国务院	国发〔2007〕13号	关于建立健全普通本科高校高等职业学校和中等职业学校家庭经济困难学生资助政策体系的意见
财政部、教育部等	财教〔2011〕510号	应征入伍服义务兵役高等学校在校生学费补偿国家助学贷款代偿及退役复学后学费资助暂行办法
财政部、教育部等	财教〔2014〕180号	关于调整完善国家助学贷款相关政策措施的通知
财政部、教育部等	财科教〔2017〕21号	关于进一步落实高等教育学生资助政策的通知
教育部、财政部	教财〔2018〕12号	高等学校勤工助学管理办法（2018年修订）
教育部、财政部等	教财〔2018〕16号	关于做好家庭经济困难学生认定工作的指导意见
财政部、教育部	财教〔2019〕25号	关于调整职业院校奖助学金政策的通知
财政部、教育部等	财科教〔2019〕19号	学生资助资金管理办法
教育部、财政部等	教财〔2020〕4号	关于调整完善国家助学贷款有关政策的通知

值得一提的是，党中央、国务院为关心职业院校学生学习、生活，提升职业教育吸引力，激励职业院校学生勤奋学习、勇于实践、提升技能水平，培养德智体美劳全面发展的社会主义建设者和接班人，从2019年起专门调整了职业院校奖助学金政策，扩大高职院校奖助学金覆盖面、提高补助标准，具体规定如下：国家奖学金奖励名额由5万名增加到6万名，增加的名额全部用于奖励高职院校学生；将国家励志奖学金覆盖面由3%提高到3.3%；将国家助学金覆盖面提高10%，平均补助标准从每生每年3000元提高到3300元。国家文件先是从资助政策的角度进行总体把控，然后集中在奖学金、励志奖学金、助学金、家庭经济困难学生的认定、勤工助学、资助资金的运用等各种资助形式上提出总的要求和可操作的办法。

（二）省、市资助工作相关文件

表4-13显示，省、市资助政策主要由教育厅（局）和财政厅（局）发布，针对省市的实际情况根据国家层面颁布的实施意见或者细则予以描述，主要有地方政府奖学金、毕业生基层就业学费补偿等政策和家庭经济困难学生认定办法。

表4-13　省、市层面学生资助工作相关文件

颁布部门	颁发字号	文件名称
教育厅、财政厅等	浙教发〔2016〕1号	关于完善国家助学贷款政策的若干意见
财政厅、教育厅	浙财教〔2016〕49号	浙江省普通本科高校　高等职业学校省政府奖学金管理办法的通知
财政厅、教育厅等	浙财科教〔2017〕4号	浙江省高校毕业生基层就业学费补偿和国家助学贷款代偿暂行办法的通知
教育厅、财政厅等	浙教财〔2020〕15号	浙江省学生资助对象认定办法
教育局、财政局等	甬教计〔2019〕229号	关于印发《宁波市家庭经济困难学生认定办法》的通知

（三）学校的相关文件

学校结合自身特点、现实情况，根据上级文件制定更具体、操作性更强的资助管理文件，如表4-14所示。主要围绕认定办法、奖助学金项目

和实施细则、资助项目及资助对象等政策，明确工作职责、资金使用和管理、资助范围和要求等内容。现阶段，学校有关学生资助的文件已经形成了一定的体系，既有总体的部署，也有具体的工作措施，为学生资助工作的推进和发展奠定了基础。

表 4-14　学校层面学生资助相关文件

发文时间	文件名称
2017 年 7 月	宁波职业技术学院资助管理办法 宁波职业技术学院勤工助学管理工作实施细则 宁波职业技术学院家庭经济困难学生认定办法 宁波职业技术学院国家助学金管理工作实施细则 宁波职业技术学院思源基金管理办法
2019 年 8 月	宁波职业技术学院学生资助管理办法（修订）
2019 年 9 月	宁波职业技术学院奖学金管理及考评办法（修订）
2020 年 6 月	宁波职业技术学院资助对象认定办法

二、资助工作数据统计

宁波职业技术学院在校生 11000 余人，家庭经济困难学生的比例为 14%～17%，特困生的比例为 5%～6%。2011—2020 年，学校累计资助达 1.36 亿元，学校共累计资助达 1.36 亿元，其中财政资金 5572.48 余万元，占资助总额的 41%；校内专项经费 3899 余万元，占资助总额的 29%；社会捐助资金 740 余万元，占资助总额 5.4%。

以 2020 年学生资助项目情况统计为例，全年学生资助资金为 1172.58 万元，其中助学金和勤工助学经费支出最高；国家助学金、校内助学金等助学金支出共计 533.63 万元，占总支出的 45.5%；校内勤工助学支出共计 305.22 万元，占总支出的 26%；另外，从 2018—2020 年助学贷款的数据情况来看，不论是人次还是金额，都呈逐年上升趋势。2018—2020 年的统计数据如表 4-15 所示。

表 4-15　学校 2018—2020 年资助项目数据统计

资助项目	2018 年		2019 年		2020 年	
	人次	金额／万元	人次	金额／万元	人次	金额／万元
奖学金	1406	106.82	1435	108.02	1714	101.91
助学金	1449	436.98	950	317.53	1618	533.63
勤工助学	650	202.45	615	214.15	721	305.22
助学贷款	113	88.53	162	127.25	198	155.39
特殊困难补助	3830	76.19	1498	91.92	1255	53.03
伙食补贴	1435	32.58	524	15.72	760	23.4

　　经过多年资助工作积累，学校资助已经初步形成了以国家资助为主，学校和社会资助为辅的"三位一体"格局，建立了"奖、勤、助、贷、减"等多种资助政策并存的资助体系。以国家资助为主，学校和社会资助，在精准认定家庭经济困难学生资格以及困难等级的前提下，选择契合度最高的资助政策，在规定的时间范围内申请合适的资助项目，保证那些家庭经济比较困难的学生可以获得各种助学资金的支持，努力缓解贫困学生在求学和生活过程中所面临的繁重经济压力，确保其顺利完成学业。

第三节　高职院校学生发展性资助体系

一、发展性资助内涵

　　发展性资助是指在保障性资助充分的前提下的一种以素质培养项目为载体，最大限度地满足家庭经济困难学生的发展性需要，促进其全面发展的新型资助制度。发展性资助针对性、个性化的资助方式，为家庭经济困难学生创设各种实践和锻炼机会，从经济帮扶层面拓展到精神资助、能力资助层面，满足学生更高层次的需求。发展性资助突破了传统资助政策体系的局限性，更加强调"资助"与"育人"的全面结合，为学生的成长成才搭建广阔的实践平台。

发展性资助关注学生的全面和可持续发展，以项目驱动、分类帮扶的方式，由学生自主设定项目的目标和行动计划，学校给予经费支持，并为每个项目配备一名指导教师，为学生发展提供动力支持。发展性项目形式多样，有社会调研、活动竞赛、志愿服务、学术课题、考证等形式，学生可根据自身成长需求申报资助项目。学生是发展资助的主体，项目申请的可以是个人，也可以是团队，他们既是组织者，又是实施者，从设计项目方案、实施项目过程到完成项目总结，全程参与项目。学校设立学生发展性资助专项经费，为项目提供政策、场所、技术等方面的支持，以"自由申请、公平立项、择优资助"的项目管理原则，全程引导、监督和考核资助项目，探索从"困难补助"到"成才资助"的转变路径。学校着眼于受助学生成长成才和个性发展的多重需求，整合资助资源，进一步明确项目资助范围和申请条件，规范项目申报、立项、实施、结题的过程管理，严格经费使用考核监管。

二、发展性资助载体

（一）发展性资助项目

发展性资助项目是由家庭经济困难学生组成团队，申请开展的志愿服务类、学业提升类、就业创业类、创新创意类、社会实践类和其他公益类项目。学生团队自主设计方案，申请项目时，要详细说明设计背景意义、实施过程、成员分工、项目成果等内容。项目要求目标明确，具有可行性、可操作性和实践性，自主实施项目，并在实施过程中不断调整优化，在预定期限内完成项目总结。每个项目团队聘请一名热心学生工作、责任心强的教师担任指导老师，提升项目的管理运行能力。

学校资助管理中心组织专家组进行项目评审，确定立项项目及资助经费，每个项目资助 500～3000 元。项目建设期一般为一学年，项目正式立项后给予70%的资助经费，项目验收通过后发放剩余的30%经费。项目经费可用于学生困难资助与项目实施过程中产生的通信、交通及必需的办公用品、材料费用等必要开支，由学校财务处汇到项目负责人个人银行卡上。如手工作品项目团队，资助的经费用于购买编织、超轻黏土、彩铅绘画等原材料，团队在学习掌握技能后，可将项目的成品赠送给他人，如将手工编织的围巾、黏土小挂件等工艺品赠送给幼儿园孩子，将手工缝制的香袋送给养老院的老人；还可到幼儿园开展黏土手工艺教学活动。团队成员不仅学习掌握了技术技能，还深入到幼儿园、社区等开展活动，提高了交流、组织管理等能力，起到了事半功倍的效果（见表4-16）。

表4-16 宁波职业技术学院2021年学生发展性资助项目

序号	项目负责人	项目名称	项目类别
1	金志浩	自主研发的基于国产芯片的可编程控制器	创新创意
2	姚文韬	电磁阀高效节能驱动器	创新创意
3	杜书语	分布式光伏发电设备及系统研发	创新创意
4	祝 辉	一种电路板元件缺陷检测系统设计	创意创新
5	齐永良	"融·思"基于第二课堂的高职学生劳动教育现状调研	社会实践
6	李玉杰	反诈志愿我先行	志愿服务
7	李任姣	绘画心灵，笔尖人生	技能提升
8	余伟豪	光影魅力，探寻留存心间的那一抹美好	技能提升
9	孙秀媛	编织你我的美好时光	技能提升
10	汪怡宁	食堂餐具消毒后卫生情况抽测	志愿服务
11	张智卓	以健康之名，为睡眠而战——24味草木安神香囊制作	创新创意
12	吴隽恺	五彩助老——我为老者办一事	志愿服务
13	朱斌宇	化工的品质与格调——香薰蜡烛制作	创新创意
14	张姣姣	制作你的专属味道——手工香膏制作	创新创意
15	林茂胜	"童心向党·创翼蔚徕"青少年无人机科普教育	社会实践
16	巨连杰	飞向自由——宁职学子探索智能无人机辅助飞行	创新创意
17	吴鑫鑫	浃江筑美团队——美丽新乡村助力有我	志愿服务
18	刘柏祺	红色匠心—张人亚党章学堂志愿讲解服务项目	社会实践
19	邱建国	6S管理服务大队	志愿服务

续表

序号	项目负责人	项目名称	项目类别
20	王国辉	口才训练营	学业提升
21	徐子杰	礼赞新中国，奋进新时代—微视频说党史	创新创意
22	刘星辰	我为孤寡老人拍张照	志愿服务
23	王靖凯	北仑区中小学影视教育推广与创作	社会实践
24	吴紫君	众里寻你千百度——少数民族优秀毕业生寻访	社会实践
25	吴金晶	少数民族学生普通话能力强化提升训练营	学业提升
26	杨申奥	焕新工作室——寝室焕新装扮施工队	志愿服务
27	李　婷	爱在宁职，诚信相伴——校园诚信伞	志愿服务
28	王涌川	文明校园你我他——校园垃圾分类义工服务	志愿服务
29	陈团团	感受劳动之美，体验劳动之趣	志愿服务
30	何昕怡	绿意满园、温馨家园	志愿服务

（二）拓展训练营

拓展训练营是以团队精神、励志教育、自信教育为培训目标，以任务挑战为载体，采用体验式学习方法的封闭式培训模式。训练营倡导团队协作，建立互动的体验式学习模式，采用团队学习小组的管理方法，团队学习是训练营贯穿始终的管理方式、学习方式。训练营以体能活动为导引，通过设计独特的，富有思想性、挑战性和趣味性的特殊情境，让学生经历一系列考验后有所震惊，有所感动，发现个人所长，使学生在解决问题、应对挑战的过程中磨炼毅力，增强团队意识，培养健康、积极进取的人生态度，塑造健全的人格。

拓展训练营每年安排一次，每个贫困生有机会参加两个不同主题的训练营。

第一学期是"团队融入"主题训练营，以新生班级为培训对象，时间是一天，在校内的素质拓展基地开展。根据团队发展阶段理论设计培训课程，从班级整体团队建设入手，激励新生融入新环境，促进班级团队建设，具体安排如表4-17所示。

表 4-17 "团队融入"素质拓展安排

时间安排		项目	目标
第一天	18：00—21：00	破冰起航	了解拓展训练的起源、目的、发展和学习方式；熟悉队员，组建团队，展示团队风采
第二天	8：30—10：00	信任背摔	通过项目建立起团队成员彼此间的信任感；学习换位思考，了解做好本职工作的重要性，理解信任和承诺的力量
第二天	10：00—11：30	挑战 No.1	通过项目体验团队分工合作与高效的配合；学习合理地管理时间；培养团队成员统筹协作能力，增加团队的凝聚力与目标感
	13：30—15：00	高空断桥	通过转换环境挑战自我突破，挑战自我；学习调节心态以缓解压力，增强自我适应性；体验在团队中互相鼓励、关爱他人
	15：00—16：30	胜利墙	通过集体挑战项目促进团队沟通，理解个人目标与团队目标的关系；提高危机时刻的生存技能，认同个体差异，学习最优的配置资源

第二学期是"励志成长"主题训练营，以来自不同专业的贫困生随机安排成员为培训对象，时间是两天，在校外素质拓展基地开展。训练营根据自我效能感理论设计培训课程，提供人际交流机会，激发挑战困难的勇气和自信，具体安排如表 4-18 所示。

表 4-18 "励志成长"素质拓展安排

时间安排		项目	目标
第一天	8：00—9：00	团队破冰	重识团队成员，融合团队能量，合理安排人员分工，鼓舞团队士气，团队风采展示
	9：00—11：30	徒步拉练闯关 闯关 1：八仙过海 闯关 2：投石问路	磨炼意志，考验团队及个人的韧劲，在团队困难时，相互帮助、相互扶持、相互鼓励
			闯关 1（八仙过海）： 增加团队的凝聚力，在受挫和拒绝中成长，锻炼自己的意志
			闯关 2（投石问路）： 增强团队目标感，通过团队合作达成目标
	14：00—16：30	达芬奇密码	明确任务目标，合理安排任务，明确团队成员职责，提升纠错能力，最终达到熔炼团队效果

时间安排		项目	目标
第二天	8：30—10：00	天使之手	通过长距离的心路历程经历，让队员们懂得达成每一件事情的不容易，会有羁绊、恐惧、汗水、泪水甚至伤痛，但始终会有一双手在他们的身边，帮助他、扶持他，为他们的前进指引方向，让他们心存感恩、心怀感谢，感恩父母，感恩学校，感恩师长，感恩帮助他们的每一个人
	10：00—11：30	孤岛求生	打破队员之间的沟通隔阂，树立正确的管理层级，建立有效的做事方法，明确各模块的组织目标，提升队员的奉献精神
	13：30—15：00	合力建塔	合理的分工，明确的目标，统一指挥，相互协作，相互信任才能产生更加强大的凝聚力
	15：00—17：00	团队总结	总结反思两天的挑战经历，在体验中学习，在学习中成长，为在接下来的学习和以后的工作中找准努力的方向，用更多的理论和实践武装自己

（三）团体心理辅导

团体心理辅导是指运用团体情境设计活动、课程，用来协助个体开发心理潜能或解决心理障碍的一种心理辅导方式，是一种教育性、预防性工作。每年新生入学后，全校新生要接受心理健康普查，将贫困生中自卑、敏感、焦虑的学生组成团体成员，开展主题性团体辅导。团体心理辅导有四方面的功能。第一，加深自我认识。团体成员通过觉察彼此的生活经验，能够了解彼此的特点、能力等，进而相互支持鼓励。第二，改善人际关系。通过营造接纳、信任的团体氛围，使成员学习各种沟通技巧，提升解决问题的能力，增加信任度，改善成员间的人际关系。第三，增强团队意识。团体辅导经常会安排成员共同完成任务，使团体成员了解个人在团体中的价值和责任，体验合作的乐趣，培养协作精神和团队合作意识。第四，实践助人行为。团体辅导中一些活动练习需要配合完成，在此过程中团体成员能发现体验帮助别人和接受别人帮助的价值与意义，能学习培养新的行为方式，并将之转化为日常生活行为。

团体心理辅导设计主要依据人际关系理论，安排八次系列主题活动，具体方案见表4-19所示。

表4-19 团体心理辅导设计方案

课次	辅导主题	活动内容
1	有幸相识：成员相识，澄清成员目标和期待，建立团体规范	1.热身：手指操 2.微笑握手相识 3."三生有幸"自我介绍 4.共同约定：建立团体契约 5.奇迹时刻：如果奇迹发生，我们面前的投影可以让你看到团体结束后的样子，那会是什么样子呢？ 6.小结：回馈与赞美
2	我的拥有：协助成员发现自己的优势和资源	1.热身：呼吸训练 2.独特的盲行 3.纸笔自由书写：我的拥有 询问语句：你认为你自己的什么特质最让你满意 4.夸夸群：互相赞美活动 5.宝藏地带：如果有个地方可以安放你的优点，你会放哪里，如何让这个优点保存的时间长一点？
3	我的局限：协助成员用积极的眼光看待自己的局限和弱点	1.热身："鸡蛋进化论" 2.视频播放与谈论：缺失的一角 3.讨论：你不喜欢自己身上哪个弱点，曾经带给你好处？ 4.缺点辩论：写出自己觉得身上的缺点，然后从相反的角度来看这个缺点
4	我的情绪：协助成员学会了解自己的情绪并调控自己情绪	1.热身：给情绪打分，用1～10分来表达你一周的情绪 2.找讯息：记录一件引发自己具体情绪的事情，同时写下自己产生这个情绪背后的需求。 3.情绪面面看：车轮战，写出一件引发自己情绪的事情，然后挨个请诸组员来写出他们认为的背后的原因 4.情绪冥想

课次	辅导主题	活动内容
5	我们不同：协助成员发现自己与别人的不同，建立人际边界，树立自尊	1.热身：拍拍操 2.边界围城：用丝巾构建边界围城，一人在内，一人在外，设定三种场景：好奇、破坏、请求，两人一组，交替体验 3.画出边界：画出你认为的人际边界 4.经验分享：分享一个你印象最深刻的尊重他人边界的事件 5.小结：鼓励语句，互相赞美成员，今天让我看到了与人交流的好方法
6	我的形象：协助成员建立自我形象管理	1.热身：冥想放松练习——爱自己 2.人形图自画像：每一个人用人形图表示自己，并标注自己的特点，所有同学化身弹幕，给其他同学的人形图评价和点赞 3.关系询问：说一个你欣赏的朋友的样子，如果让你这位朋友来训练你，他会怎么做？ 4.夸夸群：轮流夸赞成员今天团辅的哪一点让自己印象深刻，为什么？
7	时间旅人：协助成员认识自己，规划未来	1.热身：帮你"马杀鸡" 2."时间馅饼"纸笔练习 3.我的故事书：画出过去的自己、现在的自己和未来的自己 4.迈出一小步：如果可以改变现在，你最容易迈出一小步是什么？
8	明天会更好：处理离别情绪	1.团体分享：团体给我带来的美好 追踪询问：在改变的历程中，你认为你做到的最好的一点是什么？ 2.离别礼物：拿出礼物单，分别写上最想送给谁礼物，礼物又是什么 3.正能量传话筒：同唱《小确幸》

第五章　高职院校慈善文化教育的实践

宁波职业技术学院思源基金在 2007 年应运而生。思源，其意取自于北周庾信的《徵调曲》，"落其实者思其树，饮其流者怀其源"。经过十多年的运行和发展，思源基金坚持"学生为本、立德树人"的理念，推进社会主义核心价值观落细落小落实，建立"基金资助——感恩反哺"的慈善助学新模式，搭建慈善实践育人基地，开展丰富多彩的慈善文化活动，形成了"慈善基金 ＋ 慈善基地 ＋ 慈善活动"三位一体的校园慈善特色文化——思源慈善文化，营造了"人人可慈善,慈善成习惯"的校园文化氛围。

第一节　思源慈善文化概况

"人人可慈善,慈善成习惯"，这是思源慈善文化致力于弘扬慈善文化，培育慈善精神的主旨。思源慈善文化已经逐渐形成文化品牌，曾获评浙江省学生资助文化"十佳品牌项目"、浙江省高校教书育人典型案例项目、中华慈善总会第二届中华慈善突出贡献（项目）奖、全国第九届高校校园文化建设优秀成果一等奖、全国学生资助工作"优秀单位案例典型"。

一、思源慈善文化建设的缘起

（一）解决高校贫困生增加的现实问题

1998 年高校招生收费全面并轨。1999 年 5 月，教育部扩大高校招生规模，更多家庭的第一代大学生走进了高等职业院校。2006 年 7 月，中国青少年发展基金会发布了《中国贫困高考生调查报告》，这份公益调查显示：六成高考生因家庭经济贫困凑不足大学学费。教育支出是导致一些高考生家庭贫困的主要原因。宁波职业技术学院为更好地发挥国家示范院校的引领和示范作用，学校招生范围由原来的仅面向浙江省内招生扩大到面向全国22个省、市、自治区招生，其中外省生源占生源总人数的30％。外省学生90％来自中西部边远地区，家长以务农为主，家庭收入少，很多学生来学校报到时连凑足路费都有困难。

（二）提升高校助困体系的资助力度

党和国家十分关注并明确提出了"不让一个学生因家庭经济困难而失学"的工作目标，各高校纷纷建立起以"奖、贷、助、补、减"等为主要内容的资助政策体系，一大批寒门学子沐浴国家和社会的阳光雨露，走进大学校园，圆了自己的大学梦。但由于贫困学生数量多，贫困程度不同，这些资助措施和资助资金还不能完全满足贫困生的需求。另外，国家助学贷款已成为贫困学生接受资助的主渠道。但当时根据《关于切实推进国家助学贷款工作有关问题的通知》（银〔2002〕38号）的文件精神，国家助学贷款给予申请者的还款周期短、要求高，因此申请贷款的学生出现了各种违约现象：一些毕业生工作后收入不高，家里又非常困难，还款不及时、不足额或无法按期还款，出现了拖欠贷款的情况，严重地影响了学生的信用记录。

（三）缓解贫困生的心理压力

贫困学生承受着比一般学生更大的心理压力。他们生活拮据，既要学习，又要为生计奔波；没有经济实力和精力与其他同学进行正常人际交往；参与校园文化活动，也可能会因"寒酸"而遭受歧视、奚落和嘲笑。贫困学生普遍性格内向，自卑心理较重，不善于表达。因此，他们容易在心理上产生防卫反应，甚至出现敌对态度，对家庭和社会有所抱怨，对其他同学有所排斥。

二、思源慈善文化的价值理念

（一）"信任为基、诚信为本"的资助理念

思源慈善文化工作本着"信任为基、诚信为本"的理念，以学生全面发展为目标，从关注学生的物质需要与精神需求出发，科学设计和执行慈善助学工作。学校秉持对每位家庭经济困难学生的"尊重"和"信任"，学生可以结合自己的实际经济状况自主向基金会递交申请，基金会再根据学生的需要提供个性化的资助。资助过程采用个别申请，个别谈话的方式，充分尊重学生的隐私。在资助的同时要求学生承诺"在有能力的时候反哺社会"，但承诺没有限定数额，更没有限定时间，一切都建立在信任之上，信任学生能感恩反哺、传递爱心，能完成受助学生从"受助"到"自助"再到"助人"的完美蜕变。"信任为基、诚信为本"的资助理念立足培养受助学生的自立自强精神，为学生本人创造了接受高等教育的条件和机会，激发其学习的内在动力。

（二）"人人可慈善，慈善成习惯"的工作理念

慈善是一种正义，是一种责任。相较企业慈善而言，个人慈善更能体现"超义务性"，不被经济动机、经济利益所支配，是发自内心、追求道义的行为。慈善让很多急需得到帮助的人能够及时得到切实的帮助。思源慈善文化工作中坚持"人人可慈善，慈善成习惯"的工作理念，引导大学生加入慈善公益队伍，积极参与各种爱心"微公益行动"，践行社会责任，在日常的公益实践活动中形成长期稳定的行为习惯。如果在校期间慈善能成为学生的一种习惯，一种意识，那他在毕业后必定会怀着一颗感恩的心，以实际行动持续地参与慈善公益活动，奉献自己的爱心。那样，慈善的行为就会永不枯竭，中华民族的美德将会更加发扬光大。

（三）"人人参与，实践养成"的育人理念

思源慈善文化的感恩教育有三个层面的内容，即"感恩价值引导、感恩情感认同、感恩实践体验"。学校专门开辟实践基地，开发实践项目，鼓励和引导大学生们积极参加各种慈善公益实践活动，让学生在实践中体验慈善文化，不断提高思想觉悟、认识水平和实践能力，提升优秀品质和思想境界，使"慈善"内化为学生的精神追求，外显为学生的自觉行为，使社会主义核心价值观成为大学生们思考和解决问题的基本准则。

第二节　思源基金，学生在受助中反哺成长

2007 年学校成立思源基金，实施"基金资助—学生反哺"的慈善助学模式，建立了"捐资—解困—扶志—成才—回馈"的良性循环体系。

一、思源基金的运行模式

（一）加入慈善组织

宁波市北仑区慈善总会是依法登记注册的非营利公益社会团体，其主要工作职责是发动和依靠社会力量开展赈灾救助、扶贫济困、敬老助残，等社会救助工作。

2007 年，宁波市北仑区慈善总会设立了北仑区慈善总会宁波职业技术学院慈善工作站（2014 年 4 月成立宁波职业技术学院慈善分会），同时成立了慈善助学冠名基金——思源基金。学校慈善分会会长由学校分管领导担任，并兼北仑区慈善总会副会长，分会秘书长由学生工作部部长担任，副秘书长由资助中心干事担任。分会设立思源基金项目办公室，配备专属的项目执行、管理团队，负责联络、筹资及基金的资助与管理。

分会按照总会章程开展慈善活动，接受总会的监督管理及业务指导。分会制定了《宁波职业技术学院思源基金管理办法》，内容涉及基金来源、基金募集、享受税收优惠政策、基金使用原则、基金使用范围、基金使用审批、基金管理等方面。思源基金的成立，可以更好地动员社会力量参与慈善助学，规范管理社会各界对学校的各类捐赠，保护捐助人、受赠人和受益人的合法权益，充分发挥社会捐赠在学生资助和学校建设发展过程中的重要作用，保证了工作的有序开展。

（二）募集捐款和管理

1. 募集捐款

筹集捐款，是慈善基金的首要任务，也是思源基金的财政基础。思源基金接受社会各界的捐赠，宁波市北仑区慈善总会为思源基金设立单独账目，统一实行信息全公开制度。思源基金所募集的捐款坚持"自募自用"的原则，由学校自行制定管理办法，专用于学校的助学项目。从捐赠形式来看，有"慈善一日捐"、校友年度捐赠活动，爱心义卖、企业冠名基金等。从募集的对象来看，主要有企业、校友、教工和社会爱心人士。思源基金倡导"人人可慈善，慈善成习惯"的理念，追求捐款的平民化和持续性，使越来越多的学生家长、职工家属、企事业单位员工等都加入了捐款队伍。

2016 年 9 月，我国首部公益慈善领域的基本法《慈善法》正式实施。《慈善法》规定，慈善组织若要直接开展公开募捐，应当取得公开募捐资格。北仑区慈善总会属于具有公募资质的公益组织，开发了互联网慈善捐赠平台，为思源基金开展网上公募提供了合法、便捷的渠道。思源基金坚持自愿无偿的原则，通过不摊派的方式来募集。捐款除了银行转账、现场捐赠、上门服务等方式，还开通了网上捐款服务。网上捐款主要有两个途径：一个是在慈善总会的公募平台，思源基金作为专项项目面向全社会募捐；另一个是在学校的办公系统，学校教职工只需登录 OA 系统选择捐款金额和支付方式即可完成捐赠。基金会工作人员会根据教职工的个人意愿落实支付、开具发票等后续事项。教职工可以在系统里查看自己的捐赠记录、捐赠发票和捐赠证书。

2. 规范管理

慈善基金的公信力是慈善组织的生命，信息准确披露、规范管理、合理使用是直接影响思源慈善基金公信力和助学育人效果的重要工作环节。思源基金设立之初，与宁波市北仑区慈善总会合作的初衷就是将慈善基金的公信力建设摆在首位。学校慈善分会秉承让学生满意、让社会放心的原则，根据慈善章程制订了一套完善的内部管理制度。所募集的资金通过区慈善网站和学校 OA 系统进行反馈和公示，及时向师生及社会各界公布捐赠使用情况，使每笔慈善捐款的来源和去向能够及时汇总和公布，确保了募集资金能及时入账，使用时公开透明，也让每一笔捐款能发挥其应有的效能和价值。

二、思源基金工作机制

（一）依托"慈善组织"的管理机制，打造高校慈善生态格局

思源基金会的运作管理方式符合现代慈善助学的价值理念。社会性民间公益团体的运作是其组织基础，捐赠者的个人意愿是慈善事业的实施基础。为了保证慈善资源的有效开发和运作，现代慈善助学遵循"陌生人伦理"的价值理念，一改以往常见的"结对资助"模式，由个人或组织把物品和资金通过合法的慈善组织以社会资助的方式用于公益事业。现代慈善助学是建立在自愿和信任基础上的行为，无特定对象，双方无需相识和相见。现代慈善助学的实现过程是由捐赠方、慈善组织和受助方经过接受捐赠、资金管理和实施资助等环节完成的。社会上的慈善组织在开展慈善助学过程中，由于捐赠方与受助方分离，会出现个人捐赠意愿与慈善组织的资助对象不一致的现象，这会使捐助人的权利受到损害，影响民众参与慈善捐助的积极性。思源基金受助对象是学校认定的家庭经济困难学生，基金会通过学校了解学生的家庭情况和在校学习、生活情况，采用自募自助的模式，在整个运作过程中充分尊重捐助人的意愿，以最经济、最有效的方式运用慈善资源。

学校慈善分会依托北仑区慈善总会，不仅使思源基金有了合法的组织身份，而且能按照政府、企业、社会、学校"四方联动"机制运行，确保了基金募捐、资助、宣传及财务管理的规范运行，有利于运行团队的成长，更推动了基金会的持续发展。一些社会组织的日常事务性工作，如基金审计、提交年度报告、社会组织考核、免税资格等全部由慈善总会完成，减少了大量的事务性工作，学校可以全身心投入到基金的运行过程中，更好地动员各界社会力量来募集资金，充分发掘和使用好各种慈善资源，用募集到的资助金帮助最需要帮助的学生。

（二）融入"慈善文化"的育人元素，打造学生资助育人模式

慈善就是人与人相互帮助、爱护和关心的行为和关系，就是人帮人的活动，是一种道德。① 慈善事业是一项社会性救助事业、一项与爱心有关的社会性事业。与社会慈善不同，高校慈善工作面对的资助群体是学生，因此必须围绕着培养人才这一核心目标来进行，这不仅关系到个人成长发展，还关系着社会的进步和发展。

高校通过聚集、调动社会各界力量对贫困学生进行帮助，使他们在接受帮助的过程中主动承担责任，传递奉献互助的道德风尚。高校慈善工作通过经济资助方式帮助困难学生，要让他们在感受到人间真情与关怀的同时，触发大学生慈善意识的觉醒，加强其对社会进步及经济发展的认可，高校设立慈善助学基金对社会慈善事业的可持续发展有着积极的推动作用。虽然给予贫困生的帮助是有限的，但这能唤醒在校师生、社会成员的慈善意识、理念，这种实实在在的慈善教育比理论说教更有说服力。这种慈善文化有着不可估量的社会效益，在一定程度上推动了社会发展，为构建和谐社会奠定了坚实的基础。

宁波职业技术学院始终以帮助学生解决现实需求为重点，充分尊重每一个贫困生，不让他们因家庭经济困难而辍学，给予他们公正、平等的帮助，在慈善助学中坚持"助人自助"的理念，而不是"一刀切"的资助标准，由学生在获得其他资助项目后再自主提出申请，申请金额也完全根据其家庭实际状况与实际需求来确定。

家庭经济困难大学生也是高素质的群体，每个人都有自己的专长领域，学校可以组织各种深入社区的社会实践服务活动，组织开展义卖、义演等各种"献爱心"活动，开展文明宣传、爱心维修、拍照服务、交通秩序维护等，让他们参与其中，在实践活动中升华个人的价值，感受人间真诚的关爱。

---

① 黄雁玲. 慈善与感恩：贫困大学生民间助学问题探讨[J]. 黑龙江高教研究，2009（3）：115—117.

三、思源基金成效

从 2007 年成立至今，思源基金接受几百家企业、数千名爱心人士和万余名宁职院师生的爱心捐款共 1400 余万元，近年来，每年接收到的捐款超过百万元，累计资助 1187 名学生，金额达 520 余万元。迄今为止，思源基金已经陆续收到 500 多名受助学生向思源基金回捐的款项，共计 220 万元，真正实现了爱心传递。

（一）拓展资助资金，帮助贫困学子圆大学梦

通过建立思源基金，拓展了资助资金的募集渠道，累计募集资金达 1400 余万元，对国家资助体系提供了有利补充。也让学校学生资助做到了"应助尽助"，十年来实现了贷款"零欠费"，校园地"零贷款"。思源基金"贫困不是错"的宣传增强了贫困学生的自信心，基金周密细致的审核可以让贫困学生找到心灵的归属感和安全感，基金的发放让困难生彻底摆脱"欠债"的精神压力。

思源基金在资助本校贫困学生的基础上，更把一份社会责任和慈善理念传递给其他学校和社会。思源社会救助辐射到了西藏职业技术学院、雅安职业技术学院、绍兴职业中专，宁波农民工子弟学校以及其他灾区慈善机构、社区居民。思源基金在西藏职业技术学院设立了分站，已资助了90 名学生，累计资助金额 27 万元。2013 年雅安发生地震后，思源基金向雅安职业技术学院对口资助了 10 万元。余姚受到"菲特台风"后，在灾情发生的第一时间，思源基金就向相关部门及时捐赠了 8 万元，并将方便面、矿泉水、饼干等物品发放到了灾区群众手中。玉树地震后，思源爱心超市联合鄞州银行公益基金将募集的冬衣、冬被、围巾等上千件物品送到了岷县。思源基金还开展多次以"爱心书包"为主题的微公益资助活动，项目辐射到了云南、新疆的中小学，捐款献爱心累计金额达 10 余万元，收到了良好的社会反响。

（二）实现了"自强自立、诚实守信、感恩社会、爱心传递"的育人目标

思源基金采用的是自强自立的激励措施。思源基金"基金资助—学生反哺"的资助模式更尊重学生的主体地位，有利于培养贫困学生的自强自立意识。这种模式改变了学生被动接受资助的局面，学生能够根据自身的实际需求选择申请的金额和反哺的方式；受助者是"预支"未来，承诺自己将来有能力的时候"回捐"，这样他们可以欣然接受基金的资助，把资助作为自立的动力。这种由"受助人"转变为"捐赠人"的过程，不仅仅是一个角色的转变，也是在帮助他们增强自强自立的信念，克服依赖心理，摆脱消极情绪。

思源基金是诚实守信的教育手段。思源基金与受助者签订的是道德协议，受助者是用学生的诚信作为担保，承担在一定期限内保证按时还款的义务。思源基金助学金的还款方式不是强制约定的，而是凭学生的诚信和自觉。在期限和额度上都没有明确的规定，充分尊重学生，给予学生无条件的信任，学校通过这种方式承担起教育学生诚实守信的责任。

思源基金是感恩社会的引导者。在"不使一个学生因家庭经济困难而失学"的工作目标的指引下，思源基金体现了国家和社会对贫困生的关爱。基金在募集过程中，师生、校友、企业等社会各界的积极参与，充分体现了他们的爱心和奉献精神，使困难学生深受感触；增强了师生的情感，使学生热爱母校的情怀更加浓厚，回报母校的愿望更加强烈。这种模式也照顾到了受助者的心理，把受助者被施舍的压力和有亏欠的感觉转化为对全社会的感恩，提高了育人工作的实效性，有利于培养饮水思源、回报社会的责任和担当。

思源基金是传递爱心的有效载体。所有向思源基金捐款的人，都通过思源基金真正实现爱心的传递，受助者通过反哺助力了爱心的传递。思源基金在实现一定的捐款资金的积累后，就可以形成"曾经"受助的学生资助"未来"受助者的良性循环。毕业生叶佩军在揣着21300元钱回到阔别三年的母校捐款时说："三年前，是学校的思源基金帮助我渡过了难关，现在，我想反哺思源基金，让我的学弟学妹们也受益。"一句朴素的话语，却是最真诚的动力，也是受助学生最好的教育案例：接过学长的爱心接力棒，把这份爱传递下去，帮助更多需要帮助的学弟学妹。

受助学生在接受基金资助时，无须低人一等，而对未来有了更美好的预期，决心今后一定通过努力反哺思源基金，帮助更多有需要的人，这有利于消除贫困学生中极易产生的依赖心理，树立自强自立的信念，激励其实现自身的价值。"以实际行动回报社会，奉献社会、传递爱心"是思源基金对受助学生的道德要求，其目的是教育受助学生做一个懂得感恩、诚实守信的人，实现"饮水思源，感恩社会"的爱心传递。

第三节　慈善实践基地，学生在践行中升华境界

"纸上得来终觉浅，绝知此事要躬行。"实践是一切认识和理论的前提，人首先是行动的主体。思想道德教育归根到底是一种实践教育，是培养思想行为的养成教育。在大学生慈善意识的培育中融入实践教学，鼓励大学生积极参与公益实践，是高校贯彻落实立德树人的重要载体。校内慈善教育实践基地，倡导"重在参与，着重行动"的理念，以大学生为实践主体，挖掘学校慈善特色资源，让大学生通过日常生活感受慈善、参与慈善、深入慈善实践，从事新探索，形成新思想，改善社会风气，构建慈善实践活动的长效机制。

一、思源慈善实践教育基地的建设思路

（一）慈善教育与实践教育相结合，培育大学生的慈善意识

实践育人是在尊重教育发展规律、人才培养规律的基础上形成的科学的教育理念。"人的正确思想，只能从社会实践中来"，在实践活动中，大学生不仅能够获得知识和文化，完善自己的知识结构，提升自己的认知水平，而且还能够锻炼思维模式，获得心智上的成熟和发展。实践育人的体验性特征，决定了实践育人工作更是德育、美育、体育、劳动等育人工作的基本实现载体，是实现素质教育的基本途径，特别契合高职院校技术技能人才培养的规律。

实践育人是培育和践行社会主义核心价值观，促进大学生全面发展的根本途径，在思政教育中具有不可替代的重要作用。实践育人聚焦于实践，立足于育人，能巩固提升大学生的专业素质技能，锻炼解决实际问题的能力和创新意识。实践育人空间范围广、实践内容丰富，能使大学生亲身感悟国家民族的发展进步，从而增强他们的理想信念和社会责任感。大学生理想信念得以升华，就会进一步坚定大学生在中国共产党领导下实现中华民族伟大复兴中国梦的信念。

大学生慈善意识的培育需要通过持久的实践内化形成。大学生群体有着无限的活力和丰富的想象力，能充分利用慈善的知识精华，丰富创新思维，创造出丰富多样的公益活动，获得更深层次的体验，从而深刻理解慈善文化的真正内涵。慈善实践育人就是利用广袤的教育资源，打破固有框架，使大学生通过慈善实践能更加深刻地理解慈善本质，领会慈善价值，把慈善精神内化为自己的认识和思想，从而吸引更多的人积极参与社会公益活动。大学生通过慈善实践体验，能更好地激发他们的创新思维，锻炼他们的身心意志，强化他们的精神归属和价值认同。

校内慈善实践基地的建设使得每一个大学生都有机会表达善念。大学生正处在价值观形成的关键时期，是培育和践行社会主义核心价值观的最佳时机。但大学生经济尚未独立，属于社会大众中经济力量较为薄弱的群体，难以做到经济价值的捐赠参与。但他们富有热情，可以用所学知识和富余的、碎片化的时间做力所能及的小事。他们只要在爱心超市购买一件商品，捐出一件闲置的教材或者去任何一个项目做一小时的义工等都可以实现慈善实践。慈善实践项目改变了传统的慈善模式，以其简单易行、参与面广、自主性强、透明度高的特点，激发大家一种"勿以善小而不为"的社会责任感，使慈善事业走到大学生身边，实现了慈善旁观者向参与者的转变。

（二）慈善实践教育与"专业学习"相结合，增强大学生的专业意识

大学生作为参与慈善公益的集中群体之一，大学专业的多样性赋予了大学生多样的专业技能，将慈善公益实践与大学生的专业特色相结合，发挥自

身优势，从多角度、多方面关注和参与公益活动。慈善实践基地在选择活动项目、确定活动的具体内容方面，设计出与大学生专业契合的实践项目，实现大学生专业方向与慈善需求点的精准契合，为慈善实践教育的发展注入活力。围绕专业学习任务来组织展开，有意识地加强专业知识的渗透和运用，进一步提升大学生的专业意识，增强社会适应性，做到理论与实践相结合。

首先，可以在慈善实践中提升专业成就感。参加融合了专业特色的慈善实践活动是大学生在真正步入社会之前最好的锻炼方式。大学生可以在实践中将所学的专业知识灵活应用于慈善实践，服务于慈善实践，在实践中检验水平和能力。还能够帮助大学生将自身的专业优势和个人能力充分展现，不断完善自己的知识结构，巩固专业知识，发展专业技能，增强社会适应性，实现大学生自我价值的提升和增强专业成就感。

其次，可以在慈善实践中提升专业能力。大学生是实践活动的参与主体，有专业教师对学生参与慈善实践活动进行指导，尊重学生的主体地位，充分发挥学生在实践教育活动中的积极性和创造性。在项目开展中会碰到各种技术难题、临时状况，能让学生在实践中寻找差距，发现自身不足，明确专业的发展现状和努力方向，激发和培养学生的专业兴趣，为专业能力的提高搭建平台。

最后，可以体悟职业的社会价值。慈善活动贴近实际、贴近生活，能尽己所能帮助他人，是一种实现助人与自助、他利与自利相统一的综合活动。运用专业的理论知识扩充实践经验，将知识延伸到社会，可以使大学生在慈善实践活动中帮助他人解决困难，带去帮助，在活动中体会到专业的乐趣、价值和在社会中的地位，增强专业自信心和职业荣誉感，促进慈善实践教育活动的目的性、教育性、服务性和效益性的统一。

二、思源慈善实践教育基地的建设管理策略

慈善事业的生命力在于实践，在于每个社会成员的自觉行动。思源慈善实践教育基地建设在制度设计上突出"慈善"主题，倡导"人人参与、

人人贡献"理念，追求慈善的体验和实践，具有明确的现实性。每个大学生都是文明的使者，思源慈善实践教育基地提供了一个人人慈善的平台，把慈善公益变得与每个大学生息息相关，将大家的爱心汇集起来，积少成多，聚沙成塔，形成一股强大的慈善力量。

（一）明确内部管理定位：部门协调，全员参与

大学生是国家宝贵的人才资源，作为充满智慧与活力、富有责任感与使命感、富有生命力与创造力的新一代，大学生是发展慈善事业非常重要的一支力量。学校各级党政领导和老师们从培养青年人才的战略高度来认识和发展大学生慈善实践教育，支持并参与对青年大学生的教育和培养。学校把开展慈善实践教育活动作为新时期思想政治教育的新领域，作为全面推进素质教育，培养德智体美劳全面发展的社会主义事业建设者和接班人的重要举措。

学校高度重视，全校紧密配合形成工作合力，将普通个体的力量汇聚起来，放大爱心和善举，全校朝着和谐的方向进步。慈善实践育人丰富的实践内容和丰富的育人手段在大学生综合素质培养中发挥了独特作用。实践育人不仅能够培养学生的实践动手能力，更是培养人实践创新能力的基本途径，也是培养学生健全个性和健康人格的基本方法。慈善实践教育工作不能仅靠一个组织来完成，而应当是涉及社会各界和学校各个方面的一项系统工程。从确定建设慈善实践教育基地开始，学校对慈善教育就做出全面部署和系统安排，调动全校力量，把慈善文化与社会实践教育结合起来，把正确引导与学生自我管理、自我教育结合起来，形成全员关心慈善实践、支持慈善实践的良好局面。在慈善总会的指导下，由学生工作部牵头主导，基建处、团委等部门支持与配合，共同探讨实践基地的场地安排、基础建设、项目规划、门头广告设计等等，短短三个月就完成了基础改造和设施设备布置等工作。各二级学院领导也高度重视，积极筹划，争抢入驻实践项目，分别组织学院党总支副书记、辅导员形成工作团队，还引导很多专业教师参与到慈善实践项目的业务指导中来，为项目的高质量开展提供了强有力的保障。

慈善实践教育基地的建设，激发了大众对慈善的兴趣，拓宽人们对慈

善的认知，以培养大学生勇于探索的创新精神和解决实际问题的实践能力为工作的出发点和落脚点，服务于思想政治教育和育人工作的大局，提升了大学生的社会责任感，塑造了大学生的良好道德品格和身心素质，最终实现实践育人的目标。

（二）明确建设运行机制：项目制运作和团队式管理

慈善实践教育基地根据学校场地的现实情况，共分六个区域，安排六个项目入驻。建设项目包括如下原则。一是符合主题。项目首先要坚持"慈善公益"项目存在的价值和意义的这个主题，要保证项目过程中任何一个要素（如团队用人、盈利使用）都要具有公益性，对预期效果没有消极影响是主要依据。二是有需求。满足校内师生的需求，这是项目能够可持续发展的基础。三是可执行性。对所要进行项目的每个环节都要进行可操作方面的考量，便于项目的实施和品牌的运作。四是创新性。这是项目管理的重要元素，也是进行项目化管理的意义所在，每项慈善基地项目都要有成果创新、方法创新等，以推动慈善实践教育基地项目化管理的发展。五是经济性。项目化的引入符合学校成本管理意识，即讲求投入产出，而这一指标也是慈善可实施、可持续运作的保证。六是团队优势。申报团队只有充分利用自身的资源优势来开展和实施公益项目，才能达到事半功倍的效果。认真审视和分析自身的优势与长处，整合多方资源，获取政策、资金支持，尽量避免在自己不擅长的领域开展工作。

项目化管理要在遵循科学的过程方法的基础上形成一定体系，更好地保证项目充分、合理、有效地实施。第一，确定需求和期望。慈善实践项目从最初的设想开始就要建立在校方和学生双方的需求和期望之上，绝不能是校方的一厢情愿，而要与师生的基本需求相关，实现双方同样的期待和希望。第二，建立方针和目标。通过慈善主题明确此项校园文化活动所要体现的文化要素，明确项目管理的发展方向是什么，项目活动最终实现什么目标和收获什么成效。第三，确定过程和职责。按照本项慈善实践项目设立合适的项目组织机构，明确项目团队及其人员职责，清楚项目制定的管理制度以及项目的关键节点。第四，确定并提供资源保障。慈善实践项目资源是项目计划书中不可或缺的内容，主要包括人员、物力、经费、时间等各种资源要素，这些资源是项目化管理精细程度的保障，在一定程度上决定了整个项目的效果。第五，实施测量和监控。活动过程中产生的阶段性成果、完成进度、资源损耗等，需要进行识别和测量，以便做到有效地监控。第六，调整和变更。在对校园文化活动的监控中，要关注项目实施中出现的安全、技术、质量管理等风险点，要尽量消除已发生的风险或将不良影响降至最低。

学校建立慈善实践专项经费，用于有特色的、有发展潜力的慈善实践团队的运作。学校还成立专门的工作委员会，严格考察专业融合慈善实践项目的可行性，发掘出有潜力、有社会价值的项目进行经费支持，鼓励项目成功实施。

（三）明确项目经营理念：内容生活化、策划新颖化

思源慈善实践教育基地的建设降低慈善参与的准入门槛，策划项目具有大众化、生活化、简易化等特点，以创新生活化的项目内容，新颖化的经营方式，增加慈善体验的吸引力，激发广泛参与，以一种崭新的方式培育大学生群体时尚的慈善生活方式。同时，也让学生借助慈善实践基地低门槛、低成本的特点参与慈善，在慈善事业中尽自己的绵薄之力。

思源慈善实践教育基地从选址开始就充分考虑到要与生活区有效结合，也在一定程度上决定了学校慈善文化建设项目的活力与推广水平。教育实践大多还是需要在课余时间进行，并且很多入驻项目也和大学生的生活息息相关的。生活区主要承担了学生们的课余生活和日常生活、休闲需要，而校门、食堂、宿舍这些融合点又是人流量聚集的地方，同时也是学生活动和交流的地方。校门口距离道路近，社会人员容易到达，更能方便地与社会接触，同时也最能吸引视觉注意力。目前，思源慈善实践教育基地已经成为校园的标志性场地。

思源慈善实践教育基地把慈善项目融入学生生活区，无论是购物还是休闲都能体会到慈善。通过教育引导、舆论宣传、实践养成、文化熏陶等，使慈善意识内化为人们的精神追求，外化为人们自觉的生活行为。通过强

化微公益理念，开展多种多样的公益活动，从捐赠一支笔，购买一包纸巾，做一小时收银员等一些微不足道的生活小事做起，慈善就在身边，让慈善精神植根于大学生心中，融入大学生日常生活。同时，学校积极借助"积分制""志愿者服务"等管理模式，引入班级竞赛等活动，激发学生的责任意识和参与热情，改变他们参加活动散漫的行为，形成加强自身修养和服务的自觉意识。

总之，思源慈善实践教育基地以低成本、大众化、简易化等特点吸引大学生参与，完成了慈善参与从高成本向低成本的转变，为积累和传递爱心创建了一个畅通的平台。通过科学合理的规划运行，唤起了更广泛的慈善意识，鼓励和发动更多人践行义举，形成一种具有情感温度的慈善文化氛围，真正把"慈善"全方位、全过程、全校园融入到大学生的学习生活中，假以时日，一定会促成更加高效的社会性慈善行动。

第六章　高职院校慈善助学育人典型案例

第一节　慈善文化实践项目

校内慈善实践基地的设立，可以高效利用校内资源，发挥专业特色，满足校园慈善文化育人的需要。开展校内慈善实践教育，既可以有效发挥师生群体的主观能动性，提升参与感，又增强学生群体与校园文化建设之间的互动、融合，培养学生关心学校、服务社会的责任意识。2016年，学校以学生人才培养需求为导向，以慈善文化建设为出发点，将学生生活区的临街商铺全部用于思源慈善文化教育实践基地建设，将慈善教育落实，在慈善教育工作探索中取得了一定成效和经验，具有较高的推广意义和研究价值。

一、思源爱心超市——捐物也慈善，购物献爱心

（一）项目背景

慈善超市进入我国已有10多年，但普遍存在发展后劲不足的问题，纷纷关闭或者举步维艰地维持着。学校要办爱心超市，既要重视商业属性，也需要融合公益属性，确保有造血能力，办得红红火火才能让师生感受慈善的魅力，才能弘扬慈善精神。学校充分利用学校的合作企业资源、志愿者队伍等优势，有了合适的场地、固定的货源，加上科学合理的运行管理和稳定的销售市场，真正营造了人人可慈善的氛围。

（二）项目运行

思源爱心超市紧紧围绕"慈善育人"理念，采取"学校主导、各方参与、学生管理"的运行模式，采取可持续的发展思路，充分结合"校情、商情"

打造便捷的慈善体验和超市经营，实现主体自主化、场景真实化、管理经营化、商品市场化和盈利公益化，运行模式如图 6-1 所示。

图 6-1　思源超市运行模式

　　思源爱心超市的场地由学校无偿提供，约 160 平方米，每天经营时间10 小时，从 10 点到 20 点。思源基金和学校共投资 20 万元用于购置超市商品和基础设施建设，POS 系统、网络化商业管理系统、监控系统等一应俱全。经营的商品来源有两个：一个是手工作品义卖商品，商品是由超市采购原材料，贫困生、志愿者经过培训或利用专业、特长制作生产的手工制品，如刺绣手帕、十字绣作品、头饰等。对制作的商品进行统一估价、上架义卖；另一类是采购来的商品，如小百货、洗漱品、小饰品、文具办公用品、寝室用具等。采购来的商品主要来自校企合作的商家，货源丰富，供应稳定，还特意为超市提供退换货的服务。

　　思源爱心超市通过项目化团队管理，聘请专业教师和企业人士担任指导教师，通过招募志愿者担任超市管理人员，采取有经验的高年级义工担任店长助理和部门负责人，导购、收银等普通岗位定期招聘的团队管理机制。所有店员根据岗位和工作时间接受进销管理、商品陈列、财务管理、收银等岗位的理论学习、实操训练、实习上岗等系统化的业务培训。岗位分为勤工俭学岗和志愿服务岗两类，主要参与业务管理的店员一般由贫困生担任，纳入学校勤工助学岗位，满足学生对勤工助学的需求；志愿服务岗主要为导购、货物整理等岗位，面向所有校内学生，采用自主报名的形式，每个时间段有 4 ～ 8 名同学参加，志愿服务时间纳入第二课堂积分管理。

　　思源爱心超市倡导"购物献爱心"，超市的经营所得全部捐给思源基金，用于贫困生的资助。超市采用积分制，每位教工、每个班级都有"爱心积分"账户,购物结算后都计入爱心积分账户,每消费1000分将以班级名义给思源基金捐赠100元。学校学生资助中心也会给贫困生发放生活补助券,让他们在思源爱心超市自行选择生活用品、文化用品等。

(三)项目特色与成效

思源爱心超市自运行以来,几乎每一位师生都有过超市消费,周边不少居民也经常光顾超市。思源爱心超市营业额年均达100多万元,每年为思源基金捐款20余万元。每年有300多位学生加入运营团队,1500人次学生提供了10万小时的义工服务。

思源爱心超市把商业模式与慈善公益相结合,打造了一个造血式、可持续发展的慈善超市。超市采用自负盈亏的经营方式,经营团队在合作企业的指导下充分结合学校真实的商业环境经营超市,丰富货品种类,明确市场定位,创新运营方式,提升团队活力,构建了适应市场需求的、具有自我发展能力的慈善超市市场化的运行机制。超市的商品不仅在样式、品种上能及时适应学生消费需求,而且在价格上也极具优势,让师生能买到物美价廉、高性价比的商品。比如每年新生开学季,进货以新生入学入住的生活必需品为主,如脸盆、水桶、床上用品、水杯。由于有一手的进货渠道,这些日用品价格比周边超市便宜15% ~ 30%。每年仅床头可挂的收纳架就可以卖掉上千个,军训用的神器鞋垫经常都卖断货。

思源爱心超市为贫困生提供了实践锻炼平台,是发展性资助的尝试。超市最大限度地扩充了学生勤工助学岗位,满足了学生对勤工助学的需求,参与学生不仅获得了经济酬劳,而且参与了超市经营,提升了综合素质。超市发挥学生们的能动性,让他们去展示能力,主动学习,挖掘潜力,让学生在解决自身贫困问题的同时,获得真正参与慈善的实践锻炼平台,提升自立自强与感恩服务的意识。超市管理团队系统接受零售、商品、市场调研、市场营销策划等知识的学习训练,提高了经营管理能力,增强了创新创业意识,为今后的职业发展奠定了良好基础。

二、有爱小屋——节俭、环保，让闲置用品流动起来

（一）项目背景

随着人们生活追求的提高，出现许多闲置物品，弃之可惜，如何处理让人大伤脑筋。屋子里存放的物资越来越多，占据了有限的空间。不少闲置物品往往与全新物品并无二样，鲜少有瑕疵或破损，随意丢弃又不免觉得可惜。在这为难之时，若能将闲置物品捐赠给慈善组织，重新发挥价值，是许多人乐意接受的结果。

比如有小孩的家庭，随着孩子的心智成长和身材发育，许多物品因不再适合使用而闲置下来。家长们非常乐意把孩子不用的物品送给其他有需要的孩子，用实际行动教育自己的孩子要常怀一颗善良的心，更是推动"幼吾幼以及人之幼"的爱心传递；多余衣物占据了衣柜空间，年轻人愿意"断舍离"地将旧衣物捐给贫困地区和贫困人员，在收获更多空间的同时获得助人的心理愉悦感；毕业生要离校了，一大堆书本、运动物品、日用品不想带走，丢弃了又觉得十分可惜，而寄走又要花一大笔运费，不如把这些东西捐给慈善组织，既能拥有告别校园的神圣仪式，也能让自己踏入社会有个美好开端。

（二）项目运行

有爱小屋 30 平方米左右，接受师生、社会爱心人士和企业将闲置的物品捐赠，物资由志愿者管理团队重新包装后，视物品的捐赠情况分别采取"回收—处理—出售"和"回收—处理—捐赠"的方式进行义卖或者慈善救助，尽可能地使其发挥最大作用，并将义卖所有收入都捐给思源基金。

小屋的面积有 30 平方米左右，平时无人值守，捐赠者自行捐赠物品，在捐赠册上登记，并根据物品的新旧程度、价值等情况填写建议售卖价格。捐赠的商品琳琅满目，有外贸企业校友的尾单商品，也有师生捐赠的教辅资料、收纳箱、公仔、听力耳机、数据线、羽毛球拍……对于捐赠数量较多的，还可以提供上门取货的服务。有爱小屋项目由化学工程学院

的志愿者团队负责运营和日常管理，包括宣传推广、物品整理、消毒处理、陈列布置、卫生打扫等。严格的消毒处理环节能让大家放心接受闲置物品，避免一些健康风险。宣传推广非常重要，通过店门口的展示、周边社区的义卖宣传，引导大家接受再利用的闲置物品，认识到购买合适的旧物是一种环保公益理念，并不是丢面子、失身份的行为，让师生和居民对闲置物品产生认同感，同时也鼓励他们加入"捐物做慈善"的队伍，使有爱小屋具有持续运作的基础，也引导人们崇尚勤俭节约的生活方式，倡导绿色环保的良好风气。

有爱小屋内的商品实行"无偿"和"自行定价"方式，有需要的人可以免费领走，也可以参照建议价格，通过屋内收款码自行支付一定金额。对于有些物资，如衣物、书包、儿童读物等，每年会不定期通过慈善部门或对口支援的单位捐赠给有需要的人。

（三）项目特色与成效

有爱小屋的物品几乎每个月都能进行更新，累计收到上万件闲置物品的捐赠。有校友捐赠的外贸尾单，有爱心企业捐赠的文具用品，更多的是师生捐赠的教辅资料、体育用品、寝室用具等等。

有爱小屋资源的合理配置和循环使用，有利于推行节俭、环保的生活方式。通过闲置物品再利用，把爱心物资变现，盘活了物资，实现了资源循环利用，弥合了校园资源浪费和资源需求之间的鸿沟。有爱小屋创设了学生参与慈善事业的低门槛，传播着友善、诚信的价值观。闲置物品捐赠对于在校生来说具有可持续、可实施的特点，对于慈善事业的发展来说更具环保意义，与捐赠其他财物同等重要。这些物品降低了校内外弱势群体的生活成本，信任和尊重的购物方式也有助于鼓励他们自立自强、感恩社会。闲置物品再利用能够对慈善事业发展发挥极大的促进作用，使得慈善事业有了更多的源头活水，有助于扩充慈善组织的资金来源和经济实力，助推高校慈善教育事业的发展，为中国的慈善事业添砖加瓦。

三、爱心维修服务站——爱心维修，一路护航

（一）项目背景

随着电脑在校园里的普及，电脑出现故障，以及系统维护、应用软件安装等，对同学们的学习和生活造成了一定程度上的影响。小家电损坏时，需要花钱修理，在很多时候修理的钱都能买个新的，有些干脆直接丢掉换新的，非常浪费，也很不环保。爱心维修服务是学校的一个传统服务项目，原来受场地限制，只能不定期、摊位式地开展临时服务活动，给活动开展造成极大的不便，无法满足校内外师生和居民的需求，思源慈善实践教育基地的项目入驻解了这个燃眉之急。

（二）项目运行

爱心维修服务站由电子信息工程学院的专业技能协会承办。团队打破专业限制、学院壁垒，充分发挥社团的组织优势，吸引有专业基础、勤于钻研、乐于助人的同学报名，经过层层选拔、考核方能入选。社团还聘请优秀的专业教师作为指导，以工作坊选修课的形式，定期开展前期理论和实际操作的专业指导，在服务中碰到技术难题时，他们也亲自上阵示范、指导。社团还实施学长助教制度，实现新老社员的"传帮带"，经常开展活动提供专业资源的交流与共享，增强对电脑硬件、家电设备的技能掌握，为大家提供一个交流和展示自我、提高自我的平台。

爱心维修服务站主要开展两类服务。一是计算机网络服务类。包括电脑问题咨询、解决，上门系统维护，应用软件安装，局域网组建等；二是小家电维修类。维修的物品包括台灯、热水壶、电吹风、排插、MP4、手机、耳机等小家电和通信工具。服务站不收取人工费用，但在维修中，若要更换零件，会联系物主告知需要更换的零件和市场价。服务站除了在校内服务师生、居民，还坚持每月到周边社区开展巡回服务，为广大师生和社区居民提供便利，赢得了一致好评。

爱心维修服务站为了更好地给客户提供便利，自己研发了"维修服务"

小程序，能够提供客户情况、物品登记，维修记录、通知领取等服务。小小的服务站布置得井井有条，有接待区、零件区、工作区等。负责登记的志愿者们热情地接待客户，并将每件物品认真排号，贴上标签然后放置到维修箱里。维修处的人员一丝不苟地检测电器发生故障的原因，然后对症下药，认真维修，排除故障。物主每每拿着修理好的电器，总是对爱心维修服务站服务人员娴熟的操作技能、精湛的技术和慈善的公益精神赞不绝口。

（三）项目特色与成效

爱心维修服务站自 2006 年成立至今，常年提供免费维修服务，维修项目从创办之初的小家电维修，一步步拓展到手机、日常电器的维修，参加专业维修的志愿者已超过 1200 人，平均每天维修近 10 件物品，维修的成功率高达 90％ 以上，每年服务时间近 1 万小时。通过爱心维修服务站的精心运营，将专业知识应用于实践，激发学习兴趣，增强对专业的认知，提升自信心，也体现出大学生的道德新风尚，在慈善服务中培育慈善精神。

四、艺术幼教志愿团——大手牵小手，用美点亮童心

（一）项目背景

近年来，随着素质教育的深入普及，幼儿艺术教育、审美教育逐渐受到家庭和社会的关注。一群有着艺术爱好，具备快速表现技法、色彩写生、构成基础、创意风景手绘等专业技能的艺术学院学子，于 2015 年组建艺术幼教志愿团队。志愿团队立足社会实际需求，充分依托专业优势和学生特长，把幼儿的艺术兴趣、动手能力、审美意识、亲子关系、价值养成等作为服务目标，让艺术的微光点亮星星之火，打造了幼儿艺术教育志愿服务品牌项目。

（二）项目运行

艺术幼教志愿团队深入北仑实验幼儿园及周边幼儿园开展义务教学志愿服务，以绘画、剪纸、泥塑、手绘等形式，通过游戏化、互动化、亲子化、体验化的教学和设计，以自由创作的方式，培养小朋友们的审美，引导他们感受美、发现美，让其在自己动手操作的过程中欣赏艺术魅力，

发展兴趣，收获创作作品的快乐与成就感。

项目服务内容包括绘画、剪纸、泥塑、手绘等，绘画中又细分出蜡笔画、儿童画、水彩画、沙画等。在 T 恤衫、卡通人物模型等实物载体上，让小朋友自主选择自己喜欢的颜色进行制作，增强其对色彩的了解和辨识。以儿童自己动手操作为主，志愿者实时指导为辅，在制作相对应颜色的作品中，发挥孩子们的想象力，了解各种物品的结构。每次活动从前期的策划宣传和人员分工，到颜料画笔、T 恤模型等物品的采购，再到场地布置、物品分发以及当天的现场教学指导，这个过程充分锻炼了大学生的组织协调能力和专业能力，让他们自己设计服务项目和过程，并在实践中感悟幼儿艺术教育的需求，为今后实习、就业奠定扎实的基础。

项目通过资源优化和共享，打通校院之间壁垒，充分利用校内丰富的资源，与部门活动相整合，让项目真正服务校内师生需求。以部门统筹协调、志愿者服务大队具体实施的方式，通过教师与学生的专业指导，在项目有效开展的同时加强各专业特色在校内的宣传和展示。在与校外街道社区以及幼儿园的对接中，以艺术学院院团委长期合作地点为主，由志愿者服务大队以及各班级团支部自主申报，主动联系地方负责人，商讨活动方案。以团队合作的形式制定活动计划，由分院团委书记审核指导，分院志愿者服务大队负责人和具体项目责任人共同监督项目实施情况，并做好每次活动的总结和宣传。让学生在校内外的项目服务中展现大学生的专业风采，提升实践本领。

经过六年的发展，目前项目已经形成了每周固定的北仑实验幼儿园常规志愿服务与在儿童节、感恩节等特殊时间节点组织的特色志愿服务相结合的模式。每周常规的活动由志愿者服务大队负责人与北仑实验幼儿园对接人数需求、服务内容等，再面向分院全体志愿者进行招募。特色志愿服务则需要志愿者服务大队和各团支部以结合社会热点等的创意活动方案为基础，发挥不同团队成员的特长优势，精心组织策划，如绘画形式的垃圾分类宣讲、亲子互动的手绘 T 恤等，让价值观教育融入艺术教育，让孩子和家长共同体验绘画的快乐，感受亲情的温暖。

（三）项目成效

项目成立以来，平均每学期开展常规服务 50 次，组织特色志愿活动 10 余次，参与"假日学校"上课 20 余次，参与的志愿者超过 600 人次。项目涉及北仑图书馆绘画创意爱心活动、长来幼儿园儿童节活动、宁职院亲子 T 恤绘、玉兰社区画心公益行、实验幼儿园美术公益辅导、玉兰社区垃圾分类宣讲、"3 之 3"双语智能开发幼儿园感恩节活动等。项目的持续开展受到了社区幼儿园和老师同学的一致好评，学生参与的主动性和积极性也逐渐高涨。团队负责人艺术 3171 班陈贝贝说道："通过组织策划大手牵小手系列活动，不仅让自身的协调能力、执行能力等得到了提升，更是在服务中发挥了专业所学，在与小朋友的接触中感受志愿服务奉献互助的乐趣。"艺术 3171 团支部书记金莉莉认为："该系列活动通过分工协作，很好地促进了支部成员间的集体合作精神，同时也展现了同学的专业技能，每次活动结束后看到小朋友的创意作品和开心的笑脸，就是对我们志愿服务的最大鼓励。"

五、"拾梦非遗"传统文化服务队——非遗文化，薪火相传

（一）项目背景

"拾梦非遗"传统文化服务队成立于 2016 年，由剪纸、书法、戏曲、茶艺、结艺、根雕等非遗协会组成。团队在校团委的指导下，秉持"文化引领，提升办学品位；内涵建设，打造特色品牌"的理念，面向全市中小学生、留学生、社区居民，定期组织开展与非遗、中华传统文化相关的文化宣传、体验课程和公益活动，通过各种渠道宣传中华优秀传统文化，增进文化传播、交流与互动。

（二）项目运行

"乐享非遗"公益课堂。在周末，服务队开展传统文化体验课程，邀请宁波市的中小学生来参加"乐享非遗"公益课堂活动，在学习中感受中华传统文化的博大精深。由于针对的是中小学生，在体验课程的选择上，

也会安排简单易操作的"非遗"体验课程。例如，团队收到北仑各乡镇街道的小学、幼儿园、社区等社会组织的邀请，开展了"大手牵小手，非遗亲子体验课程""假日学校手工课"等专题教学和文化宣讲，在课程教授和活动开展的过程中，将民族文化瑰宝撒播在校内外的各个角落，在青少年心中播种下传统文化的种子，增强对非遗文化的自豪感、荣誉感。

留学生传统文化课。自2016年开始与校外事处合作，累计承担180多期8500人次的发展中国家研修班"中国文化"体验课程、国际青年学生夏令营、甬台两地夏令营活动等。推动中华优秀传统文化走向世界，"拾梦非遗"传统文化体验服务队将非遗文化介绍给国际友人。在体验非遗文化的过程中，国际友人更加了解中华优秀传统文化，并由此产生学习汉语、了解中国文化的兴趣。同时，非遗文化也在传播中走上国际舞台，释放别样的光彩。

非遗微课堂公开课。服务队致力于将非遗文化带进社区。团队在校团委带领下与市、区文化部门共同举办非遗创意集市、传统文化作品展览、下乡文艺演出等，让更多的群众感受到非遗文化的魅力。路漫漫其修远兮，吾将上下而求索。在中华传统文化的传承道路上，"拾梦非遗"传统文化体验服务队的成员，将会继续带着青年人的热情与毅力，传承非遗技艺，弘扬匠人精神。

（三）项目成效

凭借出色的服务，"拾梦非遗"传统文化体验服务队被评为2016年宁波十佳大学生文化使者，学校非遗馆也获得了"宁波市中小学生社会实践大课堂"和"宁波市社会科学普及基地"的荣誉授牌。"拾梦非遗"传统文化体验服务队内的协会屡获奖项，其中剪纸协会、书法协会表现突出。剪纸协会先后在2011年获宁波市高校"先进大学生集体"，2012年获全国廉政文化作品大赛三等奖，2012年获宁波市群星画龙点睛铜奖一名、优秀奖两名，2013年获"宁波市精品社团"，2020年获浙江省高校"寻找身边的感动"活动优秀作品；书法协会曾参加"浙江省第三届大学生艺术展演"，获"首义杯"全国首届大学生书法优秀组织奖。此外，戏曲协会、剪纸协会、根雕协会、茶艺协会等多次受邀参加展示活动，如"青春不散场"海曙青年文化月之宁波职业技术学院专场活动、宁波市非遗高校联盟启动仪式专场表演、宁职院非遗文化作品成果展、2016年宁波市高校学生社团"锋领"展示活动等。

"拾梦非遗"传统文化体验服务队秉承初心，其"坚守""负责"的态度尤其体现在教学上。团队以寓教于乐、师生互动的方式，将孩子们和老师的距离拉得更近，且快速地提高了孩子们学习的兴趣和积极性，营造了乐教乐学的良好氛围。在每次非遗文化体验课程的最后，孩子们总会依依不舍地向小老师们告别，并希望以后能有机会再来非遗馆上课。团队成员陈同学真诚地总结道："想要继续学习非遗知识，我觉得这便是对我们团队成员付出的一种肯定。得到他人的肯定，我十分欣慰，也感觉到满足。"

六、艺源工坊——以艺术为媒，行慈善之美

（一）项目背景

2017年5月，艺术学院直属支部立足专业特色，融汇感恩教育、党性培养及创业孵化等多重目的，以学院思源慈善实践教育平台为依托，建立艺源服务站。目前更名为艺源工坊，它是艺术学院的慈善实践项目工作坊，围绕"以艺术为媒，行慈善之美"的主题，以学校工作站为基点，面向校内师生、社区街道开展有专业特色的慈善公益实践服务活动。随着团队的发展，拓展的服务项目、领域越来越广，成了"公益项目"孵化器。艺源工坊情系公益慈善，立足专业特色，为学生搭建与市场对接的实践平台，不仅探索出提升专业技能、丰富学生活动、促进就业创业的实践育人模式，也让思源慈善文化实践基地实现了从"造血"到"献血"的功能转化。

（二）项目运行

第一类项目是师生作品爱心义卖。艺源工坊里展销的优秀艺术品有漆画、油画、水彩、陶瓷、装饰画、软陶及工艺品等多个种类，全部由艺术

学院师生自主创作并捐赠。艺源工坊以日常展销和不定期拍卖形式出售作品，并将销售所得捐给思源基金。

第二类项目是摄影摄像服务。提供包括拍摄个人、集体合照等各类照片，编辑打印各类证件，老照片修复等服务。为满足其他同学学习摄影技术的热情，团队还新增了微课和沙龙，为学生相互学习专业技能与兴趣交流提供了平台。团队还不定期到银泰城等人流密集的商场现场开展老照片修复公益服务活动。"这是我爷爷 70 年前的照片""这是早年我们的全家福"……一些居民拿着相册里存着的泛黄老旧照片到服务点扫描，经过志愿者的精工细作，焕然一新的照片让他们重拾美好回忆，感激之情溢于言表。

（三）项目成效

艺源工坊以摄影摄像为主要服务形式，基本建设成为艺术学院学生党员和积极分子依托摄影摄像专业技能开展校内公益服务的党性锻炼服务岗。开展证件照拍摄、一卡通镀膜等服务，为校内互联网＋竞赛团队、班助团队义务拍摄宣传照及后期处理；为社区办提供党员照片上墙等。服务站学生每日分三个时间段轮流值班，按专业和年级交错排班，确保每个时间段服务的正常开展。摄影摄像的收入每周进行汇总，扣除日常管理和耗材购买费用，定期将剩余所得捐助给思源基金。每年累计到岗开展志愿服务的学生达 300 余人，人均服务时间超 50 小时。

七、民俗公益店——寻味新疆，助力家乡

（一）项目背景

民俗公益店是学校少数民族辅导员工作室的公益实践基地。由于气候的特点决定了新疆水果的品质优良，民俗公益店以"寻味新疆，助力家乡"为主题，鼓励新疆少数民族学生采购优质的新疆特产到学校进行义卖，既向师生展示了新疆的特产，又助力了家乡的发展。来自新疆的少数民族学生就是公益店的志愿者骨干力量。

（二）项目运行

店里主要销售便宜实惠又美味健康的新疆大枣、葡萄干等风味干货，也有新疆民俗饰品、工艺品等。这些产品一部分是同学家里自产的，也有一部分是通过贸易洽谈、产品展销等方式获得合作经营而来的，除了在校内销售外，还不定期参加北仑的展销活动。

（三）项目成效

民俗公益店开张后，新疆少数民族同学特别引以为豪，积极踊跃参加店里工作，热心为顾客介绍商品特色、家乡风貌。工作团队把公益店当成自己的创业实践平台，不断优化商品品种、经营方式，为推广家乡产品出更多的力，助力家乡脱贫攻坚，助力家乡人民生活得更好。公益店让更多的师生了解了新疆，了解了新疆当地特色及地域文化，更好地推进了民族交流、交往、交融。

公益店所得收益全部捐给"石榴籽"冠名基金，用于资助新疆当地的"爱心书包"等微公益项目，反哺家乡教育，在新疆学子心里种下慈善的种子。

八、阳光报刊亭——爱心与知识的传递站

（一）项目背景

"特殊教育是一个社会广泛关心的神圣的事业。"为引导学生关注少数群体、弱势群体，让特殊孩子未来的道路洒满"阳光"，工商管理学院搭建学生实践平台，与北仑区邮政部门合作成立一支专门队伍经营阳光报刊亭，并与北仑区阳光小学合作成为其结对的志愿服务队伍。

（二）项目运行

报刊亭经营由邮政局提供如报纸、期刊、明信片、邮票等商品。所有商品采用代销模式，每月结算一次，经营所得捐助阳光学校。作为孩子们的活动经费以报刊亭志愿队伍为主体参与北仑区阳光学校（宁波市北仑区阳光学校是一所特殊教育学校）志愿服务活动，开展日常助教服务，参与协助六一儿童节的演出、运动会等活动。

（三）项目成效

学校里设立报刊亭，既能为师生提供精神食粮，也让志愿者们通过创业锻炼的方式，获取更多的志愿服务经济资源。为了能让"折翼天使"变得快乐，激发他们的责任感和热情。阳光报刊亭每天开放 6 个小时，每次两个志愿者值岗，全年累计志愿服务时间达 3600 小时。报刊亭的销售收入全部用于阳光学校。报刊亭在让学生积极参与志愿服务活动的同时也成为知识传递的驿站。

第二节　思源慈善文化品牌活动

一、慈善一日捐

慈善一日捐以"一天的力量"为主题，坚持"广泛发动、重在参与、捐款自愿、鼓励奉献"的原则，倡导"捐一日工资"，是一项动员全民参与的大型慈善公益活动，是"创文明、促和谐"的重要举措。该活动每年由慈善分会和校工会共同组织，各二级学院积极响应并广泛宣传发动，布置落实，倡议全体教工积极参与活动。活动以捐款为主，鼓励凡是有捐赠能力和意愿的教职工，每人捐赠一天的工资，助力慈善事业。

思源·慈善一日捐活动每年筹集善款 30 万元，捐款汇入宁波市北仑区慈善总会，原则上可用于学校思源基金的资助项目。学校教师积极踊跃参加，献爱心，尽责任，慷慨解囊，50 元，100 元，1000 元的都有。更有一些老师坚持定额捐款，最高已累计捐赠善款达 6.8 万元。更值得一提的是，学生也加入了捐款行列：捐一天的零花钱，尽管只有五元、十元，也有奖学金获得者捐出部分奖学金，实习学生捐出一天的实习补贴。"爱心不分大小"，虽然是一天的工资、一天的零花钱，但集中起来就是爱心的海洋。这种扶贫济困、乐善好施的良好道德风尚，营造了"人人关心慈善、人人支持慈善"的良好社会氛围。

二、"思源"班级冠名基金

"爱心不分大小，都值得尊重"，学校设立班级冠名基金。班级成员累计捐款超过 1000 元即可设立冠名基金，班级冠名基金在确定设立基金时可指定资助对象和用途，使思源基金的资助范围不断拓展，资助内容不断丰富。班级冠名基金的来源主要有两种，一种是班级同学参加慈善一日捐、获奖捐等方式的捐款；另一种是思源爱心超市的班级爱心积分账户的兑付捐款。班级同学的每一元消费都为冠名基金贡献了力量，大大地激发了学生的购物热情。这份属于班级的"慈善荣誉"，不仅让学生有自由使用募捐资金的"权利"，更让班级有了团队归属感，增强了班级凝聚力。

积极引导学生树立良好的慈善观念，养成良好的慈善公益意识，每一届毕业生离校时，几乎都拥有自己的班级冠名基金，个别班级累计捐款达五千多元。学校在思源主题馆设立班级思源冠名基金荣誉墙，每年毕业时颁发"班级冠名基金"纪念证书。思源冠名基金的设立不仅使学校充满浓厚的慈善氛围，更让学生在指定资助对象和用途的实践参与中真正提升自己的思想境界。在同学的家人遭遇不测时，班级可决定使用冠名基金定向捐赠，真正体现了"赠人玫瑰，手留余香"。

三、"思源杯"班级营销大赛

"思源杯"班级营销大赛是思源爱心超市面向全校班级举行的竞赛活动。每个班级在爱心超市选择一件商品，根据此件商品一个月的销售业绩进行排名，最后确定第二课堂积分奖励。每届参赛班级达 200 多个，各班精心挑选竞赛商品，采用线上线下相结合的广告宣传、展销活动的营销手段提升销售业绩，班级间你追我赶，相互较劲，都力争取得更好的业绩。各团队为了更好地助力慈善基金，采取了各种营销手段，如购买一定数量的商品即赠送商品或采用表演节目、免费试用、设摊叫卖等方式吸引顾客，还有微信售货，提供送货到寝室、办公室的服务，大大激发了学生的主人翁意识，点燃了创业激情，不断鼓励大家"购物献爱心"，更好地诠释了"人人助力慈善"。各班级根据初期策划方案进行产品针对性营销实践，使学生在商品推广销售过程中，提升职场素养和营销实践能力，也增强了对慈善的体验和参与意识。

大赛还对班级活动参与度和营销展示方案成效等情况进行综合评定，评选出"思源杯"营销明星班级、"思源杯"创业营销明星若干名，激发了学生们的班级荣誉感和集体自豪感。"思源杯"班级营销大赛活动策划设计到位，规则细节用心，流程顺畅有序；各班参与成本低，参与范围广，参赛热情高，塑造了良好的慈善互动环境。在满足顾客需求的同时，提高了顾客信任度和兴趣，普及了慈善理念，让慈善蔚然成风。

四、"思源·萤火虫"微心愿

"思源·萤火虫"微心愿活动是针对有困难的群众开展的慈善公益活动，是通过思源基金公众号的"小程序"开展活动的。"微心愿"是微小的愿望，征集的对象是学生、附近群众。有困难的人们通过思源基金"小程序"申请微心愿，也可以是慈善分会志愿者将实地征集的需求信息进行填报申请。"微心愿"的要求一般是实物，如一个杯子、一个羽毛球拍、一本现代汉语词典，也可以是一张火车票……申请人详细填报心愿信息，讲述心愿故事，预估实现心愿的经费，也可以提供参考图片。平台对申领情况进行评估，审核后发布微心愿实物或捐款金额。学校教职工、校友和社会爱心人士只要注册认领人，就可以认领微心愿。认领方式可以直接寄送给本人，也可以捐款支付给基金会，由其代购后送达申请人，申请人收到后确认。

"思源·萤火虫"微心愿正式上线时间还不久，充分利用现代信息技术特点和网络技术优势，打破了传统慈善时间和空间的束缚，极大地丰富了网络慈善平台。在建党 100 周年之际，全体教工党员争做"圆梦人"，到所在社区或结对的社区帮助困难党员、孤寡老人、留守儿童等弱势群体，"点亮"微心愿，将爱心物资送达受助者家中。"微心愿"是适合基层党组织开展活动的载体，也是丰富党员思想教育内涵的有力平台。

"思源·萤火虫"微心愿不限于校内师生，还选聘新疆、贵州等边远地区的学生担任"思源爱心大使"，让他们在返回家乡时走访当地政府、社会公益组织、中小学校，推广"思源·萤火虫"微心愿方案，在当地征集合适的微心愿，协助发布和宣传认领微心愿。这个从发现微心愿到实现微心愿的过程，就是让学生在拥有一颗爱心的同时，体验做慈善的快乐，升华慈善理念，养成善于发现并帮助社会弱势群体的慈善习惯。

"思源·萤火虫"微心愿是一个慈善公益活动的有效载体，参与门槛低，捐助者与受助者的信息互动性强，活动影响面广，可以打造成可持续的慈善活动品牌。

五、思源公益学堂

为形成浓厚的学习氛围和文化氛围，也为给学生搭建自主学习与活动场所，思源文化实践教育基地专门开辟出学生活动、学习场所，并每周组织开展思源公益学堂活动。思源学堂作为区别于专业学习和第二课堂学习的课堂，采取小型沙龙方式交流，分为三个模块。思源文化讲堂是聘请教师、学者就某一个专业知识、技能或文化知识进行交流探讨，内容涉及历史知识、红色故事、绘画艺术、国外文化赏析、摄影等；思源学长讲堂是邀请优秀的学生来分享学习方法、学生工作经验等心得体会，包括学生干部时间管理、PPT 制作、学习方法、四六级考级心得、专升本应考准备等等；校友讲堂是诚邀优秀的校友畅谈各个行业的创业之路、职场发展、职业生涯规划、成长心路等。思源公益学堂内容广泛，深受学生的欢迎，每次都是线上推送报名信息后就立马被学生"秒杀"。

思源学堂从周一到周四每晚 6：30—7：30 开展，从成立至今已开展200 余次，参与学生达 7000 余人次。坐落在思源文化教育实践基地的思源学堂，承载了实践、学习、自主活动等多项功能，给学生提供了良好的学习、实践场所，成为思源文化教育实践基地一道亮丽的风景线。

第三节　学生资助辅导员工作室

一、米娜少数民族学生工作室

（一）工作室成立背景

为了加快新疆各民族人才培养步伐，国家实施科教兴疆和人才强疆战略，组织实施内地高校支援新疆培养少数民族人才协作计划，对新疆籍少数民族学生实行特殊政策，通过民考民、民考汉等形式进入内地高校接受高等教育。宁波职业技术学院自2010年起入选协作计划，开始招收新疆籍少数民族学生，每年五六十名，主要录取专业为会计、旅游、建筑、电气自动化等。这些学生大多数来自经济落后和交通信息不发达的地区，尤其以南疆地区居多。他们家庭经济困难，学习基础比较差，又远离家乡和亲人，面临人生地不熟、生活习惯差异等很多的现实困难，且长期依靠国家的特殊民族政策照顾，容易出现学习、生活、就业、心理等方面的问题。

（二）工作室简介

为了适应少数民族学生教育管理工作新常态，开拓思想政治教育工作新领域，进一步谋划创新少数民族学生思想政治教育工作体制机制，强化马克思主义"五观""五个认同"和"三个离不开"的教育，构建新疆籍少数民族学生资助育人新模式，学校于2018年成立了以辅导员米娜·瓦尔艾力命名的少数民族学生教育管理与服务工作室——米娜工作室。多年来，在学校党委的关心支持下，工作室坚决贯彻党中央的治疆方略，创新工作机制，从学生的迫切需求出发，以解决思想问题和实际问题为根本，从教育管理服务内容方法入手，在教育部门、民宗局等单位的大力支持下，积极探索民族学生的日常管理和教育工作，促进文化交流交融，用心、用情、用力助力新疆籍少数民族学生成长成才。

工作室成立至今，始终坚持"铸魂育人厚植家国情怀，立德树人助力成长成才"的育人目标，运用专业理念和方法服务少数民族学生成长发展，为提升民族学生思想政治教育工作实效搭建了崭新平台，同时也为促进高校辅导员队伍职业化、专业化、专家化建设提供了有效途径。

（三）工作举措

1. 立足"嵌入式"帮扶，实施"精准护航"工程，打造学习生活的成长驿站

落实帮扶体系，化解后顾之忧。新疆籍少数民族学生90％以上是贫困生，学生来校后，面临的首要困难就是经济困难。为了更有效地解决他们的生活问题，在新生报到前，米娜老师与每个新生电话联系，了解家境情况，宣传学校资助政策，帮助他们解决后顾之忧。学校从助学金中抽取资金设立了新疆少数民族学生专项经费，根据每个学生家庭经济情况，实施个性化资助，从学费、住宿费到生活费、伙食费、返乡路费等，切实帮助他们解决经济上的困难。据不完全统计，新疆籍特困学生在校三年期间人均受助达5万元。

多方学业指导，提升综合能力。部分民族学生，特别是民考民的学生，因为语言障碍，日常必要的交流还能勉强适应，但在人际交往，和专业课程学习理解等方面就会面临很大的挑战，出现听不懂、跟不上的情况。针对这些学生的情况，工作室开设了《汉语听力与阅读》《英语角》等公选课强化训练；安排学生党员、学生干部与他们结对辅导；平时开展"听写""诵读"等比赛，强化语言能力，也让民族学生感受到中华民族大家庭中"手足相亲，守望相助"的深厚情感；启用蓝墨云班课，让学生在课外开展学习、测试；设立"学习加油站"，组织专业教师开展学业辅导，帮助新疆学生尽快适应专业学习，融入正常的教育教学当中。

2. 着眼"体验式"培育，实施"实践助航"工程，拓展知行合一的社会平台

资助爱心宣传实践活动。暑假是民族学生返乡和家人相聚的时间，自2013年开始，米娜老师利用假期返乡的机会，组织学生回家乡开展爱心宣传活动，宣讲国家资助政策，宣讲民族政策，传播中华文化，讲述宁波求学的亲身经历。连续 7 年组织 462 名学生志愿者返疆开展暑期社会实践活动，把民族团结教育融入丰富多彩的活动中，通过讲述自己在内地学习、生活期间得到的关心帮助与自身的成长、收获，分享党的好政策给当地少数民族群众，宣讲少数民族地区发展带来的喜人变化，在当地受到了一致的好评。实践活动进一步增强了学生摆脱贫困的信心，也坚定了少数民族学生维护民族团结与努力实现"中国梦"的信心和决心。

公益社团反哺社会。工作室积极策划公益项目，融入北仑志愿服务。与北仑城管局联合成立民族学生城管义工小分队。这支队伍由 126 名少数民族学生组成，在节假日期间，学生走上街头宣传城市文明，劝阻乱丢垃圾、横穿马路、流动设摊等不文明行为，清除公交站台上小广告等，得到了社会各界人士的肯定及好评。为更好地发挥少数民族学生的文艺天赋，为民族生打造民族文化展示平台，提供民族生施展才华的舞台，推进校园的民族文化建设，工作室组建了七彩风少数民族艺术团、"天山之鹰"少数民族学生足球队、少数民族学生护河队、"追梦"少数民族学生暑期宣讲团。七彩风少数民族艺术团经常受邀参加街道及社区的各类文艺汇演，在丰富民族生课余生活的同时，也宣传了少数民族的文化艺术。组织志愿者到九峰山等周边景区开展"保护环境，人人有责"清洁环保活动，引导他们用实际行动回馈社会。经常组织新疆学生邀请同寝室的汉族学生共进午餐，分享新疆美食，体验民族特色的音乐、舞蹈，引导他们学会相互尊重、相互接纳。

3. 聚焦"开放式"引领，实施"文化远航"工程，打好人文浸润的精神底色

扶困扶志相结合。做好民族工作，最关键的是搞好民族团结，最管用的是争取人心。[①] 为了让远离父母与家乡的学生们拥有充实的业余生活，增加对当地人文环境的了解，学校利用长假组织学生赴天一阁、奉化溪口等地参

---

① 中央民族工作会议暨国务院第六次全国民族团结进步表彰大会在京举行 [EB/OL]. http://www.xinhuanet.com/politics/2014-09/29/c_1112683008.htm.

观，让民族生深刻体会"书藏古今，港通天下"的城市内涵；且在 2018 年分别组织了舟山海洋文化考察和 G20 杭州峰会考察，参观浙江省革命烈士纪念馆等活动。

以传统文化坚定文化自信。依托北仑—宁职院图书馆、宁波美术馆与宁职院共建共享的文化艺术资源，并充分发挥民盟文化界人才荟萃优势，积极推荐和组织国内外艺术名家举办各类作品展及讲座报告 70 余场次；举办"礼敬中华经典"诵读、"读诗圣其诗·见诗史知史"读书会、"寻找中华文化之根——走近先秦典籍"系列讲座等活动 80 余次。通过博大精深的传统文化思想滋养，让少数民族学生切身感受传统文化的独特魅力，并在潜移默化中提升人文素养，进一步坚定文化自信，有效增强了对中华优秀文化的认同感和自豪感。

（四）工作成效

1. 不忘育人初心，助推学生成长成才

学校通过米娜工作室"分层、分类、分时段"管理工作法，创建了谈心、家长联系、帮扶等 10 项工作制度，建立了"内外联动"工作机制。"内"有二级学院、宣传部、学生工作部、保卫处等部门协同管理，"外"与宁波市、北仑区教育局、统战部（民宗）、公安等部门沟通联络，协同管理，构建了"教育为先、预防在前、整体联动"的管理格局。搭建了"学习辅导、宣传实践、文化交融、公益实践"四大平台，努力打造党建思政工作创新平台、民族学生的精神家园、学业成长的支持中心、民族团结的宣传窗口。工作室培养了 200 多名学生，如今已经回到家乡成为教育、税务、建筑等行业一线的技术技能人才，成了家里的顶梁柱；22 名学生留在了宁波，成了推动甬疆两地经济社会发展和维护民族团结的"生力军"。

2014 届毕业生卡德旦·阿不度许库会计专业毕业后回到新疆新河县税务局工作，并且担任深度贫困村尤古买希勒克村的驻村扶贫干部，在物质帮扶的同时，组织村民画画、跳舞、学知识、学技术，一点一滴培养生活发展的技能，建立脱贫致富的信心，带领共同建设美丽村庄。2015 届毕业生迪力木拉提·艾尼刚来学校时，心里充满了迷茫和无助，曾一度想过放弃读书。他说，正因为学校和米娜老师无微不至的关心，帮助我们提高普通话水平和专业技能，还为我们解决生活上的困难，提供了思源助学基金；记得当时从老师手中接到沉甸甸的 8000 元思源助学款时，我就为自己许下了一个承诺，一定要好好学习专业技能，通过自己的努力反哺思源基金，让更多像我一样的学生顺利完成学业。迪力木拉提·艾尼从普通话不好、家庭困难的维吾尔族学生成长为拥有 22 名员工的电子商务公司的创始人，努力拼搏了 5 年。2021 年他特意从乌鲁木齐专程到母校将反哺思源基金的 10000 元助学善款郑重地交到老师手中，并寄语学弟学妹们：自强不息，我们也可以改变自己和家庭的命运。

2020 年春节假期，吐送托合提·阿西木同学放弃了返回家乡和亲人团聚的机会，选择留在宁波慈溪市观海卫镇成为一名志愿者，给那里的少数民族务工人员进行普通话培训。新冠肺炎疫情发生后，听说慈溪观海卫一位 61 岁老菜农韩某打算把自家 40 亩的蔬菜全都捐献出来的义举，他便立刻向观海卫镇少数民族临时党支部的裘书记报名，要帮韩某收割蔬菜。之后，他跟随裘书记在韩某的菜地里东奔西跑，从零学起，一做就是 22 天，从一个农活外行锻炼成了一个实打实的割菜能手。此外，他还第一时间和裘书记一起组织开展抗击疫情、支援武汉的爱心捐款行动，筹集 10999 元善款通过当地慈善总会捐给武汉。说起这次志愿服务的经历，吐送托合提·阿西木坚定地说："与那些战'疫'一线的志愿者相比，我做的这些算不了什么。不过，能在疫情期间献上自己的一份力我觉得很荣幸。而且，参加防疫志愿服务是一名共青团员应该肩负的社会责任，也是'90 后'义不容辞的使命和担当。"他的战"疫"事迹也先后得到中央统战部网站、浙青网、《宁波晚报》等新闻媒体的报道。吐送托合提·阿西木因在疫情防控志愿服务中的出色表现荣获全国"抗击新冠肺炎疫情青年志愿服务先进个人"荣誉称号，成为宁波市唯一获此殊荣的青年志愿者。

2.传播公益精神，志愿服务项目落地生根

"幸福石榴籽"志愿服务项目是米娜工作室、石榴籽公益基金在新时代文明实践中推出的新项目、新服务，将关爱帮助新疆少数民族青少年成长与引导其参与社会服务、奉献爱心热情相结合，在实践中促进思想发展和人格成长。北仑区新时代文明实践中心与宁波职业技术学院合作建立"北仑区志愿者学院"，针对学院学生以及社会各界的志愿者进行专业培训、专业辅导，促进志愿服务的专业化发展，有效帮助城乡基层群众，有效促进社会文明进步。2022年1月，《"幸福石榴籽"——文化润疆"五观"教育志愿服务项目》获得由浙江省委宣传部、文明办、民政厅主办的第二届浙江省志愿服务项目大赛金奖。

3.育人成效初显，工作室打响品牌影响力

经过几年的运行，"米娜工作室"已成为宁波市级辅导员工作室，工作室负责人米娜瓦尔·艾力老师更是获得各界肯定，荣获多项殊荣。例如，教育部第十三届辅导员年度人物、浙江省民族团结进步模范个人、来浙少数民族"和谐融入之星"、"浙江好人·敬业奉献"奖、浙江省基层理论宣讲成绩突出的个人、浙江省国家通用语言文字培训"优秀教师""宁波市十大杰出青年"。2022年她作为代表参加了浙江省第十五次党代会、浙江省第十五次团代会，并当选为共青团浙江省第十五届委员会候补委员。

2019年10月，米娜工作室少数民族学生教育管理经验被中央统战部《统战工作》转发推广。"米娜工作法"经验在全国统一战线、公安维稳战线以及省内高校推广，还在浙江省高校党的建设和思想政治工作会议等会议上被提及。

截至目前，累计接待来自北京、上海、河南、福建、广西和浙江等地兄弟院校考察学习团1500余人次，被中央电视台、浙江电视台、宁波电视台、北仑电视台、人民网、中央统战部官网、浙江统战、《宁波日报》、《宁波晚报》《北仑新区时刊》等50多家媒体宣传报道。

二、海川诗社工作室

（一）工作室成立背景

在传统文化的长河里，诗歌无疑是最为璀璨的明珠。"去战斗，拼尽生命也好／去抗争，燃烧灵魂也罢／不屈烙印在岁月／在过去／也在未来……"在一次家庭经济困难学生征文活动中，2019级陈同学的原创诗歌《华夏》惊艳了师生，诗中磅礴丰富的意象、深厚的家国情怀令人动容。

在当前抖音、短视频盛行，阅读碎片化的时代，陈同学能静下心来读书写作，难能可贵。征文活动中还涌现了不少文笔精彩、情真意切的好文章，作者们都有共同特质，坎坷的成长经历和相对拮据的经济条件让他们对生活的体悟更深刻、更敏锐，他们情感丰富细腻，个性内敛安静，思辨力强，但同时会呈现出焦虑、自卑和茫然的心理困境。

因此，在高职院校培养的学生已成为社会建设中坚力量的大形势下，针对高职高素质技能人才培养在文化素养上的特殊性和薄弱环节，需要积极融合中华诗教的有利因素进行思政教育工作创新，这是当前高职院校自身不断改革和提升的迫切要求。以诗歌为载体，从先贤文人的智慧和情怀中汲取营养，涵养心灵，对积极创新大学生的思想政治教育路径，鼓励青年大学生投身新时代洪流，勇于担当传播中华文化的光荣使命，提升大学生民族认同和人文涵养，树立文化自信和建设社会主义精神文明有着积极的理论和实践意义。

（二）工作室简介

诗歌涵育德行，资助筑梦青春。为做好家庭经济困难学生群体的帮助、引导和教育，将"扶困"与"扶智""扶志"相结合，辅导员朱娟结合自身汉语言文学专业的优势，在全校范围招募学生，成立了"海川诗社"辅导员工作室，通过诗歌鉴赏、诗歌创作、文学讲座、交流分享、诗会表演等，探讨和学习诗歌创作的入门技巧和其中蕴藏的文化精神。工作室的名字取之于汉乐府《长歌行》中的"百川东到海"，鼓励同学们以海纳百川的胸怀和志向，珍惜时光，奋发向上，从而构建物质帮助、道德浸润、能力拓展、精神激励相融合的"诗意德育"资助育人长效机制。

工作室契合当前"文化自觉、文化自信"的时代背景和热点，积极融合传统文化的积极因素进行学生思政教育工作创新，以焕发德育诗意魅力为出发点，以立民族之德，树中华之人为价值取向，有效开发和利用民族优秀传统文化资源，充分尊重学生的主体地位，将传统诗教理念与学校德育融为一体，探索民族化德育实践之路。

（三）工作举措

1.自健其德，以诗砺志

中国是诗歌的国度，以古体诗、近体诗和格律词为代表的古典诗词，高度集中地表达了诗词作者所处社会生活的现实和精神世界，是灵活巧妙地阐述内心世界的文学艺术，是中华文化的精神礼赞。从诗经、楚辞，到汉魏六朝诗、唐宋诗词，乃至明清和近现代经典诗词，都饱含了陶冶情操、净化心灵、启迪思想的智慧光芒。中华优秀诗歌中蕴藏的道德规范、思想观念、人文精神塑造出一代代中国人的生命气象，辅导员立足时代要求和现实生活，鼓励学生尝试诗歌创作，调动和激发学生"自健其德"的积极性、能动性和创造性，实现了德性发展的主体化。

新冠肺炎疫情期间，诗社师生以笔为戈，在《宁波晚报》客户端"甬派"发表抗疫组诗 20 余首，在一首首饱含深情的原创诗歌里，凝聚了对抛却生死的医护人员的致敬，对勇敢无畏的逆行者的感恩，对国家命运的深切关照，对心系人民的敬仰和追求，用诗歌的文化共情来传承守望相助的民族精神和强大坚实的文化自信。2021 年，诗社以建党 100 周年为契机，在创作中将爱国心与报国行知行合一，作品在《鲁西诗人》《长河诗刊》等刊物上发表。他们用诗歌和文学记录时代印记，演绎青年一代的责任与担当，在诗歌价值的现代转化中磨砺远大志向，提升道德境界。同学们以充满青春朝气的作品和创作理念，展现了诗歌传承不衰的魅力和希望。

2.创新载体，以文化人

"化民成俗"是中国传统文化的重要功能，是指发掘传统节庆习俗的社会教化功能，将这一蕴涵丰富教育资源和文化内涵的载体与诗歌相结合，培育和践行社会主义核心价值观和民族精神。首先，创新教育方式与载体，利用七大传统节庆开展丰富生动的诗会活动：清明祭奠英烈、上巳吟诗踏青、端午爱国诵诗、冬至画梅消寒……通过具有特殊时代价值的传统节日民俗文化活动，传承、延续和发展历久弥新的文化传统，构建传统节庆的学生思政教育体系，并进行体系吸收和并轨。此外，借助线上线下多元互动平台，增强活动的丰富性和吸引力，构建传统诗教与思政教育、专业教育融为一体的"诗意德育"，以文化人，在校园内形成浓厚的诗教氛围，在潜移默化中使学生体验诗意情怀，感悟人生智慧，争做懂传承、强基础、有精神的宁职学子，进一步增强文化自信。其次，利用校地共建资源进行社会调研和志愿服务，探索构建"高校—实践基地"双向互动的管理模型。发挥实践育人作用，工作室经常组织团队走进留学生、结对社区和结对小学，开展富有特色的民俗活动，在社会服务中唤醒传统节日的仪式感，复苏文化记忆，确认精神归属。

3. 团体辅导，疗愈心灵

诗歌疗法（Poetry Therapy）认为，个体或团体阅读、吟诵或参与创作，能够通过宣泄、净化、升华等，消除不良情绪，从而改变行为。诗社开展了诗词吟诵、创作分享、知识竞赛、礼仪普及等主题性团体辅导活动，在丰富生动的文化活动中，将中华传统文化内化于心，创造良好的学习情境，以境激趣，达到在思想政治教育上愿学、爱学、乐学的良好效果。

团体文化活动引导学生结交朋友、纾解情绪、释放压力、疗愈心灵、涵育情操。诗歌浸润并治愈着不同人生境遇下每一个鲜活的个体，让他们从被动受教转变为主动参与，在交流中实现表达能力、交际能力等综合素养的提升，从而建立坚强、自信、勤奋、自控力强的积极心理品格。

（四）工作成效

1. 因势利导，实现文化"扶志"

优秀文化是真正影响学生积极向上的志向与志气的内在驱动力。通过输入和培育优秀文化，可以激发学生自力更生、发奋图强、竞争进取的内在动力。因此，尊重学生个性，因势利导地发挥学生特长，挖掘诗歌的价值内涵，以诗砺志，以文化人，引领家庭经济困难学生成长成才，在"诗意德育"中实现对学生"春风化雨、润物无声"的理想教育和精神塑造。

目前，海川诗社成员累计达215人，贫困生占成员的比例为87%。工作室多次参加校内外各类活动并获奖，编辑了诗集《百川汇海》，收集作品223篇，在《长河诗刊》《安徽诗人》《当代教育》等刊物上发表诗歌 50 余篇，工作室事迹获"浙群辅导员"、《宁波晚报》等公众号及媒体报道，并成功入选为宁波市第二批高校辅导员工作室。

2.搭建平台，助力人生出彩

精准定位贫困学子成长需求，着眼贫困学生思想成长、文化熏陶与实践锻炼，精心策划开展主题鲜明、内容丰富、形式新颖的品牌文化活动，坚持立德树人，为学生搭建有诗教依托的特色平台和实践基地，引导青年学子践行社会主义核心价值观，并丰富内容、创新载体，利用大学生"读、赏、写、传"，助力学生提升自身综合素质，赢得人生出彩机会。

工作室成员毕业后，不少同学成为诗刊签约作家、作协会员。曾经自卑内向的陈同学获评宁职院首届"文体榜样"，并以优异的表现进入公安政工系统负责文字编辑工作。他们中有的参军入伍，实现了自己的报国梦；有的考取汉语言文学本科专业继续深造……诗性的光辉鼓舞他们开启新的人生篇章。

3.正面激励，培育积极人格

"诗意德育"继承和发展了"性善"的积极人性观，高扬学生"自善其德"的积极性、建设性，用欣赏的眼光看待学生德性发展的主体性与主动性，着力培养他们宽容、责任、利他等优秀品质，特别注重培养学生面对挫折的积极心态以及创造的勇气，构建和谐的人际关系。积极心理学对建构"诗意德育"提供了新视角，而"诗意德育"则激发和唤醒了贫困学子的内生动力，作品的创作、发表、传诵等正面激励与肯定，培育了他们诗意栖居的积极人格和勇于创造、锲而不舍、自强不息等道德品质，进而促使他们自觉践履道德行为。

三、创翼蔚徕无人机工作室

（一）工作室建设背景

随着科学技术高速发展，信息化、大数据、智能化时代已经到来，以技术创新和应用为特征的新市场环境正在推动传统教育理念和模式的变革。

高职院校作为职业教育的执行主体，将创业创新、科技兴国融入当代大学生课程体系，已然成为这个时代立德树人的重要策略和全新路径。

当下，无人机技术在城市形象宣传、城市现代化治理、推动产业转型升级等领域中发挥的作用日益凸显。无人机操控及维护人员正在成为炙手可热的技术人才。

以无人机应用为实施载体，宁波职业技术学院积极探索"专创融合"和"课程思政"的互通性，通过无人机应用渗透，创新无人机领域课程思政育人机制，提升学生综合素质，为社会培养输送科技型、高素质的应用人才。

（二）工作室简介

当下的思想政治理论课已不再是泛泛的知识传授，而是要让学生从内到外的完善，通过教学课程、教学方法的改进，让学生真正动起来，在实践中提高认识问题、解决问题的能力。那么，各类技术培育也都应与思政课同向同行，形成协同效应。以新兴科技产业应用为载体，围绕知识传授、能力培养、价值塑造形成"三位一体"的教学目标制定技术路线，学校充分挖掘了学生的需要和兴趣，把价值引领要素及思维方式的培养巧妙融合到课堂教学，渗透到教师的教学行为及教学体系中，提炼课程育人的功能与实效，以面向社会普及科学文化、激发青年探索欲望、培养创新精神和科学态度为最终目标。

学校成立"创翼蔚徕"无人机工作室，并由宁波职业技术学院思源教育基金会打造一支无人机专项公益服务团队，使之成为"政、产、学、研、用"的重要载体，并以此成功探索了"专业教学＋思政教育"一体化协同创新的闭环生态和品牌实践。

（三）工作室举措

1.建设考培基地，培养输送该领域技术人员

"创翼蔚徕"无人机工作室建立了"一体四翼"功能平台，囊括理论模拟区、行业示范区、产品体验区及实操演练区，完成飞行管制空域使用审批，实现教学与考试培训相结合。

工作室被授予宁波市航拍协会无人机操作资格区域唯一指定考点、北仑区无人机操控专项人才培养基地，获批培训空域 100 亩，认证会员单位两家，授权资格证书 5 类，拥有平台代购资质 1 项。通过组织承办宁波、北仑区域的无人机骨干师资考证培训，探索产业结构优化，为政府、企事业单位开发提供服务，参与制定专项职业能力考核标准体系并予以鉴定。中心还围绕各类操作资格证开发一体化培训课程体系，探索服务学员的职业技能高准入机制，在开展订单式孵化定制的同时执行了既定作业目标。

2. 普及科学知识，营造区域浓厚的科技文化氛围

依托校内工作室、学生社团以及专项志愿服务队伍，工作室面向社会各界开放青少年无人机体验拓展的科普引领和参观体验讲解，已承办 20 余次航模拼接组装、模拟飞行体验等项目化、常态化兴趣类推广活动，参与组织"小小飞行梦"青少年无人机训练营、"一日科技"航模体验亲子班等拓展类实践活动。就在 2021 年暑期，"创翼蔚徕"无人机项目团队还以社会实践的形式组织开放公益科普体验活动，接待参观调研、研学实践累计讲解 50 余次。

无人机工作室被列入北仑区青少年科普实践基地、北仑区科普教育基地，通过承办各类活动，为区域发展提供科技助力，有效提高青少年的创新意识和科学态度，营造了浓厚的科技文化氛围。

3. 高空环境整治督查，助力文明城市创建

借助无人机技术操控灵活，覆盖面广等优势，2020 年 5 月，工作室响应北仑区文明办号召，"创翼蔚徕"团队联合区物业管理中心开展文明城市创建楼顶垃圾巡查专项整治活动，制定环境综合整治专项督查行动计划，组织持证会员操控无人机分赴新碶街道隆顺家园、大碶街道明港公寓、霞浦街道太平洋花园等百余个住宅小区，以及大碶高端汽配模具园区等 5 个企业商业用房，霞浦站至大碶站地铁沿线等既定点位，进行屋顶垃圾和杂物航拍督查巡检服务，并将巡检结果每日报送给北仑区物业管理中心。

文明城市创建期间，受北仑灵峰模具智能制造服务中心委托，团队还对北仑大碶高端模具及汽配园区开展常态化监测巡航，共计完成 20 余次区域巡查任务，形成问题报告并递交。与此同时，无人机技术还被运用在

"五水共治"河道排污口热成像勘探、不文明行为劝导、防溺水阻泳等各个领域。

4. 变身公益卫士，助力复工复产复学

2020年初，为突如其来的新冠肺炎疫情，学校急需大量从事预防性消杀工作的人员。无人机团队依托专业技术优势，冲锋到抗疫一线，在校内组成空中巡逻队，开展低空消毒服务，帮助学校完善了地面监控与空中巡查互补的"立体化"校园疫情防控体系。2020年2月底开始，企业复工复产、校园集中复学之际，无人机团队为位于北仑区周边新碶、柴桥街道的政府部门、企业和学校提供公益"消杀"志愿服务。为了快速熟悉业务，提高消毒服务能力，确保防疫消杀效果，团队在专业人员的指导下，认真学习消毒专业知识，提前踩点了解情况，还配置了2架能承载16公斤消毒水的六旋翼喷洒机无人机和2架四旋翼监测机。三个多月，他们为30多家单位提供消杀服务，以实际行动践行新时代志愿服务精神，成为疫情防控一线一道亮丽的风景线。

（四）工作成效

依托优势师资队伍、工作坊、学生社团和专项志愿服务队伍，"创翼蔚徕"无人机工作室构建了专业特色的思政品牌项目化培育机制，先后立项校级科研、教改课题5项，立项浙江省教育厅大学生思想政治教育专项课题1项。截至目前，工作室已培养无人机骨干学生教员10人，和学生志愿者100余人，累计为区域内2000余名职工开展了各类操控培训，通过技术输出在一定程度上填补了部分领域技术需求的短板。除此之外，工作室还助力区域无人机操控专项赛事的协作承办，承接政府、企业及社会组织技术服务项目课题10余项，参与国家、省、市乃至地方创新创业赛事并获奖10余项，获评"宁波市在复工复产一线表现突出的志愿服务团队"荣誉称号。

无人机工作室着眼于新兴技术下的难题破解，团队为各行各业提供航空测绘、应急救援、农林植保、公安消防、航拍摄影等全方位领域的产业应用。立足北仑，辐射宁波，截至目前，已为各级政府部门、企事业单位提供各类技术服务 50 余次，活动事迹已获浙江省通用航空产业协会无人机行业分会、北仑区人民政府、北仑区科技局、宁海县人社局的肯定性批示，并陆续刊登于人民日报客户端、学习强国、全国高校思想政治工作网、中国教育电视台、浙江新闻客户端、《浙江教育报》、《宁波日报》、《宁波晚报》等 50 多个国家级、省市媒体平台。

参考文献

白光昭.正确认识公益慈善[J].山东工商学院学报,2021(1):1—6.

陈东利.中国公民慈善意识培育[M].上海:上海大学出版社,2014.

陈洁茹.和谐社会视阈下的慈善文化建设研究[D].武汉:武汉科技大学,2014.

陈文.当代大学生公益精神培育研究[D].徐州:中国矿业大学,2020.

邓小平文选(第三卷)[M].北京:人民出版社,1993.

董青.中国特色社会主义慈善事业发展问题研究[D].长春:长春理工大学,2018.

杜妍英.我国慈善文化建设研究[D].石家庄:河北师范大学,2015.

郭晓禄.习近平总书记关于精准扶贫重要论述的逻辑理路[J].重庆行政,2020(4):28—31.

郭昕.中国特色社会主义慈善文化研究[D].上海:上海师范大学.2018.

郭祖炎.慈善何以可能[J].伦理学研究,2015(2):114—117.

郭祖炎.建立在责任及权利基础上的中国慈善文化[J].人民论坛,2013(11):181—183.

韩丽丽,李廷洲.改革开放40年我国高等教育资助体系的回顾与展望[J].中国高教研究,2018(6):29—36.

韩丽欣,郑国.中西方慈善文化传统资源的比较研究[J].南昌大学学报(人文社科版),2014(1):104—109.

郝桂荣.高校文化育人研究[D].沈阳：辽宁大学，2017.

侯长林.高校校园文化基本理论研究[D].武汉：华中科技大学，2013.

胡婷.建国以来中国共产党人的慈善观研究[D].太原：太原科技大学，2016.

皇甫炳坤.大学校园文化的育人功能研究[D].沈阳：辽宁大学，2014.

黄雁玲.慈善与感恩：贫困大学生民间助学问题探讨[J].黑龙江高教研究，2009（3）：115－117.

黄雁玲.民间助学慈善与感恩的思维错位及其解决路径[J].江苏高教，2009（3）：126－128.

坚定理想信念，站稳人民立场，练就过硬本领，投身强国伟业[N].中国青年报，2020-05-04.

李高南，熊柱.关于高校校园文化建设的思考[J].广西大学学报（哲学社会科学版），2005（3）：88.

李立国.全面贯彻实施慈善法开创慈善事业发展新局面[J].行政管理改革，2016（7）：16－20.

李萍.建设中国特色慈善文化研究[D].上海：华东理工大学，2011.

林瑞青.论高校济困育人工作中的责任教育[J].现代教育科学，2010（7）：115－119.

凌征福.共建共治共享理念下中国慈善事业发展研究[D].赣州：赣南师范大学，2019.

刘德宇.高校校园文化发展论[M].青岛：中国海洋大学出版社，2004.

刘丽.石油高校文化育人实证研究[D].大庆：东北石油大学，2020.

刘书林，高永.思想政治教育的对象及其主客体关系[J].思想理论教育导刊，2013（1）：97－99.

刘威.冲突与和解——中国慈善事业转型的历史文化逻辑[J].学术

论坛，2014（2）：84—91.

刘新玲. 论个体慈善行为的基础[J]. 福州大学学报（哲学社会科学版），2006（4）：81—85，114.

龙永红. 互惠利他链：官民慈善组织资源动员的比较研究[D]. 南京：南京大学，2012.

马克思恩格斯文集（第一卷）[M]. 北京：人民出版社，2009.

毛泽东选集（第三卷）[M]. 北京：人民出版社，2008.

潘慧，滕明兰，赵嵘. 习近平新时代中国特色社会主义精准扶贫思想研究[J]. 上海经济研究，2018（4）：5—16，26.

潘乾. 传统慈善文化的教育实践逻辑[J]. 东北师大学报（哲学社会科学版），2018（3）：43—48.

曲顺兰，武嘉盟. 我国慈善捐赠企业所得税政策激励效应评估——基于中国上市公司数据断点回归设计的数量分析[J]. 经济与管理评论，2017（1）：95—103.

尚德. 试论慈善事业的现代化特征及发展路径[J]. 山西高等学校社会科学学报，2019（5）：30—35.

邵培樟. 慈善事业发展机制研究[M]. 北京：中国政法大学出版社，2018.

沈奕彤，邱伟波. 赫尔巴特"可塑性"观点解读[J]. 学理论，2015（2）：114—115.

石国亮. 慈善教育的课程、教材和教师关系论[J]. 学校党建与思想教育，2017（5）：58—61.

石国亮. 慈善文化进校园：意义、挑战与路线图[J]. 长白学刊，2015（2）：132—139.

眭依凡. 大学的使命与责任[M]. 北京：教育科学出版社，2007.

唐任伍. 习近平精准扶贫思想阐释[J]. 人民论坛，2015（30）：28—30.

涂兆宇. 新时代中国特色社会主义慈善事业发展研究[D]. 长春：吉

林大学，2020.

王洪昌. 高校校园文化建设研究[D]. 石家庄：河北大学，2010.

王景云. 当代中国思想政治教育文化载体研究[D]. 哈尔滨：哈尔滨工程大学，2011.

王文涛. "慈善"语源考[J]. 中国人民大学学报，2014（1）：28—33.

王勇. 十九届四中全会解读：慈善无国界，慈善事业有国情，走中国特色慈善事业发展之路[N]. 公益时报，2020-01-19.

王振耀，田小红. 现代慈善与国家治理现代化[J]. 社会治理，2015（1）：41—48.

吴冰. 社会转型时期大学生励志教育研究[D]. 北京：中国地质大学，2014.

武菊芳，薛涛. 关于我国慈善文化建设的多维思考[J]. 河北师范大学学报（哲学社会科版），2011（1）：122—125.

习近平. 习近平总书记系列重要讲话读本（2016年版）：十二、让老百姓过上好日子——关于改善民生和创新社会治理[N]. 人民日报，2016-05-06.

习近平. 之江新语[M]. 杭州：浙江人民出版社，2007.

习近平：齐心协力发展慈善事业同心同德建设和谐社会[N]. 浙江日报，2006-12-13.

习近平首次点评"95后"大学生[N]. 人民日报，2017-01-03（2）.

习近平谈治国理政（第二卷）[M]. 北京：外文出版社，2017.

习近平在全国高校思想政治工作会议上强调：把思想政治工作贯穿教育教学全过程开创我国高等教育事业发展新局面[N]. 人民日报，2016-12-09（1）.

郇宜飞. 慈善组织应急治理能力提升探讨[J]. 合作经济与科技，2021（16）：152—153.

于英焕. 对加强我国高校校园文化建设的理性思考[D]. 长春：东北师范大学，2006.

原鑫丽.山西高校大学生慈善文化教育研究［D］．太原：山西财经大学，2018.

岳君恒.高校家庭经济困难学生幸福观教育途径与方法研究［D］．成都：西南交通大学，2012.

张超蕊.贫困大学生思想政治教育中的人文关怀研究［D］．哈尔滨：东北农业大学，2019.

张定华.基于权利与义务对等的高校学生资助策略研究［J］．开封教育学院学报，2014（1）：145－146.

张定华.就业资本视角下贫困大学生就业帮扶机制的构建［J］．宁波工程学院学报，2021（2）：88－92.

张琳，彭立春.加强贫困大学生责任教育的思考［J］．湖南师范大学教育科学学报，2011（3）：101－103.

张琳.高校学生资助体系的思想政治教育功能及其实现研究［D］．徐州：中国矿业大学，2020.

张蓉.马克思恩格斯慈善思想研究［D］．太原：山西大学，2018.

张耀灿，郑永廷等.现代思想政治教育学［M］．北京：人民出版社，2001.

张永强.大学校园文化建设与思想政治教育的互动探讨［J］．教育文化，2014（7）：223－224.

张永强.高校校园文化建设与思想政治教育的互动探讨［J］．法制与社会，2014（19）：18.

张子杨."仁爱"慈善思想融入高校校园文化建设研究［D］．郑州：华北水利水电大学，2019.

郑风田.习近平精准扶贫思想的内涵与脉络［J］．人民论坛，2020(2)：12－15.

郑功成.《慈善法》开启中国的善时代［J］．社会治理，2016（5）：30－36.

郑功成.中国慈善事业发展：成效、问题与制度完善［J］．中共中央党校（国家行政学院）学报，2020（6）：52－61.

郑思婧.论慈善主体的功能定位[J].法制与社会，2010（15）：175－176.

中共中央党史和文献研究院.习近平扶贫论述摘编[G].北京：中央文献出版社，2018.

中共中央宣传部.习近平总书记系列重要讲话读本[M].北京：学习出版社、人民出版社，2016.

中国大百科全书（第二版）[M].北京：中国大百科全书出版社，2009.

中国学生资助70年[N].人民日报，2019-09-23.

中国资助70年[N].人民日报，2019-09-23.

周秋光，王猛.当代中国慈善发展转型中的抉择[J].上海财经大学学报，2015（1）：78－87.

周秋光.慈善义演文献史料的价值[J].寻根，2021（1）：124－127.

周冉冉.从中国慈善走向慈善中国的70年[N].中国社会报，2019-09-27.

邹庆华，邱洪斌.论当代慈善文化的价值认同[J].黑龙江社会科学，2017（4）：91－94.

附录1

中华人民共和国红十字会法

（1993 年 10 月 31 日第八届全国人民代表大会常务委员会第四次会议通过

2017 年 2 月 24 日第十二届全国人民代表大会常务委员会第二十六次会议修订）

第一章　总则

第一条　为了保护人的生命和健康，维护人的尊严，发扬人道主义精神，促进和平进步事业，保障和规范红十字会依法履行职责，制定本法。

第二条　中国红十字会是中华人民共和国统一的红十字组织，是从事人道主义工作的社会救助团体。

第三条　中华人民共和国公民，不分民族、种族、性别、职业、宗教信仰、教育程度，承认中国红十字会章程并缴纳会费的，可以自愿参加中国红十字会。

企业、事业单位及有关团体通过申请可以成为红十字会的团体会员。

国家鼓励自然人、法人以及其他组织参与红十字志愿服务。

国家支持在学校开展红十字青少年工作。

第四条　中国红十字会应当遵守宪法和法律，遵循国际红十字和红新月运动确立的基本原则，依照中国批准或者加入的日内瓦公约及其附加议定书和中国红十字会章程，独立自主地开展工作。

中国红十字会全国会员代表大会依法制定或者修改中国红十字会章程，章程不得与宪法和法律相抵触。

第五条　各级人民政府对红十字会给予支持和资助，保障红十字会依法履行职责,并对其活动进行监督。

第六条 中国红十字会根据独立、平等、互相尊重的原则,发展同各国红十字会和红新月会的友好合作关系。

第二章 组织

第七条 全国建立中国红十字会总会。中国红十字会总会对外代表中国红十字会。

县级以上地方按行政区域建立地方各级红十字会,根据实际工作需要配备专职工作人员。

全国性行业根据需要可以建立行业红十字会。

上级红十字会指导下级红十字会工作。

第八条 各级红十字会设立理事会、监事会。理事会、监事会由会员代表大会选举产生,向会员代表大会负责并报告工作,接受其监督。

理事会民主选举产生会长和副会长。理事会执行会员代表大会的决议。

执行委员会是理事会的常设执行机构,其人员组成由理事会决定,向理事会负责并报告工作。

监事会民主推选产生监事长和副监事长。理事会、执行委员会工作受监事会监督。

第九条 中国红十字会总会可以设名誉会长和名誉副会长。名誉会长和名誉副会长由中国红十字会总会理事会聘请。

第十条 中国红十字会总会具有社会团体法人资格;地方各级红十字会、行业红十字会依法取得社会团体法人资格。

第三章 职责

第十一条 红十字会履行下列职责:

(一)开展救援、救灾的相关工作,建立红十字应急救援体系。在战争、武装冲突和自然灾害、事故灾难、公共卫生事件等突发事件中，对伤病人员和其他受害者提供紧急救援和人道救助；

（二）开展应急救护培训，普及应急救护、防灾避险和卫生健康知识，组织志愿者参与现场救护；

（三）参与、推动无偿献血、遗体和人体器官捐献工作，参与开展造血干细胞捐献的相关工作；

（四）组织开展红十字志愿服务、红十字青少年工作；

（五）参加国际人道主义救援工作；

（六）宣传国际红十字和红新月运动的基本原则和日内瓦公约及其附加议定书；

（七）依照国际红十字和红新月运动的基本原则，完成人民政府委托事宜；

（八）依照日内瓦公约及其附加议定书的有关规定开展工作；

（九）协助人民政府开展与其职责相关的其他人道主义服务活动。

第十二条　在战争、武装冲突和自然灾害、事故灾难、公共卫生事件等突发事件中，执行救援、救助任务并标有红十字标志的人员、物资和交通工具有优先通行的权利。

第十三条　任何组织和个人不得阻碍红十字会工作人员依法履行救援、救助、救护职责。

第四章　标志与名称

第十四条　中国红十字会使用白底红十字标志。

红十字标志具有保护作用和标明作用。

红十字标志的保护使用，是标示在战争、武装冲突中必须受到尊重和保护的人员和设备、设施。其使用办法，依照日内瓦公约及其附加议定书的有关规定执行。

红十字标志的标明使用，是标示与红十字活动有关的人或者物。其使用办法，由国务院和中央军事委员会依据本法规定。

第十五条　国家武装力量的医疗卫生机构使用红十字标志，应当符合日内瓦公约及其附加议定书的有关规定。

第十六条　红十字标志和名称受法律保护。禁止利用红十字标志和名称牟利，禁止以任何形式冒用、滥用、篡改红十字标志和名称。

第五章　财产与监管

第十七条　红十字会财产的主要来源：

（一）红十字会会员缴纳的会费；

（二）境内外组织和个人捐赠的款物；

（三）动产和不动产的收入；

（四）人民政府的拨款；

（五）其他合法收入。

第十八条　国家对红十字会兴办的与其宗旨相符的公益事业给予扶持。

第十九条　红十字会可以依法进行募捐活动。募捐活动应当符合《中华人民共和国慈善法》的有关规定。

第二十条　红十字会依法接受自然人、法人以及其他组织捐赠的款物，应当向捐赠人开具由财政部门统一监（印）制的公益事业捐赠票据。捐赠人匿名或者放弃接受捐赠票据的，红十字会应当做好相关记录。

捐赠人依法享受税收优惠。

第二十一条　红十字会应当按照募捐方案、捐赠人意愿或者捐赠协议处分其接受的捐赠款物。

捐赠人有权查询、复制其捐赠财产管理使用的有关资料，红十字会应当及时主动向捐赠人反馈有关情况。

红十字会违反募捐方案、捐赠人意愿或者捐赠协议约定的用途，滥用捐赠财产的，捐赠人有权要求其改正；拒不改正的，捐赠人可以向人民政府民政部门投诉、举报或者向人民法院提起诉讼。

第二十二条　红十字会应当建立财务管理、内部控制、审计公开和监督检查制度。

红十字会的财产使用应当与其宗旨相一致。

红十字会对接受的境外捐赠款物，应当建立专项审查监督制度。

红十字会应当及时聘请依法设立的独立第三方机构，对捐赠款物的收入和使用情况进行审计，将审计结果向红十字会理事会和监事会报告，并向社会公布。

第二十三条　红十字会应当建立健全信息公开制度，规范信息发布，在统一的信息平台及时向社会公布捐赠款物的收入和使用情况，接受社会监督。

第二十四条　红十字会财产的收入和使用情况依法接受人民政府审计等部门的监督。

红十字会接受社会捐赠及其使用情况，依法接受人民政府民政部门的监督。

第二十五条　任何组织和个人不得私分、挪用、截留或者侵占红十字会的财产。

第六章　法律责任

第二十六条　红十字会及其工作人员有下列情形之一的，由同级人民政府审计、民政等部门责令改正；情节严重的，对直接负责的主管人员和其他直接责任人员依法给予处分；造成损害的，依法承担民事责任；构成犯罪的，依法追究刑事责任：

（一）违背募捐方案、捐赠人意愿或者捐赠协议，擅自处分其接受的捐赠款物的；

（二）私分、挪用、截留或者侵占财产的；

（三）未依法向捐赠人反馈情况或者开具捐赠票据的；

（四）未依法对捐赠款物的收入和使用情况进行审计的；

（五）未依法公开信息的；

（六）法律、法规规定的其他情形。

第二十七条　自然人、法人或者其他组织有下列情形之一，造成损害的，依法承担民事责任；构成违反治安管理行为的，依法给予治安管理处罚；构成犯罪的，依法追究刑事责任：

（一）冒用、滥用、篡改红十字标志和名称的；

（二）利用红十字标志和名称牟利的；

（三）制造、发布、传播虚假信息，损害红十字会名誉的；

（四）盗窃、损毁或者以其他方式侵害红十字会财产的；

（五）阻碍红十字会工作人员依法履行救援、救助、救护职责的；

（六）法律、法规规定的其他情形。

红十字会及其工作人员有前款第一项、第二项所列行为的，按照前款规定处罚。

第二十八条　各级人民政府有关部门及其工作人员在实施监督管理中滥用职权、玩忽职守、徇私舞弊的，对直接负责的主管人员和其他直接责任人员依法给予处分；构成犯罪的，依法追究刑事责任。

第七章　附则

第二十九条　本法所称"国际红十字和红新月运动确立的基本原则"，是指一九八六年十月日内瓦国际红十字大会第二十五次会议通过的"国际红十字和红新月运动章程"中确立的人道、公正、中立、独立、志愿服务、统一和普遍七项基本原则。

本法所称"日内瓦公约"，是指中国批准的于一九四九年八月十二日订立的日内瓦四公约，即：《改善战地武装部队伤者病者境遇之日内瓦公约》、《改善海上武装部队伤者病者及遇船难者境遇之日内瓦公约》、《关于战俘待遇之日内瓦公约》和《关于战时保护平民之日内瓦公约》。

　　本法所称日内瓦公约"附加议定书"，是指中国加入的于一九七七年六月八日订立的《一九四九年八月十二日日内瓦四公约关于保护国际性武装冲突受难者的附加议定书》和《一九四九年八月十二日日内瓦四公约关于保护非国际性武装冲突受难者的附加议定书》。

　　第三十条　本法自 2017 年 5 月 8 日起施行。

附录 2

社会团体登记管理条例

（1998 年 10 月 25 日中华人民共和国国务院令第 250 号发布　根据 2016 年 2 月 6 日《国务院关于修改部分行政法规的决定》修订）

第一章　总则

第一条　为了保障公民的结社自由，维护社会团体的合法权益，加强对社会团体的登记管理，促进社会主义物质文明、精神文明建设，制定本条例。

第二条　本条例所称社会团体，是指中国公民自愿组成，为实现会员共同意愿，按照其章程开展活动的非营利性社会组织。

国家机关以外的组织可以作为单位会员加入社会团体。

第三条　成立社会团体，应当经其业务主管单位审查同意，并依照本条例的规定进行登记。

社会团体应当具备法人条件。

下列团体不属于本条例规定登记的范围：

（一）参加中国人民政治协商会议的人民团体；

（二）由国务院机构编制管理机关核定，并经国务院批准免于登记的团体；

（三）机关、团体、企业事业单位内部经本单位批准成立、在本单位内部活动的团体。

第四条　社会团体必须遵守宪法、法律、法规和国家政策，不得反对宪法确定的基本原则，不得危害国家的统一、安全和民族的团结，不得损害国家利益、社会公共利益以及其他组织和公民的合法权益，不得违背社会道德风尚。

社会团体不得从事营利性经营活动。

第五条　国家保护社会团体依照法律、法规及其章程开展活动，任何组织和个人不得非法干涉。

第六条　国务院民政部门和县级以上地方各级人民政府民政部门是本级人民政府的社会团体登记管理机关（以下简称登记管理机关）。

国务院有关部门和县级以上地方各级人民政府有关部门、国务院或者县级以上地方各级人民政府授权的组织，是有关行业、学科或者业务范围内社会团体的业务主管单位（以下简称业务主管单位）。

法律、行政法规对社会团体的监督管理另有规定的，依照有关法律、行政法规的规定执行。

第二章　管　辖

第七条　全国性的社会团体，由国务院的登记管理机关负责登记管理；地方性的社会团体，由所在地人民政府的登记管理机关负责登记管理；跨行政区域的社会团体，由所跨行政区域的共同上一级人民政府的登记管理机关负责登记管理。

第八条　登记管理机关、业务主管单位与其管辖的社会团体的住所不在一地的，可以委托社会团体住所地的登记管理机关、业务主管单位负责委托范围内的监督管理工作。

第三章　成立登记

第九条　申请成立社会团体，应当经其业务主管单位审查同意，由发起人向登记管理机关申请登记。

筹备期间不得开展筹备以外的活动。

第十条 成立社会团体，应当具备下列条件：

（一）有50个以上的个人会员或者30个以上的单位会员；个人会员、单位会员混合组成的，会员总数不得少于50个；

（二）有规范的名称和相应的组织机构；

（三）有固定的住所；

（四）有与其业务活动相适应的专职工作人员；

（五）有合法的资产和经费来源，全国性的社会团体有10万元以上活动资金，地方性的社会团体和跨行政区域的社会团体有3万元以上活动资金；

（六）有独立承担民事责任的能力。

社会团体的名称应当符合法律、法规的规定，不得违背社会道德风尚。社会团体的名称应当与其业务范围、成员分布、活动地域相一致，准确反映其特征。全国性的社会团体的名称冠以"中国"、"全国"、"中华"等字样的，应当按照国家有关规定经过批准，地方性的社会团体的名称不得冠以"中国"、"全国"、"中华"等字样。

第十一条 申请登记社会团体，发起人应当向登记管理机关提交下列文件：

（一）登记申请书；

（二）业务主管单位的批准文件；

（三）验资报告、场所使用权证明；

（四）发起人和拟任负责人的基本情况、身份证明；

（五）章程草案。

第十二条 登记管理机关应当自收到本条例第十一条所列全部有效文件之日起60日内，作出准予或者不予登记的决定。准予登记的，发给《社会团体法人登记证书》；不予登记的，应当向发起人说明理由。

社会团体登记事项包括：名称、住所、宗旨、业务范围、活动地域、法定代表人、活动资金和业务主管单位。

社会团体的法定代表人，不得同时担任其他社会团体的法定代表人。

第十三条　有下列情形之一的，登记管理机关不予登记：

（一）有根据证明申请登记的社会团体的宗旨、业务范围不符合本条例第四条的规定的；

（二）在同一行政区域内已有业务范围相同或者相似的社会团体，没有必要成立的；

（三）发起人、拟任负责人正在或者曾经受到剥夺政治权利的刑事处罚，或者不具有完全民事行为能力的；

（四）在申请登记时弄虚作假的；

（五）有法律、行政法规禁止的其他情形的。

第十四条　社会团体的章程应当包括下列事项：

（一）名称、住所；

（二）宗旨、业务范围和活动地域；

（三）会员资格及其权利、义务；

（四）民主的组织管理制度，执行机构的产生程序；

（五）负责人的条件和产生、罢免的程序；

（六）资产管理和使用的原则；

（七）章程的修改程序；

（八）终止程序和终止后资产的处理；

（九）应当由章程规定的其他事项。

第十五条　依照法律规定，自批准成立之日起即具有法人资格的社会团体，应当自批准成立之日起 60 日内向登记管理机关提交批准文件，申领《社会团体法人登记证书》。登记管理机关自收到文件之日起 30 日内发给《社会团体法人登记证书》。

第十六条　社会团体凭《社会团体法人登记证书》申请刻制印章，开立银行账户。社会团体应当将印章式样和银行账号报登记管理机关备案。

第十七条　社会团体的分支机构、代表机构是社会团体的组成部分，不具有法人资格，应当按照其所属于的社会团体的章程所规定的宗旨和业务范围，在该社会团体授权的范围内开展活动、发展会员。社会团体的分支机构不得再设立分支机构。

社会团体不得设立地域性的分支机构。

第四章 变更登记、注销登记

第十八条 社会团体的登记事项需要变更的，应当自业务主管单位审查同意之日起 30 日内，向登记管理机关申请变更登记。

社会团体修改章程，应当自业务主管单位审查同意之日起 30 日内，报登记管理机关核准。

第十九条 社会团体有下列情形之一的，应当在业务主管单位审查同意后，向登记管理机关申请注销登记：

（一）完成社会团体章程规定的宗旨的；

（二）自行解散的；

（三）分立、合并的；

（四）由于其他原因终止的。

第二十条 社会团体在办理注销登记前，应当在业务主管单位及其他有关机关的指导下，成立清算组织，完成清算工作。清算期间，社会团体不得开展清算以外的活动。

第二十一条 社会团体应当自清算结束之日起 15 日内向登记管理机关办理注销登记。办理注销登记，应当提交法定代表人签署的注销登记申请书、业务主管单位的审查文件和清算报告书。

登记管理机关准予注销登记的，发给注销证明文件，收缴该社会团体的登记证书、印章和财务凭证。

第二十二条 社会团体处分注销后的剩余财产，按照国家有关规定办理。

第二十三条 社会团体成立、注销或者变更名称、住所、法定代表人，由登记管理机关予以公告。

第五章　监督管理

第二十四条　登记管理机关履行下列监督管理职责：

（一）负责社会团体的成立、变更、注销的登记；

（二）对社会团体实施年度检查；

（三）对社会团体违反本条例的问题进行监督检查，对社会团体违反本条例的行为给予行政处罚。

第二十五条　业务主管单位履行下列监督管理职责：

（一）负责社会团体成立登记、变更登记、注销登记前的审查；

（二）监督、指导社会团体遵守宪法、法律、法规和国家政策，依据其章程开展活动；

（三）负责社会团体年度检查的初审；

（四）协助登记管理机关和其他有关部门查处社会团体的违法行为；

（五）会同有关机关指导社会团体的清算事宜。

业务主管单位履行前款规定的职责，不得向社会团体收取费用。

第二十六条　社会团体的资产来源必须合法，任何单位和个人不得侵占、私分或者挪用社会团体的资产。

社会团体的经费，以及开展章程规定的活动按照国家有关规定所取得的合法收入，必须用于章程规定的业务活动，不得在会员中分配。

社会团体接受捐赠、资助，必须符合章程规定的宗旨和业务范围，必须根据与捐赠人、资助人约定的期限、方式和合法用途使用。社会团体应当向业务主管单位报告接受、使用捐赠、资助的有关情况，并应当将有关情况以适当方式向社会公布。

社会团体专职工作人员的工资和保险福利待遇，参照国家对事业单位的有关规定执行。

第二十七条　社会团体必须执行国家规定的财务管理制度，接受财政部门的监督；资产来源属于国家拨款或者社会捐赠、资助的，还应当接受审计机关的监督。

社会团体在换届或者更换法定代表人之前，登记管理机关、业务主管单位应当组织对其进行财务审计。

第二十八条 社会团体应当于每年 3 月 31 日前向业务主管单位报送上一年度的工作报告，经业务主管单位初审同意后，于 5 月 31 日前报送登记管理机关，接受年度检查。工作报告的内容包括：本社会团体遵守法律法规和国家政策的情况、依照本条例履行登记手续的情况、按照章程开展活动的情况、人员和机构变动的情况以及财务管理的情况。

对于依照本条例第十五条的规定发给《社会团体法人登记证书》的社会团体，登记管理机关对其应当简化年度检查的内容。

第六章 罚则

第二十九条 社会团体在申请登记时弄虚作假，骗取登记的，或者自取得《社会团体法人登记证书》之日起 1 年未开展活动的，由登记管理机关予以撤销登记。

第三十条 社会团体有下列情形之一的，由登记管理机关给予警告，责令改正，可以限期停止活动，并可以责令撤换直接负责的主管人员；情节严重的，予以撤销登记；构成犯罪的，依法追究刑事责任：

（一）涂改、出租、出借《社会团体法人登记证书》，或者出租、出借社会团体印章的；

（二）超出章程规定的宗旨和业务范围进行活动的；

（三）拒不接受或者不按照规定接受监督检查的；

（四）不按照规定办理变更登记的；

（五）违反规定设立分支机构、代表机构，或者对分支机构、代表机构疏于管理，造成严重后果的；

（六）从事营利性的经营活动的；

（七）侵占、私分、挪用社会团体资产或者所接受的捐赠、资助的；

（八）违反国家有关规定收取费用、筹集资金或者接受、使用捐赠、资助的。

前款规定的行为有违法经营额或者违法所得的，予以没收，可以并处违法经营额 1 倍以上 3 倍以下或者违法所得 3 倍以上 5 倍以下的罚款。

第三十一条　社会团体的活动违反其他法律、法规的，由有关国家机关依法处理；有关国家机关认为应当撤销登记的，由登记管理机关撤销登记。

第三十二条　筹备期间开展筹备以外的活动，或者未经登记，擅自以社会团体名义进行活动，以及被撤销登记的社会团体继续以社会团体名义进行活动的，由登记管理机关予以取缔，没收非法财产；构成犯罪的，依法追究刑事责任；尚不构成犯罪的，依法给予治安管理处罚。

第三十三条　社会团体被责令限期停止活动的，由登记管理机关封存《社会团体法人登记证书》、印章和财务凭证。

社会团体被撤销登记的，由登记管理机关收缴《社会团体法人登记证书》和印章。

第三十四条　登记管理机关、业务主管单位的工作人员滥用职权、徇私舞弊、玩忽职守构成犯罪的，依法追究刑事责任；尚不构成犯罪的，依法给予行政处分。

第七章　附则

第三十五条　《社会团体法人登记证书》的式样由国务院民政部门制定。

对社会团体进行年度检查不得收取费用。

第三十六条　本条例施行前已经成立的社会团体，应当自本条例施行之日起 1 年内依照本条例有关规定申请重新登记。

第三十七条　本条例自发布之日起施行。1989 年 10 月 25 日国务院发布的《社会团体登记管理条例》同时废止。

附录 3

中华人民共和国公益事业捐赠法

（1999 年 6 月 28 日中华人民共和国主席令第十九号公布 自 1999 年
9 月 1 日起施行）

第一章 总则

第一条 为了鼓励捐赠，规范捐赠和受赠行为，保护捐赠人、受赠人
和受益人的合法权益，促进公益事业的发展，制定本法。

第二条 自然人、法人或者其他组织自愿无偿向依法成立的公益性社
会团体和公益性非营利的事业单位捐赠财产，用于公益事业的，适用本法。

第三条 本法所称公益事业是指非营利的下列事项：

（一）救助灾害、救济贫困、扶助残疾人等困难的社会群体和个人的
活动；

（二）教育、科学、文化、卫生、体育事业；

（三）环境保护、社会公共设施建设；

（四）促进社会发展和进步的其他社会公共和福利事业。

第四条 捐赠应当是自愿和无偿的，禁止强行摊派或者变相摊派，不
得以捐赠为名从事营利活动。

第五条 捐赠财产的使用应当尊重捐赠人的意愿，符合公益目的，不
得将捐赠财产挪作他用。

第六条 捐赠应当遵守法律、法规，不得违背社会公德，不得损害公
共利益和其他公民的合法权益。

第七条 公益性社会团体受赠的财产及其增值为社会公共财产，受国

家法律保护，任何单位和个人不得侵占、挪用和损毁。

第八条　国家鼓励公益事业的发展，对公益性社会团体和公益性非营利的事业单位给予扶持和优待。

国家鼓励自然人、法人或者其他组织对公益事业进行捐赠。

对公益事业捐赠有突出贡献的自然人、法人或者其他组织，由人民政府或者有关部门予以表彰。对捐赠人进行公开表彰，应当事先征求捐赠人的意见。

第二章　捐赠和受赠

第九条　自然人、法人或者其他组织可以选择符合其捐赠意愿的公益性社会团体和公益性非营利的事业单位进行捐赠。捐赠的财产应当是其有权处分的合法财产。

第十条　公益性社会团体和公益性非营利的事业单位可以依照本法接受捐赠。

本法所称公益性社会团体是指依法成立的，以发展公益事业为宗旨的基金会、慈善组织等社会团体。

本法所称公益性非营利的事业单位是指依法成立的，从事公益事业的不以营利为目的的教育机构、科学研究机构、医疗卫生机构、社会公共文化机构、社会公共体育机构和社会福利机构等。

第十一条　在发生自然灾害时或者境外捐赠人要求县级以上人民政府及其部门作为受赠人时，县级以上人民政府及其部门可以接受捐赠，并依照本法的有关规定对捐赠财产进行管理。

县级以上人民政府及其部门可以将受赠财产转交公益性社会团体或者公益性非营利的事业单位；也可以按照捐赠人的意愿分发或者兴办公益事业，但是不得以本机关为受益对象。

第十二条　捐赠人可以与受赠人就捐赠财产的种类、质量、数量和用途等内容订立捐赠协议。捐赠人有权决定捐赠的数量、用途和方式。

捐赠人应当依法履行捐赠协议，按照捐赠协议约定的期限和方式将捐赠财产转移给受赠人。

第十三条　捐赠人捐赠财产兴建公益事业工程项目，应当与受赠人订立捐赠协议，对工程项目的资金、建设、管理和使用作出约定。

捐赠的公益事业工程项目由受赠单位按照国家有关规定办理项目审批手续，并组织施工或者由受赠人和捐赠人共同组织施工。工程质量应当符合国家质量标准。

捐赠的公益事业工程项目竣工后，受赠单位应当将工程建设、建设资金的使用和工程质量验收情况向捐赠人通报。

第十四条　捐赠人对于捐赠的公益事业工程项目可以留名纪念；捐赠人单独捐赠的工程项目或者主要由捐赠人出资兴建的工程项目，可以由捐赠人提出工程项目的名称，报县级以上人民政府批准。

第十五条　境外捐赠人捐赠的财产，由受赠人按照国家有关规定办理入境手续；捐赠实行许可证管理的物品，由受赠人按照国家有关规定办理许可证申领手续，海关凭许可证验放、监管。

华侨向境内捐赠的，县级以上人民政府侨务部门可以协助办理有关入境手续，为捐赠人实施捐赠项目提供帮助。

第三章　捐赠财产的使用和管理

第十六条　受赠人接受捐赠后，应当向捐赠人出具合法、有效的收据，将受赠财产登记造册，妥善保管。

第十七条　公益性社会团体应当将受赠财产用于资助符合其宗旨的活动和事业。对于接受的救助灾害的捐赠财产，应当及时用于救助活动。基金会每年用于资助公益事业的资金数额，不得低于国家规定的比例。

公益性社会团体应当严格遵守国家的有关规定，按照合法、安全、有效的原则，积极实现捐赠财产的保值增值。

公益性非营利的事业单位应当将受赠财产用于发展本单位的公益事

业，不得挪作他用。

对于不易储存、运输和超过实际需要的受赠财产，受赠人可以变卖，所取得的全部收入，应当用于捐赠目的。

第十八条　受赠人与捐赠人订立了捐赠协议的，应当按照协议约定的用途使用捐赠财产，不得擅自改变捐赠财产的用途。如果确需改变用途的，应当征得捐赠人的同意。

第十九条　受赠人应当依照国家有关规定，建立健全财务会计制度和受赠财产的使用制度，加强对受赠财产的管理。

第二十条　受赠人每年度应当向政府有关部门报告受赠财产的使用、管理情况，接受监督。必要时，政府有关部门可以对其财务进行审计。

海关对减免关税的捐赠物品依法实施监督和管理。

县级以上人民政府侨务部门可以参与对华侨向境内捐赠财产使用与管理的监督。

第二十一条　捐赠人有权向受赠人查询捐赠财产的使用、管理情况，并提出意见和建议。对于捐赠人的查询，受赠人应当如实答复。

第二十二条　受赠人应当公开接受捐赠的情况和受赠财产的使用、管理情况，接受社会监督。

第二十三条　公益性社会团体应当厉行节约，降低管理成本，工作人员的工资和办公费用从利息等收入中按照国家规定的标准开支。

第四章　优惠措施

第二十四条　公司和其他企业依照本法的规定捐赠财产用于公益事业，依照法律、行政法规的规定享受企业所得税方面的优惠。

第二十五条　自然人和个体工商户依照本法的规定捐赠财产用于公益事业，依照法律、行政法规的规定享受个人所得税方面的优惠。

第二十六条　境外向公益性社会团体和公益性非营利的事业单位捐赠的用于公益事业的物资，依照法律、行政法规的规定减征或者免征进口关税和进口环节的增值税。

第二十七条 对于捐赠的工程项目，当地人民政府应当给予支持和优惠。

第五章 法律责任

第二十八条 受赠人未征得捐赠人的许可，擅自改变捐赠财产的性质、用途的，由县级以上人民政府有关部门责令改正，给予警告。拒不改正的，经征求捐赠人的意见，由县级以上人民政府将捐赠财产交由与其宗旨相同或者相似的公益性社会团体或者公益性非营利的事业单位管理。

第二十九条 挪用、侵占或者贪污捐赠款物的，由县级以上人民政府有关部门责令退还所用、所得款物，并处以罚款；对直接责任人员，由所在单位依照有关规定予以处理；构成犯罪的，依法追究刑事责任。

依照前款追回、追缴的捐赠款物，应当用于原捐赠目的和用途。

第三十条 在捐赠活动中，有下列行为之一的，依照法律、法规的有关规定予以处罚；构成犯罪的，依法追究刑事责任：

（一）逃汇、骗购外汇的；

（二）偷税、逃税的；

（三）进行走私活动的；

（四）未经海关许可并且未补缴应缴税额，擅自将减税、免税进口的捐赠物资在境内销售、转让或者移作他用的。

第三十一条 受赠单位的工作人员，滥用职权，玩忽职守，徇私舞弊，致使捐赠财产造成重大损失的，由所在单位依照有关规定予以处理；构成犯罪的，依法追究刑事责任。

第六章 附则

第三十二条 本法自 1999 年 9 月 1 日起施行。

附录 4

基金会管理条例

（2004 年 2 月 11 日国务院第 39 次常务会议通过　2004 年 3 月 8 日中华人民共和国国务院令第 400 号公布　自 2004 年 6 月 1 日起施行）

第一章　总则

第一条　为了规范基金会的组织和活动，维护基金会、捐赠人和受益人的合法权益，促进社会力量参与公益事业，制定本条例。

第二条　本条例所称基金会，是指利用自然人、法人或者其他组织捐赠的财产，以从事公益事业为目的，按照本条例的规定成立的非营利性法人。

第三条　基金会分为面向公众募捐的基金会（以下简称公募基金会）和不得面向公众募捐的基金会（以下简称非公募基金会）。公募基金会按照募捐的地域范围，分为全国性公募基金会和地方性公募基金会。

第四条　基金会必须遵守宪法、法律、法规、规章和国家政策，不得危害国家安全、统一和民族团结，不得违背社会公德。

第五条　基金会依照章程从事公益活动，应当遵循公开、透明的原则。

第六条　国务院民政部门和省、自治区、直辖市人民政府民政部门是基金会的登记管理机关。

国务院民政部门负责下列基金会、基金会代表机构的登记管理工作：

（一）全国性公募基金会；

（二）拟由非内地居民担任法定代表人的基金会；

（三）原始基金超过 2000 万元，发起人向国务院民政部门提出设立申请的非公募基金会；

（四）境外基金会在中国内地设立的代表机构。

省、自治区、直辖市人民政府民政部门负责本行政区域内地方性公募基金会和不属于前款规定情况的非公募基金会的登记管理工作。

第七条　国务院有关部门或者国务院授权的组织，是国务院民政部门登记的基金会、境外基金会代表机构的业务主管单位。

省、自治区、直辖市人民政府有关部门或者省、自治区、直辖市人民政府授权的组织，是省、自治区、直辖市人民政府民政部门登记的基金会的业务主管单位。

第二章　设立、变更和注销

第八条　设立基金会，应当具备下列条件：

（一）为特定的公益目的而设立；

（二）全国性公募基金会的原始基金不低于 800 万元人民币，地方性公募基金会的原始基金不低于 400 万元人民币，非公募基金会的原始基金不低于 200 万元人民币；原始基金必须为到账货币资金；

（三）有规范的名称、章程、组织机构以及与其开展活动相适应的专职工作人员；

（四）有固定的住所；

（五）能够独立承担民事责任。

第九条　申请设立基金会，申请人应当向登记管理机关提交下列文件：

（一）申请书；

（二）章程草案；

（三）验资证明和住所证明；

（四）理事名单、身份证明以及拟任理事长、副理事长、秘书长简历；

（五）业务主管单位同意设立的文件。

第十条　基金会章程必须明确基金会的公益性质，不得规定使特定自然人、法人或者其他组织受益的内容。

基金会章程应当载明下列事项：

（一）名称及住所；

（二）设立宗旨和公益活动的业务范围；

（三）原始基金数额；

（四）理事会的组成、职权和议事规则，理事的资格、产生程序和任期；

（五）法定代表人的职责；

（六）监事的职责、资格、产生程序和任期；

（七）财务会计报告的编制、审定制度；

（八）财产的管理、使用制度；

（九）基金会的终止条件、程序和终止后财产的处理。

第十一条　登记管理机关应当自收到本条例第九条所列全部有效文件之日起 60 日内，作出准予或者不予登记的决定。准予登记的，发给《基金会法人登记证书》；不予登记的，应当书面说明理由。

基金会设立登记的事项包括：名称、住所、类型、宗旨、公益活动的业务范围、原始基金数额和法定代表人。

第十二条　基金会拟设立分支机构、代表机构的，应当向原登记管理机关提出登记申请，并提交拟设机构的名称、住所和负责人等情况的文件。

登记管理机关应当自收到前款所列全部有效文件之日起 60 日内作出准予或者不予登记的决定。准予登记的，发给《基金会分支（代表）机构登记证书》；不予登记的，应当书面说明理由。

基金会分支机构、基金会代表机构设立登记的事项包括：名称、住所、公益活动的业务范围和负责人。

基金会分支机构、基金会代表机构依据基金会的授权开展活动，不具有法人资格。

第十三条　境外基金会在中国内地设立代表机构，应当经有关业务主管单位同意后，向登记管理机关提交下列文件：

（一）申请书；

（二）基金会在境外依法登记成立的证明和基金会章程；

（三）拟设代表机构负责人身份证明及简历；

（四）住所证明；

（五）业务主管单位同意在中国内地设立代表机构的文件。

登记管理机关应当自收到前款所列全部有效文件之日起60日内，作出准予或者不予登记的决定。准予登记的，发给《境外基金会代表机构登记证书》；不予登记的，应当书面说明理由。

境外基金会代表机构设立登记的事项包括：名称、住所、公益活动的业务范围和负责人。

境外基金会代表机构应当从事符合中国公益事业性质的公益活动。境外基金会对其在中国内地代表机构的民事行为，依照中国法律承担民事责任。

第十四条 基金会、境外基金会代表机构依照本条例登记后，应当依法办理税务登记。

基金会、境外基金会代表机构，凭登记证书依法申请组织机构代码、刻制印章、开立银行账户。

基金会、境外基金会代表机构应当将组织机构代码、印章式样、银行账号以及税务登记证件复印件报登记管理机关备案。

第十五条 基金会、基金会分支机构、基金会代表机构和境外基金会代表机构的登记事项需要变更的，应当向登记管理机关申请变更登记。

基金会修改章程，应当征得其业务主管单位的同意，并报登记管理机关核准。

第十六条 基金会、境外基金会代表机构有下列情形之一的，应当向登记管理机关申请注销登记：

（一）按照章程规定终止的；

（二）无法按照章程规定的宗旨继续从事公益活动的；

（三）由于其他原因终止的。

第十七条　基金会撤销其分支机构、代表机构的，应当向登记管理机关办理分支机构、代表机构的注销登记。

基金会注销的，其分支机构、代表机构同时注销。

第十八条　基金会在办理注销登记前，应当在登记管理机关、业务主管单位的指导下成立清算组织，完成清算工作。

基金会应当自清算结束之日起 15 日内向登记管理机关办理注销登记；在清算期间不得开展清算以外的活动。

第十九条　基金会、基金会分支机构、基金会代表机构以及境外基金会代表机构的设立、变更、注销登记，由登记管理机关向社会公告。

第三章　组织机构

第二十条　基金会设理事会，理事为 5 人至 25 人，理事任期由章程规定，但每届任期不得超过 5 年。理事任期届满，连选可以连任。

用私人财产设立的非公募基金会，相互间有近亲属关系的基金会理事，总数不得超过理事总人数的 1/3；其他基金会，具有近亲属关系的不得同时在理事会任职。

在基金会领取报酬的理事不得超过理事总人数的 1/3。

理事会设理事长、副理事长和秘书长，从理事中选举产生，理事长是基金会的法定代表人。

第二十一条　理事会是基金会的决策机构，依法行使章程规定的职权。

理事会每年至少召开 2 次会议。理事会会议须有 2/3 以上理事出席方能召开；理事会决议须经出席理事过半数通过方为有效。

下列重要事项的决议，须经出席理事表决，2/3 以上通过方为有效：

（一）章程的修改；

（二）选举或者罢免理事长、副理事长、秘书长；

（三）章程规定的重大募捐、投资活动；

（四）基金会的分立、合并。

理事会会议应当制作会议记录，并由出席理事审阅、签名。

第二十二条　基金会设监事。监事任期与理事任期相同。理事、理事的近亲属和基金会财会人员不得兼任监事。

监事依照章程规定的程序检查基金会财务和会计资料，监督理事会遵守法律和章程的情况。

监事列席理事会会议，有权向理事会提出质询和建议，并应当向登记管理机关、业务主管单位以及税务、会计主管部门反映情况。

第二十三条　基金会理事长、副理事长和秘书长不得由现职国家工作人员兼任。基金会的法定代表人，不得同时担任其他组织的法定代表人。公募基金会和原始基金来自中国内地的非公募基金会的法定代表人，应当由内地居民担任。

因犯罪被判处管制、拘役或者有期徒刑，刑期执行完毕之日起未逾5年的，因犯罪被判处剥夺政治权利正在执行期间或者曾经被判处剥夺政治权利的，以及曾在因违法被撤销登记的基金会担任理事长、副理事长或者秘书长，且对该基金会的违法行为负有个人责任，自该基金会被撤销之日起未逾5年的，不得担任基金会的理事长、副理事长或者秘书长。

基金会理事遇有个人利益与基金会利益关联时，不得参与相关事宜的决策；基金会理事、监事及其近亲属不得与其所在的基金会有任何交易行为。

监事和未在基金会担任专职工作的理事不得从基金会获取报酬。

第二十四条　担任基金会理事长、副理事长或者秘书长的香港居民、澳门居民、台湾居民、外国人以及境外基金会代表机构的负责人，每年在中国内地居留时间不得少于3个月。

第四章　财产的管理和使用

第二十五条　基金会组织募捐、接受捐赠，应当符合章程规定的宗旨和公益活动的业务范围。境外基金会代表机构不得在中国境内组织募捐、接受捐赠。

公募基金会组织募捐，应当向社会公布募得资金后拟开展的公益活动和资金的详细使用计划。

第二十六条　基金会及其捐赠人、受益人依照法律、行政法规的规定享受税收优惠。

第二十七条　基金会的财产及其他收入受法律保护，任何单位和个人不得私分、侵占、挪用。

基金会应当根据章程规定的宗旨和公益活动的业务范围使用其财产；捐赠协议明确了具体使用方式的捐赠，根据捐赠协议的约定使用。

接受捐赠的物资无法用于符合其宗旨的用途时，基金会可以依法拍卖或者变卖，所得收入用于捐赠目的。

第二十八条　基金会应当按照合法、安全、有效的原则实现基金的保值、增值。

第二十九条　公募基金会每年用于从事章程规定的公益事业支出，不得低于上一年总收入的70％；非公募基金会每年用于从事章程规定的公益事业支出，不得低于上一年基金余额的8％。

基金会工作人员工资福利和行政办公支出不得超过当年总支出的10％。

第三十条　基金会开展公益资助项目，应当向社会公布所开展的公益资助项目种类以及申请、评审程序。

第三十一条　基金会可以与受助人签订协议，约定资助方式、资助数额以及资金用途和使用方式。

基金会有权对资助的使用情况进行监督。受助人未按协议约定使用资助或者有其他违反协议情形的，基金会有权解除资助协议。

第三十二条　基金会应当执行国家统一的会计制度，依法进行会计核算、建立健全内部会计监督制度。

第三十三条　基金会注销后的剩余财产应当按照章程的规定用于公益目的；无法按照章程规定处理的，由登记管理机关组织捐赠给与该基金会性质、宗旨相同的社会公益组织，并向社会公告。

第五章 监督管理

第三十四条 基金会登记管理机关履行下列监督管理职责：

（一）对基金会、境外基金会代表机构实施年度检查；

（二）对基金会、境外基金会代表机构依照本条例及其章程开展活动的情况进行日常监督管理；

（三）对基金会、境外基金会代表机构违反本条例的行为依法进行处罚。

第三十五条 基金会业务主管单位履行下列监督管理职责：

（一）指导、监督基金会、境外基金会代表机构依据法律和章程开展公益活动；

（二）负责基金会、境外基金会代表机构年度检查的初审；

（三）配合登记管理机关、其他执法部门查处基金会、境外基金会代表机构的违法行为。

第三十六条 基金会、境外基金会代表机构应当于每年3月31日前向登记管理机关报送上一年度工作报告，接受年度检查。年度工作报告在报送登记管理机关前应当经业务主管单位审查同意。

年度工作报告应当包括：财务会计报告、注册会计师审计报告，开展募捐、接受捐赠、提供资助等活动的情况以及人员和机构的变动情况等。

第三十七条 基金会应当接受税务、会计主管部门依法实施的税务监督和会计监督。

基金会在换届和更换法定代表人之前，应当进行财务审计。

第三十八条 基金会、境外基金会代表机构应当在通过登记管理机关的年度检查后，将年度工作报告在登记管理机关指定的媒体上公布，接受社会公众的查询、监督。

第三十九条 捐赠人有权向基金会查询捐赠财产的使用、管理情况，并提出意见和建议。对于捐赠人的查询，基金会应当及时如实答复。

基金会违反捐赠协议使用捐赠财产的，捐赠人有权要求基金会遵守捐赠协议或者向人民法院申请撤销捐赠行为、解除捐赠协议。

第六章　　法律责任

第四十条　未经登记或者被撤销登记后以基金会、基金会分支机构、基金会代表机构或者境外基金会代表机构名义开展活动的，由登记管理机关予以取缔，没收非法财产并向社会公告。

第四十一条　基金会、基金会分支机构、基金会代表机构或者境外基金会代表机构有下列情形之一的，登记管理机关应当撤销登记：

（一）在申请登记时弄虚作假骗取登记的，或者自取得登记证书之日起12个月内未按章程规定开展活动的；

（二）符合注销条件，不按照本条例的规定办理注销登记仍继续开展活动的。

第四十二条　基金会、基金会分支机构、基金会代表机构或者境外基金会代表机构有下列情形之一的，由登记管理机关给予警告、责令停止活动；情节严重的，可以撤销登记：

（一）未按照章程规定的宗旨和公益活动的业务范围进行活动的；

（二）在填制会计凭证、登记会计账簿、编制财务会计报告中弄虚作假的；

（三）不按照规定办理变更登记的；

（四）未按照本条例的规定完成公益事业支出额度的；

（五）未按照本条例的规定接受年度检查，或者年度检查不合格的；

（六）不履行信息公布义务或者公布虚假信息的。

基金会、境外基金会代表机构有前款所列行为的，登记管理机关应当提请税务机关责令补交违法行为存续期间所享受的税收减免。

第四十三条　基金会理事会违反本条例和章程规定决策不当，致使基金会遭受财产损失的，参与决策的理事应当承担相应的赔偿责任。

基金会理事、监事以及专职工作人员私分、侵占、挪用基金会财产的，应当退还非法占用的财产；构成犯罪的，依法追究刑事责任。

第四十四条　基金会、境外基金会代表机构被责令停止活动的，由登记管理机关封存其登记证书、印章和财务凭证。

第四十五条 登记管理机关、业务主管单位工作人员滥用职权、玩忽职守、徇私舞弊，构成犯罪的，依法追究刑事责任；尚不构成犯罪的，依法给予行政处分或者纪律处分。

第七章 附则

第四十六条 本条例所称境外基金会，是指在外国以及中华人民共和国香港特别行政区、澳门特别行政区和台湾地区合法成立的基金会。

第四十七条 基金会设立申请书、基金会年度工作报告的格式以及基金会章程范本，由国务院民政部门制订。

第四十八条 本条例自 2004 年 6 月 1 日起施行，1988 年 9 月 27 日国务院发布的《基金会管理办法》同时废止。

本条例施行前已经设立的基金会、境外基金会代表机构，应当自本条例施行之日起 6 个月内，按照本条例的规定申请换发登记证书。

附录5

中华人民共和国慈善法

（2016 年 3 月 16 日第十二届全国人民代表大会第四次会议通过　自
2016 年 9 月 1 日起施行。）

第一章　总则

第一条　为了发展慈善事业，弘扬慈善文化，规范慈善活动，保护慈善组织、捐赠人、志愿者、受益人等慈善活动参与者的合法权益，促进社会进步，共享发展成果，制定本法。

第二条　自然人、法人和其他组织开展慈善活动以及与慈善有关的活动，适用本法。其他法律有特别规定的，依照其规定。

第三条　本法所称慈善活动，是指自然人、法人和其他组织以捐赠财产或者提供服务等方式，自愿开展的下列公益活动：

（一）扶贫、济困；

（二）扶老、救孤、恤病、助残、优抚；

（三）救助自然灾害、事故灾难和公共卫生事件等突发事件造成的损害；

（四）促进教育、科学、文化、卫生、体育等事业的发展；

（五）防治污染和其他公害，保护和改善生态环境；

（六）符合本法规定的其他公益活动。

第四条　开展慈善活动，应当遵循合法、自愿、诚信、非营利的原则，不得违背社会公德，不得危害国家安全、损害社会公共利益和他人合法权益。

第五条　国家鼓励和支持自然人、法人和其他组织践行社会主义核心价值观，弘扬中华民族传统美德，依法开展慈善活动。

第六条　国务院民政部门主管全国慈善工作，县级以上地方各级人民政府民政部门主管本行政区域内的慈善工作；县级以上人民政府有关部门依照本法和其他有关法律法规，在各自的职责范围内做好相关工作。

第七条　每年9月5日为"中华慈善日"。

第二章　慈善组织

第八条　本法所称慈善组织，是指依法成立、符合本法规定，以面向社会开展慈善活动为宗旨的非营利性组织。

慈善组织可以采取基金会、社会团体、社会服务机构等组织形式。

第九条　慈善组织应当符合下列条件：

（一）以开展慈善活动为宗旨；

（二）不以营利为目的；

（三）有自己的名称和住所；

（四）有组织章程；

（五）有必要的财产；

（六）有符合条件的组织机构和负责人；

（七）法律、行政法规规定的其他条件。

第十条　设立慈善组织，应当向县级以上人民政府民政部门申请登记，民政部门应当自受理申请之日起三十日内作出决定。符合本法规定条件的，准予登记并向社会公告；不符合本法规定条件的，不予登记并书面说明理由。

本法公布前已经设立的基金会、社会团体、社会服务机构等非营利性组织，可以向其登记的民政部门申请认定为慈善组织，民政部门应当自受理申请之日起二十日内作出决定。符合慈善组织条件的，予以认定并向社会公告；不符合慈善组织条件的，不予认定并书面说明理由。

有特殊情况需要延长登记或者认定期限的，报经国务院民政部门批准，可以适当延长，但延长的期限不得超过六十日。

第十一条　慈善组织的章程，应当符合法律法规的规定，并载明下列事项：

（一）名称和住所；

（二）组织形式；

（三）宗旨和活动范围；

（四）财产来源及构成；

（五）决策、执行机构的组成及职责；

（六）内部监督机制；

（七）财产管理使用制度；

（八）项目管理制度；

（九）终止情形及终止后的清算办法；

（十）其他重要事项。

第十二条　慈善组织应当根据法律法规以及章程的规定，建立健全内部治理结构，明确决策、执行、监督等方面的职责权限，开展慈善活动。

慈善组织应当执行国家统一的会计制度，依法进行会计核算，建立健全会计监督制度，并接受政府有关部门的监督管理。

第十三条　慈善组织应当每年向其登记的民政部门报送年度工作报告和财务会计报告。报告应当包括年度开展募捐和接受捐赠情况、慈善财产的管理使用情况、慈善项目实施情况以及慈善组织工作人员的工资福利情况。

第十四条　慈善组织的发起人、主要捐赠人以及管理人员，不得利用其关联关系损害慈善组织、受益人的利益和社会公共利益。

慈善组织的发起人、主要捐赠人以及管理人员与慈善组织发生交易行为的，不得参与慈善组织有关该交易行为的决策，有关交易情况应当向社会公开。

第十五条　慈善组织不得从事、资助危害国家安全和社会公共利益的活动，不得接受附加违反法律法规和违背社会公德条件的捐赠，不得对受益人附加违反法律法规和违背社会公德的条件。

第十六条　有下列情形之一的，不得担任慈善组织的负责人：

（一）无民事行为能力或者限制民事行为能力的；

（二）因故意犯罪被判处刑罚，自刑罚执行完毕之日起未逾五年的；

（三）在被吊销登记证书或者被取缔的组织担任负责人，自该组织被吊销登记证书或者被取缔之日起未逾五年的；

（四）法律、行政法规规定的其他情形。

第十七条　慈善组织有下列情形之一的，应当终止：

（一）出现章程规定的终止情形的；

（二）因分立、合并需要终止的；

（三）连续二年未从事慈善活动的；

（四）依法被撤销登记或者吊销登记证书的；

（五）法律、行政法规规定应当终止的其他情形。

第十八条　慈善组织终止，应当进行清算。

慈善组织的决策机构应当在本法第十七条规定的终止情形出现之日起三十日内成立清算组进行清算，并向社会公告。不成立清算组或者清算组不履行职责的，民政部门可以申请人民法院指定有关人员组成清算组进行清算。

慈善组织清算后的剩余财产，应当按照慈善组织章程的规定转给宗旨相同或者相近的慈善组织；章程未规定的，由民政部门主持转给宗旨相同或者相近的慈善组织，并向社会公告。

慈善组织清算结束后，应当向其登记的民政部门办理注销登记，并由民政部门向社会公告。

第十九条　慈善组织依法成立行业组织。

慈善行业组织应当反映行业诉求，推动行业交流，提高慈善行业公信力，促进慈善事业发展。

第二十条　慈善组织的组织形式、登记管理的具体办法由国务院制定。

第三章　慈善募捐

第二十一条　本法所称慈善募捐，是指慈善组织基于慈善宗旨募集财产的活动。

慈善募捐，包括面向社会公众的公开募捐和面向特定对象的定向募捐。

第二十二条　慈善组织开展公开募捐，应当取得公开募捐资格。依法登记满二年的慈善组织，可以向其登记的民政部门申请公开募捐资格。民政部门应当自受理申请之日起二十日内作出决定。慈善组织符合内部治理结构健全、运作规范的条件的，发给公开募捐资格证书；不符合条件的，不发给公开募捐资格证书并书面说明理由。

法律、行政法规规定自登记之日起可以公开募捐的基金会和社会团体，由民政部门直接发给公开募捐资格证书。

第二十三条　开展公开募捐，可以采取下列方式：

（一）在公共场所设置募捐箱；

（二）举办面向社会公众的义演、义赛、义卖、义展、义拍、慈善晚会等；

（三）通过广播、电视、报刊、互联网等媒体发布募捐信息；

（四）其他公开募捐方式。

慈善组织采取前款第一项、第二项规定的方式开展公开募捐的，应当在其登记的民政部门管辖区域内进行，确有必要在其登记的民政部门管辖区域外进行的，应当报其开展募捐活动所在地的县级以上人民政府民政部门备案。捐赠人的捐赠行为不受地域限制。

慈善组织通过互联网开展公开募捐的，应当在国务院民政部门统一或者指定的慈善信息平台发布募捐信息，并可以同时在其网站发布募捐信息。

第二十四条　开展公开募捐，应当制定募捐方案。募捐方案包括募捐目的、起止时间和地域、活动负责人姓名和办公地址、接受捐赠方式、银行账户、受益人、募得款物用途、募捐成本、剩余财产的处理等。

募捐方案应当在开展募捐活动前报慈善组织登记的民政部门备案。

第二十五条　开展公开募捐，应当在募捐活动现场或者募捐活动载体的显著位置，公布募捐组织名称、公开募捐资格证书、募捐方案、联系方式、募捐信息查询方法等。

第二十六条　不具有公开募捐资格的组织或者个人基于慈善目的，可以与具有公开募捐资格的慈善组织合作，由该慈善组织开展公开募捐并管理募得款物。

第二十七条　广播、电视、报刊以及网络服务提供者、电信运营商，应当对利用其平台开展公开募捐的慈善组织的登记证书、公开募捐资格证书进行验证。

第二十八条　慈善组织自登记之日起可以开展定向募捐。

慈善组织开展定向募捐，应当在发起人、理事会成员和会员等特定对象的范围内进行，并向募捐对象说明募捐目的、募得款物用途等事项。

第二十九条　开展定向募捐，不得采取或者变相采取本法第二十三条规定的方式。

第三十条　发生重大自然灾害、事故灾难和公共卫生事件等突发事件，需要迅速开展救助时，有关人民政府应当建立协调机制，提供需求信息，及时有序引导开展募捐和救助活动。

第三十一条　开展募捐活动，应当尊重和维护募捐对象的合法权益，保障募捐对象的知情权，不得通过虚构事实等方式欺骗、诱导募捐对象实施捐赠。

第三十二条　开展募捐活动，不得摊派或者变相摊派，不得妨碍公共秩序、企业生产经营和居民生活。

第三十三条　禁止任何组织或者个人假借慈善名义或者假冒慈善组织开展募捐活动，骗取财产。

第四章　慈善捐赠

第三十四条　本法所称慈善捐赠，是指自然人、法人和其他组织基于慈善目的，自愿、无偿赠与财产的活动。

第三十五条　捐赠人可以通过慈善组织捐赠，也可以直接向受益人捐赠。

第三十六条　捐赠人捐赠的财产应当是其有权处分的合法财产。捐赠财产包括货币、实物、房屋、有价证券、股权、知识产权等有形和无形财产。

捐赠人捐赠的实物应当具有使用价值，符合安全、卫生、环保等标准。

捐赠人捐赠本企业产品的，应当依法承担产品质量责任和义务。

第三十七条　自然人、法人和其他组织开展演出、比赛、销售、拍卖等经营性活动，承诺将全部或者部分所得用于慈善目的的，应当在举办活动前与慈善组织或者其他接受捐赠的人签订捐赠协议，活动结束后按照捐赠协议履行捐赠义务，并将捐赠情况向社会公开。

第三十八条　慈善组织接受捐赠，应当向捐赠人开具由财政部门统一监（印）制的捐赠票据。捐赠票据应当载明捐赠人、捐赠财产的种类及数量、慈善组织名称和经办人姓名、票据日期等。捐赠人匿名或者放弃接受捐赠票据的，慈善组织应当做好相关记录。

第三十九条　慈善组织接受捐赠，捐赠人要求签订书面捐赠协议的，慈善组织应当与捐赠人签订书面捐赠协议。

书面捐赠协议包括捐赠人和慈善组织名称，捐赠财产的种类、数量、质量、用途、交付时间等内容。

第四十条　捐赠人与慈善组织约定捐赠财产的用途和受益人时，不得指定捐赠人的利害关系人作为受益人。

任何组织和个人不得利用慈善捐赠违反法律规定宣传烟草制品，不得利用慈善捐赠以任何方式宣传法律禁止宣传的产品和事项。

第四十一条　捐赠人应当按照捐赠协议履行捐赠义务。捐赠人违反捐赠协议逾期未交付捐赠财产，有下列情形之一的，慈善组织或者其他接受捐赠的人可以要求交付；捐赠人拒不交付的，慈善组织和其他接受捐赠的人可以依法向人民法院申请支付令或者提起诉讼：

（一）捐赠人通过广播、电视、报刊、互联网等媒体公开承诺捐赠的；

（二）捐赠财产用于本法第三条第一项至第三项规定的慈善活动，并签订书面捐赠协议的。

捐赠人公开承诺捐赠或者签订书面捐赠协议后经济状况显著恶化，严重影响其生产经营或者家庭生活的，经向公开承诺捐赠地或者书面捐赠协议签订地的民政部门报告并向社会公开说明情况后，可以不再履行捐赠义务。

第四十二条　捐赠人有权查询、复制其捐赠财产管理使用的有关资料，慈善组织应当及时主动向捐赠人反馈有关情况。

慈善组织违反捐赠协议约定的用途，滥用捐赠财产的，捐赠人有权要求其改正；拒不改正的，捐赠人可以向民政部门投诉、举报或者向人民法院提起诉讼。

第四十三条　国有企业实施慈善捐赠应当遵守有关国有资产管理的规定，履行批准和备案程序。

第五章　慈善信托

第四十四条　本法所称慈善信托属于公益信托，是指委托人基于慈善目的，依法将其财产委托给受托人，由受托人按照委托人意愿以受托人名义进行管理和处分，开展慈善活动的行为。

第四十五条　设立慈善信托、确定受托人和监察人，应当采取书面形式。受托人应当在慈善信托文件签订之日起七日内，将相关文件向受托人所在地县级以上人民政府民政部门备案。

未按照前款规定将相关文件报民政部门备案的，不享受税收优惠。

第四十六条　慈善信托的受托人，可以由委托人确定其信赖的慈善组织或者信托公司担任。

第四十七条　慈善信托的受托人违反信托义务或者难以履行职责的，委托人可以变更受托人。变更后的受托人应当自变更之日起七日内，将变更情况报原备案的民政部门重新备案。

第四十八条　慈善信托的受托人管理和处分信托财产，应当按照信托目的，恪尽职守，履行诚信、谨慎管理的义务。

慈善信托的受托人应当根据信托文件和委托人的要求，及时向委托人报告信托事务处理情况、信托财产管理使用情况。慈善信托的受托人应当每年至少一次将信托事务处理情况及财务状况向其备案的民政部门报告，并向社会公开。

第四十九条　慈善信托的委托人根据需要，可以确定信托监察人。

信托监察人对受托人的行为进行监督，依法维护委托人和受益人的权益。信托监察人发现受托人违反信托义务或者难以履行职责的，应当向委托人报告，并有权以自己的名义向人民法院提起诉讼。

第五十条　慈善信托的设立、信托财产的管理、信托当事人、信托的终止和清算等事项，本章未规定的，适用本法其他有关规定；本法未规定的，适用《中华人民共和国信托法》的有关规定。

第六章　慈善财产

第五十一条　慈善组织的财产包括：

（一）发起人捐赠、资助的创始财产；

（二）募集的财产；

（三）其他合法财产。

第五十二条　慈善组织的财产应当根据章程和捐赠协议的规定全部用于慈善目的，不得在发起人、捐赠人以及慈善组织成员中分配。

任何组织和个人不得私分、挪用、截留或者侵占慈善财产。

第五十三条　慈善组织对募集的财产，应当登记造册，严格管理，专款专用。

捐赠人捐赠的实物不易储存、运输或者难以直接用于慈善目的的，慈善组织可以依法拍卖或者变卖，所得收入扣除必要费用后，应当全部用于慈善目的。

第五十四条　慈善组织为实现财产保值、增值进行投资的，应当遵循合法、安全、有效的原则，投资取得的收益应当全部用于慈善目的。慈善组织的重大投资方案应当经决策机构组成人员三分之二以上同意。政府资助的财产和捐赠协议约定不得投资的财产，不得用于投资。慈善组织的负责人和工作人员不得在慈善组织投资的企业兼职或者领取报酬。

前款规定事项的具体办法，由国务院民政部门制定。

第五十五条 慈善组织开展慈善活动，应当依照法律法规和章程的规定，按照募捐方案或者捐赠协议使用捐赠财产。慈善组织确需变更募捐方案规定的捐赠财产用途的，应当报民政部门备案；确需变更捐赠协议约定的捐赠财产用途的，应当征得捐赠人同意。

第五十六条 慈善组织应当合理设计慈善项目，优化实施流程，降低运行成本，提高慈善财产使用效益。

慈善组织应当建立项目管理制度，对项目实施情况进行跟踪监督。

第五十七条 慈善项目终止后捐赠财产有剩余的，按照募捐方案或者捐赠协议处理；募捐方案未规定或者捐赠协议未约定的，慈善组织应当将剩余财产用于目的相同或者相近的其他慈善项目，并向社会公开。

第五十八条 慈善组织确定慈善受益人，应当坚持公开、公平、公正的原则，不得指定慈善组织管理人员的利害关系人作为受益人。

第五十九条 慈善组织根据需要可以与受益人签订协议，明确双方权利义务，约定慈善财产的用途、数额和使用方式等内容。

受益人应当珍惜慈善资助，按照协议使用慈善财产。受益人未按照协议使用慈善财产或者有其他严重违反协议情形的，慈善组织有权要求其改正；受益人拒不改正的，慈善组织有权解除协议并要求受益人返还财产。

第六十条 慈善组织应当积极开展慈善活动，充分、高效运用慈善财产，并遵循管理费用最必要原则，厉行节约，减少不必要的开支。慈善组织中具有公开募捐资格的基金会开展慈善活动的年度支出，不得低于上一年总收入的百分之七十或者前三年收入平均数额的百分之七十；年度管理费用不得超过当年总支出的百分之十，特殊情况下，年度管理费用难以符合前述规定的，应当报告其登记的民政部门并向社会公开说明情况。

具有公开募捐资格的基金会以外的慈善组织开展慈善活动的年度支出和管理费用的标准，由国务院民政部门会同国务院财政、税务等部门依照前款规定的原则制定。

捐赠协议对单项捐赠财产的慈善活动支出和管理费用有约定的，按照其约定。

第七章　慈善服务

第六十一条　本法所称慈善服务，是指慈善组织和其他组织以及个人基于慈善目的，向社会或者他人提供的志愿无偿服务以及其他非营利服务。

慈善组织开展慈善服务，可以自己提供或者招募志愿者提供，也可以委托有服务专长的其他组织提供。

第六十二条　开展慈善服务，应当尊重受益人、志愿者的人格尊严，不得侵害受益人、志愿者的隐私。

第六十三条　开展医疗康复、教育培训等慈善服务，需要专门技能的，应当执行国家或者行业组织制定的标准和规程。

慈善组织招募志愿者参与慈善服务，需要专门技能的，应当对志愿者开展相关培训。

第六十四条　慈善组织招募志愿者参与慈善服务，应当公示与慈善服务有关的全部信息，告知服务过程中可能发生的风险。

慈善组织根据需要可以与志愿者签订协议，明确双方权利义务，约定服务的内容、方式和时间等。

第六十五条　慈善组织应当对志愿者实名登记，记录志愿者的服务时间、内容、评价等信息。根据志愿者的要求，慈善组织应当无偿、如实出具志愿服务记录证明。

第六十六条　慈善组织安排志愿者参与慈善服务，应当与志愿者的年龄、文化程度、技能和身体状况相适应。

第六十七条　志愿者接受慈善组织安排参与慈善服务的，应当服从管理，接受必要的培训。

第六十八条　慈善组织应当为志愿者参与慈善服务提供必要条件，保障志愿者的合法权益。

慈善组织安排志愿者参与可能发生人身危险的慈善服务前，应当为志愿者购买相应的人身意外伤害保险。

第八章　信息公开

第六十九条　县级以上人民政府建立健全慈善信息统计和发布制度。

县级以上人民政府民政部门应当在统一的信息平台，及时向社会公开慈善信息，并免费提供慈善信息发布服务。

慈善组织和慈善信托的受托人应当在前款规定的平台发布慈善信息，并对信息的真实性负责。

第七十条　县级以上人民政府民政部门和其他有关部门应当及时向社会公开下列慈善信息：

（一）慈善组织登记事项；

（二）慈善信托备案事项；

（三）具有公开募捐资格的慈善组织名单；

（四）具有出具公益性捐赠税前扣除票据资格的慈善组织名单；

（五）对慈善活动的税收优惠、资助补贴等促进措施；

（六）向慈善组织购买服务的信息；

（七）对慈善组织、慈善信托开展检查、评估的结果；

（八）对慈善组织和其他组织以及个人的表彰、处罚结果；

（九）法律法规规定应当公开的其他信息。

第七十一条　慈善组织、慈善信托的受托人应当依法履行信息公开义务。信息公开应当真实、完整、及时。

第七十二条　慈善组织应当向社会公开组织章程和决策、执行、监督机构成员信息以及国务院民政部门要求公开的其他信息。上述信息有重大变更的，慈善组织应当及时向社会公开。

慈善组织应当每年向社会公开其年度工作报告和财务会计报告。具有公开募捐资格的慈善组织的财务会计报告须经审计。

第七十三条　具有公开募捐资格的慈善组织应当定期向社会公开其募捐情况和慈善项目实施情况。

公开募捐周期超过六个月的，至少每三个月公开一次募捐情况，公开募捐活动结束后三个月内应当全面公开募捐情况。

慈善项目实施周期超过六个月的，至少每三个月公开一次项目实施情况，项目结束后三个月内应当全面公开项目实施情况和募得款物使用情况。

第七十四条　慈善组织开展定向募捐的，应当及时向捐赠人告知募捐情况、募得款物的管理使用情况。

第七十五条　慈善组织、慈善信托的受托人应当向受益人告知其资助标准、工作流程和工作规范等信息。

第七十六条　涉及国家秘密、商业秘密、个人隐私的信息以及捐赠人、慈善信托的委托人不同意公开的姓名、名称、住所、通讯方式等信息，不得公开。

第九章　促进措施

第七十七条　县级以上人民政府应当根据经济社会发展情况，制定促进慈善事业发展的政策和措施。

县级以上人民政府有关部门应当在各自职责范围内，向慈善组织、慈善信托受托人等提供慈善需求信息，为慈善活动提供指导和帮助。

第七十八条　县级以上人民政府民政部门应当建立与其他部门之间的慈善信息共享机制。

第七十九条　慈善组织及其取得的收入依法享受税收优惠。

第八十条　自然人、法人和其他组织捐赠财产用于慈善活动的，依法享受税收优惠。企业慈善捐赠支出超过法律规定的准予在计算企业所得税应纳税所得额时当年扣除的部分，允许结转以后三年内在计算应纳税所得额时扣除。

境外捐赠用于慈善活动的物资，依法减征或者免征进口关税和进口环节增值税。

第八十一条　受益人接受慈善捐赠，依法享受税收优惠。

第八十二条　慈善组织、捐赠人、受益人依法享受税收优惠的，有关部门应当及时办理相关手续。

第八十三条　捐赠人向慈善组织捐赠实物、有价证券、股权和知识产权的，依法免征权利转让的相关行政事业性费用。

第八十四条　国家对开展扶贫济困的慈善活动，实行特殊的优惠政策。

第八十五条　慈善组织开展本法第三条第一项、第二项规定的慈善活动需要慈善服务设施用地的，可以依法申请使用国有划拨土地或者农村集体建设用地。慈善服务设施用地非经法定程序不得改变用途。

第八十六条　国家为慈善事业提供金融政策支持，鼓励金融机构为慈善组织、慈善信托提供融资和结算等金融服务。

第八十七条　各级人民政府及其有关部门可以依法通过购买服务等方式，支持符合条件的慈善组织向社会提供服务，并依照有关政府采购的法律法规向社会公开相关情况。

第八十八条　国家采取措施弘扬慈善文化，培育公民慈善意识。

学校等教育机构应当将慈善文化纳入教育教学内容。国家鼓励高等学校培养慈善专业人才，支持高等学校和科研机构开展慈善理论研究。

广播、电视、报刊、互联网等媒体应当积极开展慈善公益宣传活动，普及慈善知识，传播慈善文化。

第八十九条　国家鼓励企业事业单位和其他组织为开展慈善活动提供场所和其他便利条件。

第九十条　经受益人同意，捐赠人对其捐赠的慈善项目可以冠名纪念，法律法规规定需要批准的，从其规定。

第九十一条　国家建立慈善表彰制度，对在慈善事业发展中做出突出贡献的自然人、法人和其他组织，由县级以上人民政府或者有关部门予以表彰。

第十章　监督管理

第九十二条　县级以上人民政府民政部门应当依法履行职责，对慈善活动进行监督检查，对慈善行业组织进行指导。

第九十三条　县级以上人民政府民政部门对涉嫌违反本法规定的慈善组织，有权采取下列措施：

（一）对慈善组织的住所和慈善活动发生地进行现场检查；

（二）要求慈善组织作出说明，查阅、复制有关资料；

（三）向与慈善活动有关的单位和个人调查与监督管理有关的情况；

（四）经本级人民政府批准，可以查询慈善组织的金融账户；

（五）法律、行政法规规定的其他措施。

第九十四条　县级以上人民政府民政部门对慈善组织、有关单位和个人进行检查或者调查时，检查人员或者调查人员不得少于二人，并应当出示合法证件和检查、调查通知书。

第九十五条　县级以上人民政府民政部门应当建立慈善组织及其负责人信用记录制度，并向社会公布。

民政部门应当建立慈善组织评估制度，鼓励和支持第三方机构对慈善组织进行评估，并向社会公布评估结果。

第九十六条　慈善行业组织应当建立健全行业规范，加强行业自律。

第九十七条　任何单位和个人发现慈善组织、慈善信托有违法行为的，可以向民政部门、其他有关部门或者慈善行业组织投诉、举报。民政部门、其他有关部门或者慈善行业组织接到投诉、举报后，应当及时调查处理。

国家鼓励公众、媒体对慈善活动进行监督，对假借慈善名义或者假冒慈善组织骗取财产以及慈善组织、慈善信托的违法违规行为予以曝光，发挥舆论和社会监督作用。

第十一章　法律责任

第九十八条　慈善组织有下列情形之一的，由民政部门责令限期改正；逾期不改正的，吊销登记证书并予以公告：

（一）未按照慈善宗旨开展活动的；

（二）私分、挪用、截留或者侵占慈善财产的；

（三）接受附加违反法律法规或者违背社会公德条件的捐赠，或者对受益人附加违反法律法规或者违背社会公德的条件的。

第九十九条 慈善组织有下列情形之一的，由民政部门予以警告、责令限期改正；逾期不改正的，责令限期停止活动并进行整改：

（一）违反本法第十四条规定造成慈善财产损失的；

（二）将不得用于投资的财产用于投资的；

（三）擅自改变捐赠财产用途的；

（四）开展慈善活动的年度支出或者管理费用的标准违反本法第六十条规定的；

（五）未依法履行信息公开义务的；

（六）未依法报送年度工作报告、财务会计报告或者报备募捐方案的；

（七）泄露捐赠人、志愿者、受益人个人隐私以及捐赠人、慈善信托的委托人不同意公开的姓名、名称、住所、通讯方式等信息的。

慈善组织违反本法规定泄露国家秘密、商业秘密的，依照有关法律的规定予以处罚。

慈善组织有前两款规定的情形，经依法处理后一年内再出现前款规定的情形，或者有其他情节严重情形的，由民政部门吊销登记证书并予以公告。

第一百条 慈善组织有本法第九十八条、第九十九条规定的情形，有违法所得的，由民政部门予以没收；对直接负责的主管人员和其他直接责任人员处二万元以上二十万元以下罚款。

第一百零一条 开展募捐活动有下列情形之一的，由民政部门予以警告、责令停止募捐活动；对违法募集的财产，责令退还捐赠人；难以退还的，由民政部门予以收缴，转给其他慈善组织用于慈善目的；对有关组织或者个人处二万元以上二十万元以下罚款：

（一）不具有公开募捐资格的组织或者个人开展公开募捐的；

（二）通过虚构事实等方式欺骗、诱导募捐对象实施捐赠的；

（三）向单位或者个人摊派或者变相摊派的；

（四）妨碍公共秩序、企业生产经营或者居民生活的。

广播、电视、报刊以及网络服务提供者、电信运营商未履行本法第二十七条规定的验证义务的，由其主管部门予以警告，责令限期改正；逾期不改正的，予以通报批评。

第一百零二条　慈善组织不依法向捐赠人开具捐赠票据、不依法向志愿者出具志愿服务记录证明或者不及时主动向捐赠人反馈有关情况的，由民政部门予以警告，责令限期改正；逾期不改正的，责令限期停止活动。

第一百零三条　慈善组织弄虚作假骗取税收优惠的，由税务机关依法查处；情节严重的，由民政部门吊销登记证书并予以公告。

第一百零四条　慈善组织从事、资助危害国家安全或者社会公共利益活动的，由有关机关依法查处，由民政部门吊销登记证书并予以公告。

第一百零五条　慈善信托的受托人有下列情形之一的，由民政部门予以警告，责令限期改正；有违法所得的，由民政部门予以没收；对直接负责的主管人员和其他直接责任人员处二万元以上二十万元以下罚款：

（一）将信托财产及其收益用于非慈善目的的；

（二）未按照规定将信托事务处理情况及财务状况向民政部门报告或者向社会公开的。

第一百零六条　慈善服务过程中，因慈善组织或者志愿者过错造成受益人、第三人损害的，慈善组织依法承担赔偿责任；损害是由志愿者故意或者重大过失造成的，慈善组织可以向其追偿。

志愿者在参与慈善服务过程中，因慈善组织过错受到损害的，慈善组织依法承担赔偿责任；损害是由不可抗力造成的，慈善组织应当给予适当补偿。

第一百零七条　自然人、法人或者其他组织假借慈善名义或者假冒慈善组织骗取财产的，由公安机关依法查处。

第一百零八条　县级以上人民政府民政部门和其他有关部门及其工作人员有下列情形之一的，由上级机关或者监察机关责令改正；依法应当给予处分的，由任免机关或者监察机关对直接负责的主管人员和其他直接责任人员给予处分：

（一）未依法履行信息公开义务的；

（二）摊派或者变相摊派捐赠任务，强行指定志愿者、慈善组织提供服务的；

（三）未依法履行监督管理职责的；

（四）违法实施行政强制措施和行政处罚的；

（五）私分、挪用、截留或者侵占慈善财产的；

（六）其他滥用职权、玩忽职守、徇私舞弊的行为。

第一百零九条 违反本法规定，构成违反治安管理行为的，由公安机关依法给予治安管理处罚；构成犯罪的，依法追究刑事责任。

第十二章 附则

第一百一十条 城乡社区组织、单位可以在本社区、单位内部开展群众性互助互济活动。

第一百一十一条 慈善组织以外的其他组织可以开展力所能及的慈善活动。

第一百一十二条 本法自 2016 年 9 月 1 日起施行。

后 记

完成书稿时，窗外已是一片明媚而耀眼的阳光。蓦然惊觉，又是一个开学季即将到来。过往的经历如空中的细微尘土，漂浮，上升，飞扬，让我在这个寂静的午后，又一次回眸了以往岁月的履痕。

1994年，中华慈善总会成立，成为新中国第一家以"慈善"命名的全国性慈善组织。高校学生资助于我而言，是一种经历，是一份责任，更是一个见证。我大学期间就受惠于国家人民助学金和人民奖学金制度，顺利完成了学业，从一名农村学生踏上了人民教师的职业生涯之路。

1999年，国家开始实施高等教育大众化政策，并对高等教育制度进行了改革，高等教育招生规模不断扩大，学费大幅度提高。我任教的"宁波中专"也与当地职工业余大学合并成为高等职业院校。1999年9月，迎来了第一批大学生，而我也担任了学费最贵的艺术专业的学生的班主任。班级里的学生都来自浙江省，主要是县城和农村的孩子。此时，国家通过出台与完善各项制度不断推进学生资助工作的进行，更加多元化的资助体系开始形成，其中，国家助学贷款制度是一项重要的措施。第一年实行国家助学贷款政策，标志着真正意义上由商业银行发放助学贷款的开始。班级里七八个学生申请了贷款，当时在校期间的学费和日常生活费都可以贷款，个别同学毕业时的贷款金额达到5万多元。学业是完成了，但随之而来的就是还贷压力。尽管有国家财政50%的利息补贴，但《关于国家助学贷款的管理规定（试行）》中有关贷款回收的条款显示，学生所借贷款本息必须在毕业后四年内还清。5万多元的贷款，四年内还清，这对于一个刚刚参加工作，收入不高、家境贫寒又没有他人帮助的毕业生来说，无疑是"崩溃"的。于是，各种未及时还贷的情况开始出现。到2005年，第一届原本应该全部还清贷款的学生仍有不少逾期未还。那时我担任二级学院的党总支副书记，也分管学生资助工作，在协助中国工商银行工作人员一起催收毕业生贷款的过程中，我感受到的更多的是无奈。2004年国家助学贷款实行借款学生在校期间的贷款利息全部由财政补贴，毕业后全部自付的办法，还建立了以风险补偿机制为核心的国家助学贷款新制度。2007年有关中国工商银行北京分行的一则新闻，"助学贷款违约率达28.4％，欠贷诉讼遍布全国"，反映了国家助学贷款还贷情况的一个侧面。这个数字出乎银行的意料，让银行失去了放贷信心，也极大地"刺激"着教育工作者。感慨学生"失信"的同时，更多的是同情和反思。2006年，我们学校成为首批国家示范性高等职业院校，为了发挥示范作用，带动高等职业教育加快改革与发展，更好地为经济建设和社会发展服务，学校招生范围也扩大到贵州、安徽、江西等中西部边远地区，外省生源占全部生源的30％。学院贫困生数量增加，学生贫困程度加剧。当时的院长苏志刚在学习考察了国外慈善教育基金的运行模式后，回校策划筹办了寓意"饮水思源，感恩社会"的思源基金。思源基金得到了宁波市北仑区慈善总会的大力支持，于2007年6月举行成立仪式并发放了第一批资助金。自此，学校真正做到了应助尽助，实现了学费"零"拖欠。我也开始了学生资助工作的研究之路，2011年主持完成了浙江省教育厅课题"高校慈善助学基金的建立与运行模式研究"。

2013年7月，我开始担任学校学工部部长，兼任资助中心主任和学校慈善分会秘书长，成了学校资助工作的策划者、执行者。这些年，国家学生资助的政策不断健全、力度不断增加，我真真切切地体会到了学生资助政策的广度和深度，更多学子有了实现梦想和施展才华的机会。当看到一个个学生拿到录取通知书时心事重重，入学时愁眉苦脸，而到毕业时踌躇满志；当他们毕业后努力工作，实现美好人生，又会记得联系基金会，反哺帮助有需要的学弟学妹时，我倍感使命光荣，责任重大，更加充满了工作动力。

这些年，思源基金也得到了社会各界的支持，捐款累计达到1400余万元，受助学生反哺率达到 60％。为了进一步打造"人人可慈善，慈善成习惯"的校园氛围，2016 年学院院长张慧波决定将学校"黄金地段"的 11 号楼街面房作为思源文化教育实践基地，这开启了学校慈善文化的新发展。思源超市、有爱小屋、爱心维修等一个个慈善公益项目入驻，思源讲堂、"思源杯"创业营销大赛等活动持续开展，为学生践行慈善文化搭建了良好平台。思源文化街逐渐成为宁波职业技术学院人的"地标"，更成为兄弟院校前来考察交流的必经之地。最值得一提的是，2017 年 3 月，全国学生资助管理中心副主任涂义才、高校处处长喻小明、浙江省学生资助管理中心主任林成格等来宁波职业技术学院考察资助工作，对我们的资助工作给予了高度评价，肯定了宁波职业技术学院助学育人工作全面、具体且富有成效，从基本的保障性资助到发展性资助、资助育人，在全国高校资助工作中走在前列。思源基金不仅为学生解决了经济困难，在精准资助、资助育人方面取得了成绩，也为学校学生工作获得了多项国家级荣誉。2014 年，获得中华慈善总会第二届中华慈善突出贡献（项目）奖；2017 年，获得第九届高校校园文化建设优秀成果一等奖；2018 年，被授予全国百佳学生资助工作优秀单位案例典型称号（全国共有 99 个单位，其中部属高校 40 个）；2021 年 3 月，思源基金项目顺利入选全国高校思想政治工作精品项目。这些成绩和荣誉的取得，是国家、社会对宁波职业技术学院学生资助工作的肯定，更对宁波职业技术学院理论研究工作提出了新的、更高的要求。在 20 多年一线的工作实践中，我们边实践、边学习、边研究，研读慈善文化、学生资助学术论文、著作又给实际工作提供了更多理论指导和先进经验，进一步提高了我们的工作水平和研究能力。

本书是对过去 20 多年学生资助和学校慈善工作的阶段性总结，成书的念头起于 2016 年 12 月，习近平总书记在全国思想政治工作会议上指出的："做好高校思想政治工作……要更加注重以文化人以文育人"。① 思

---

① 习近平：把思想政治工作贯穿教育教学全程　开创我国高等教育事业发展新局面［N］．人民日报，2016-12-09（1）．

源基金的成立和发展,正是将慈善应用到学生助学中,将慈善文化融入校园文化,将社会主义核心价值观教育在学校落细、落小、落实,让思源文化对全体师生进行着春风化雨般的浸润、潜移默化般的熏陶。

我对如何发展高职院校校园慈善文化和精准资助、资助育人工作展开了系统性的思考。在写作过程中我得到了学校原分管校领导邵坚钢老师,校党委委员、纪委书记陈聪诚老师的指导,得到了陈之顺、游华丽、黄波、吕勇、鲍芳芳、陈晶等学校思政线同仁的大力支持,同时也参考了很多专家、学者的有关论著与资料,在此一并表示感谢。同时我也要感谢浙江大学出版社为拙作的出版提供了机会。

万般感慨,万般思绪。太多的感谢,献给身边这个朗朗阳光、盈盈月华的温暖世界。由于研究水平和文笔能力有限,某些观点难免粗浅,书中疏漏错讹之处,敬请指正。

张定华

2022 年 3 月